I0156274

DICTIONARY
THEME–BASED

ENGLISH-
ALBANIAN

The most useful words
To expand your lexicon and sharpen
your language skills

9000 words

Theme-based dictionary British English-Albanian - 9000 words

By Andrey Taranov

T&P Books vocabularies are intended for helping you learn, memorize and review foreign words. The dictionary is divided into themes, covering all major spheres of everyday activities, business, science, culture, etc.

The process of learning words using T&P Books' theme-based dictionaries gives you the following advantages:

- Correctly grouped source information predetermines success at subsequent stages of word memorization
- Availability of words derived from the same root allowing memorization of word units (rather than separate words)
- Small units of words facilitate the process of establishing associative links needed for consolidation of vocabulary
- Level of language knowledge can be estimated by the number of learned words

T&P Books Publishing
www.tpbooks.com

This book is also available in E-book formats.
Please visit www.tpbooks.com or the major online bookstores.

ALBANIAN THEME-BASED DICTIONARY
British English collection

T&P Books vocabularies are intended to help you learn, memorize, and review foreign words. The vocabulary contains over 9000 commonly used words arranged thematically.

- Vocabulary contains the most commonly used words
- Recommended as an addition to any language course
- Meets the needs of beginners and advanced learners of foreign languages
- Convenient for daily use, revision sessions, and self-testing activities
- Allows you to assess your vocabulary

Special features of the vocabulary

- Words are organized according to their meaning, not alphabetically
- Words are presented in three columns to facilitate the reviewing and self-testing processes
- Words in groups are divided into small blocks to facilitate the learning process
- The vocabulary offers a convenient and simple transcription of each foreign word

The vocabulary has 256 topics including:

Basic Concepts, Numbers, Colors, Months, Seasons, Units of Measurement, Clothing & Accessories, Food & Nutrition, Restaurant, Family Members, Relatives, Character, Feelings, Emotions, Diseases, City, Town, Sightseeing, Shopping, Money, House, Home, Office, Working in the Office, Import & Export, Marketing, Job Search, Sports, Education, Computer, Internet, Tools, Nature, Countries, Nationalities and more …

TABLE OF CONTENTS

PRONUNCIATION GUIDE

T&P phonetic alphabet | **Albanian example** | **English example**

[a]	flas [flas]	shorter than in 'ask'
[e], [ɛ]	melodi [mɛlodí]	absent, pet
[ə]	kërkoj [kərkój]	driver, teacher
[i]	pikë [píkə]	shorter than in 'feet'
[o]	motor [motór]	pod, John
[u]	fuqi [fucí]	book
[y]	myshk [myʃk]	fuel, tuna
[b]	brakë [brákə]	baby, book
[c]	oqean [ocɛán]	Irish - ceist
[d]	adoptoj [adoptój]	day, doctor
[dz]	lexoj [lɛdzój]	beads, kids
[dʒ]	xham [dʒam]	joke, general
[ð]	dhomë [ðómə]	weather, together
[f]	i fortë [i fórtə]	face, food
[g]	bullgari [buɫgarí]	game, gold
[h]	jaht [jáht]	home, have
[j]	hyrje [hýrjɛ]	yes, New York
[ɟ]	zgjedh [zɟɛð]	geese
[k]	korik [koрík]	clock, kiss
[l]	lëviz [ləvíz]	lace, people
[ɫ]	shkallë [ʃkáɫə]	feel
[m]	medalje [mɛdáljɛ]	magic, milk
[n]	klan [klan]	name, normal
[ɲ]	spanjoll [spaɲóɫ]	canyon, new
[ŋ]	trung [truŋ]	ring
[p]	polici [politsí]	pencil, private
[r]	i erët [i érət]	rice, radio
[ɾ]	groshë [gróʃə]	Spanish - pero
[s]	spital [spitál]	city, boss
[ʃ]	shes [ʃɛs]	machine, shark
[t]	tapet [tapét]	tourist, trip
[ts]	batica [batítsa]	cats, tsetse fly
[tʃ]	kaçube [katʃúbɛ]	church, French
[v]	javor [javór]	very, river
[z]	horizont [horizónt]	zebra, please
[ʒ]	kuzhinë [kuʒínə]	forge, pleasure
[θ]	përkthej [pərkθéj]	month, tooth

11

ABBREVIATIONS
used in the dictionary

English abbreviations

ab.	-	about
adj	-	adjective
adv	-	adverb
anim.	-	animate
as adj	-	attributive noun used as adjective
e.g.	-	for example
etc.	-	et cetera
fam.	-	familiar
fem.	-	feminine
form.	-	formal
inanim.	-	inanimate
masc.	-	masculine
math	-	mathematics
mil.	-	military
n	-	noun
pl	-	plural
pron.	-	pronoun
sb	-	somebody
sing.	-	singular
sth	-	something
v aux	-	auxiliary verb
vi	-	intransitive verb
vi, vt	-	intransitive, transitive verb
vt	-	transitive verb

Albanian abbreviations

f	-	feminine noun
m	-	masculine noun
pl	-	plural

BASIC CONCEPTS

Basic concepts. Part 1

1. Pronouns

I, me	Unë, mua	[unǝ], [múa]
you	ti, ty	[ti], [ty]
he	ai	[aí]
she	ajo	[ajó]
it	ai	[aí]
we	ne	[nɛ]
you (to a group)	ju	[ju]
they (masc.)	ata	[atá]
they (fem.)	ato	[ató]

2. Greetings. Salutations. Farewells

Hello! (fam.)	Përshëndetje!	[pǝrʃǝndétjɛ!]
Hello! (form.)	Përshëndetje!	[pǝrʃǝndétjɛ!]
Good morning!	Mirëmëngjes!	[mirǝmǝnɟés!]
Good afternoon!	Mirëdita!	[mirǝdíta!]
Good evening!	Mirëmbrëma!	[mirǝmbréma!]
to say hello	përshëndes	[pǝrʃǝndés]
Hi! (hello)	Ç'kemi!	[tʃ'kémi!]
greeting (n)	përshëndetje (f)	[pǝrʃǝndétjɛ]
to greet (vt)	përshëndes	[pǝrʃǝndés]
How are you? (form.)	Si jeni?	[si jéni?]
How are you? (fam.)	Si je?	[si jɛ?]
What's new?	Çfarë ka të re?	[tʃfárǝ ká tǝ ré?]
Goodbye!	Mirupafshim!	[mirupáfʃim!]
Bye!	U pafshim!	[u páfʃim!]
See you soon!	Shihemi së shpejti!	[ʃíhɛmi sǝ ʃpéjti!]
Farewell!	Lamtumirë!	[lamtumírǝ!]
to say goodbye	përshëndetem	[pǝrʃǝndétɛm]
Cheers!	Tungjatjeta!	[tunɟatjéta!]
Thank you! Cheers!	Faleminderit!	[falɛmindérit!]
Thank you very much!	Faleminderit shumë!	[falɛmindérit ʃúmǝ!]
My pleasure!	Të lutem	[tǝ lútɛm]
Don't mention it!	Asgjë!	[asɟé!]
It was nothing	Asgjë	[asɟé]

Excuse me! (fam.)	Më fal!	[mə fal!]
Excuse me! (form.)	Më falni!	[mə fálni!]
to excuse (forgive)	fal	[fal]

to apologize (vi)	kërkoj falje	[kərkój fáljɛ]
My apologies	Kërkoj ndjesë	[kərkój ndjésə]
I'm sorry!	Më vjen keq!	[mə vjɛn kɛc!]
to forgive (vt)	fal	[fal]
It's okay! (that's all right)	S'ka gjë!	[s'ka ɉə!]
please (adv)	të lutem	[tə lútɛm]

Don't forget!	Mos harro!	[mos haró!]
Certainly!	Sigurisht!	[siguríʃt!]
Of course not!	Sigurisht që jo!	[siguríʃt cə jo!]
Okay! (I agree)	Në rregull!	[nə régut!]
That's enough!	Mjafton!	[mjaftón!]

3. How to address

Excuse me, ...	Më falni, ...	[mə fálni, ...]
mister, sir	zotëri	[zotərí]
madam	zonjë	[zóɲə]
miss	zonjushë	[zoɲúʃə]
young man	djalë i ri	[djálə i rí]
young man (little boy)	djalosh	[djalóʃ]
miss (little girl)	vajzë	[vájzə]

4. Cardinal numbers. Part 1

0 zero	zero	[zéro]
1 one	një	[ɲə]
2 two	dy	[dy]
3 three	tre	[trɛ]
4 four	katër	[kátər]

5 five	pesë	[pésə]
6 six	gjashtë	[ɉáʃtə]
7 seven	shtatë	[ʃtátə]
8 eight	tetë	[tétə]
9 nine	nëntë	[nəntə]

10 ten	dhjetë	[ðjétə]
11 eleven	njëmbëdhjetë	[nəmbəðjétə]
12 twelve	dymbëdhjetë	[dymbəðjétə]
13 thirteen	trembëdhjetë	[trɛmbəðjétə]
14 fourteen	katërmbëdhjetë	[katərmbəðjétə]

15 fifteen	pesëmbëdhjetë	[pɛsəmbəðjétə]
16 sixteen	gjashtëmbëdhjetë	[ɉaʃtəmbəðjétə]
17 seventeen	shtatëmbëdhjetë	[ʃtatəmbəðjétə]
18 eighteen	tetëmbëdhjetë	[tɛtəmbəðjétə]
19 nineteen	nëntëmbëdhjetë	[nəntəmbəðjétə]

20 twenty	njëzet	[ɲəzét]
21 twenty-one	njëzet e një	[ɲəzét ɛ ɲə]
22 twenty-two	njëzet e dy	[ɲəzét ɛ dy]
23 twenty-three	njëzet e tre	[ɲəzét ɛ trɛ]
30 thirty	tridhjetë	[triðjétə]
31 thirty-one	tridhjetë e një	[triðjéte ɛ ɲə]
32 thirty-two	tridhjetë e dy	[triðjéte ɛ dy]
33 thirty-three	tridhjetë e tre	[triðjéte ɛ trɛ]
40 forty	dyzet	[dyzét]
41 forty-one	dyzet e një	[dyzét ɛ ɲə]
42 forty-two	dyzet e dy	[dyzét ɛ dy]
43 forty-three	dyzet e tre	[dyzét ɛ trɛ]
50 fifty	pesëdhjetë	[pɛsəðjétə]
51 fifty-one	pesëdhjetë e një	[pɛsəðjéte ɛ ɲə]
52 fifty-two	pesëdhjetë e dy	[pɛsəðjéte ɛ dy]
53 fifty-three	pesëdhjetë e tre	[pɛsəðjéte ɛ trɛ]
60 sixty	gjashtëdhjetë	[ɟaʃtəðjétə]
61 sixty-one	gjashtëdhjetë e një	[ɟaʃtəðjéte ɛ ɲə]
62 sixty-two	gjashtëdhjetë e dy	[ɟaʃtəðjéte ɛ dý]
63 sixty-three	gjashtëdhjetë e tre	[ɟaʃtəðjéte ɛ tré]
70 seventy	shtatëdhjetë	[ʃtatəðjétə]
71 seventy-one	shtatëdhjetë e një	[ʃtatəðjéte ɛ ɲə]
72 seventy-two	shtatëdhjetë e dy	[ʃtatəðjéte ɛ dy]
73 seventy-three	shtatëdhjetë e tre	[ʃtatəðjéte ɛ trɛ]
80 eighty	tetëdhjetë	[tɛtəðjétə]
81 eighty-one	tetëdhjetë e një	[tɛtəðjéte ɛ ɲə]
82 eighty-two	tetëdhjetë e dy	[tɛtəðjéte ɛ dy]
83 eighty-three	tetëdhjetë e tre	[tɛtəðjéte ɛ trɛ]
90 ninety	nëntëdhjetë	[nəntəðjétə]
91 ninety-one	nëntëdhjetë e një	[nəntəðjéte ɛ ɲə]
92 ninety-two	nëntëdhjetë e dy	[nəntəðjéte ɛ dy]
93 ninety-three	nëntëdhjetë e tre	[nəntəðjéte ɛ trɛ]

5. Cardinal numbers. Part 2

100 one hundred	njëqind	[ɲəcínd]
200 two hundred	dyqind	[dycínd]
300 three hundred	treqind	[trɛcínd]
400 four hundred	katërqind	[katərcínd]
500 five hundred	pesëqind	[pɛsəcínd]
600 six hundred	gjashtëqind	[ɟaʃtəcínd]
700 seven hundred	shtatëqind	[ʃtatəcínd]
800 eight hundred	tetëqind	[tɛtəcínd]
900 nine hundred	nëntëqind	[nəntəcínd]
1000 one thousand	një mijë	[ɲə míjə]
2000 two thousand	dy mijë	[dy míjə]

3000 three thousand	tre mijë	[trɛ míjə]
10000 ten thousand	dhjetë mijë	[ðjétə míjə]
one hundred thousand	njëqind mijë	[nəcínd míjə]
million	milion (m)	[milión]
billion	miliardë (f)	[miliárdə]

6. Ordinal numbers

first (adj)	i pari	[i pári]
second (adj)	i dyti	[i dýti]
third (adj)	i treti	[i tréti]
fourth (adj)	i katërti	[i kátərti]
fifth (adj)	i pesti	[i pésti]

sixth (adj)	i gjashti	[i ɟáʃti]
seventh (adj)	i shtati	[i ʃtáti]
eighth (adj)	i teti	[i téti]
ninth (adj)	i nënti	[i nénti]
tenth (adj)	i dhjeti	[i ðjéti]

7. Numbers. Fractions

fraction	thyesë (f)	[θýɛsə]
one half	gjysma	[ɟýsma]
one third	një e treta	[nə ɛ tréta]
one quarter	një e katërta	[nə ɛ kátərta]

one eighth	një e teta	[nə ɛ téta]
one tenth	një e dhjeta	[nə ɛ ðjéta]
two thirds	dy të tretat	[dy tə trétat]
three quarters	tre të katërtat	[trɛ tə kátərtat]

8. Numbers. Basic operations

subtraction	zbritje (f)	[zbrítjɛ]
to subtract (vi, vt)	zbres	[zbrɛs]
division	pjesëtim (m)	[pjɛsətím]
to divide (vt)	pjesëtoj	[pjɛsətój]
addition	mbledhje (f)	[mbléðjɛ]
to add up (vt)	shtoj	[ʃtoj]
to add (vi)	mbledh	[mbléð]
multiplication	shumëzim (m)	[ʃuməzím]
to multiply (vt)	shumëzoj	[ʃuməzój]

9. Numbers. Miscellaneous

| digit, figure | shifër (f) | [ʃífər] |
| number | numër (m) | [númər] |

numeral	numerik (m)	[numɛrík]
minus sign	minus (m)	[minús]
plus sign	plus (m)	[plus]
formula	formulë (f)	[formúlə]

calculation	llogaritje (f)	[ɫogarítjɛ]
to count (vi, vt)	numëroj	[numərój]
to count up	llogaris	[ɫogarís]
to compare (vt)	krahasoj	[krahasój]

How much?	Sa?	[sa?]
sum, total	shuma (f)	[ʃúma]
result	rezultat (m)	[rɛzultát]
remainder	mbetje (f)	[mbétjɛ]

a few (e.g., ~ years ago)	disa	[disá]
little (I had ~ time)	pak	[pak]
few (I have ~ friends)	disa	[disá]
a little (~ water)	pak	[pak]
the rest	mbetje (f)	[mbétjɛ]
one and a half	një e gjysmë (f)	[ɲə ɛ ɟýsmə]
dozen	dyzinë (f)	[dyzínə]

in half (adv)	përgjysmë	[pərɟýsmə]
equally (evenly)	gjysmë për gjysmë	[ɟýsmə pər ɟýsmə]
half	gjysmë (f)	[ɟýsmə]
time (three ~s)	herë (f)	[hérə]

10. The most important verbs. Part 1

to advise (vt)	këshilloj	[kəʃiɫój]
to agree (say yes)	bie dakord	[bíɛ dakórd]
to answer (vi, vt)	përgjigjem	[pərɟíɟɛm]
to apologize (vi)	kërkoj falje	[kərkój fáljɛ]
to arrive (vi)	arrij	[aríj]

to ask (~ oneself)	pyes	[pýɛs]
to ask (~ sb to do sth)	pyes	[pýɛs]
to be (vi)	jam	[jam]

to be afraid	kam frikë	[kam fríkə]
to be hungry	kam uri	[kam urí]
to be interested in ...	interesohem ...	[intɛrɛsóhɛm ...]
to be needed	nevojitet	[nɛvojítɛt]
to be surprised	çuditem	[tʃudítɛm]

to be thirsty	kam etje	[kam étjɛ]
to begin (vt)	filloj	[fiɫój]
to belong to ...	përkas ...	[pərkás ...]
to boast (vi)	mburrem	[mbúrɛm]
to break (split into pieces)	ndahem	[ndáhɛm]
to call (~ for help)	thërras	[θərás]
can (v aux)	mund	[mund]
to catch (vt)	kap	[kap]

to change (vt)	ndryshoj	[ndryʃój]
to choose (select)	zgjedh	[zɟɛð]
to come down (the stairs)	zbres	[zbrɛs]

to compare (vt)	krahasoj	[krahasój]
to complain (vi, vt)	ankohem	[ankóhɛm]
to confuse (mix up)	ngatërroj	[ŋatərój]
to continue (vt)	vazhdoj	[vaʒdój]
to control (vt)	kontrolloj	[kontroɫój]
to cook (dinner)	gatuaj	[gatúaj]

to cost (vt)	kushton	[kuʃtón]
to count (add up)	numëroj	[numərój]
to count on …	mbështetem …	[mbəʃtétɛm …]
to create (vt)	krijoj	[krijój]
to cry (weep)	qaj	[caj]

11. The most important verbs. Part 2

to deceive (vi, vt)	mashtroj	[maʃtrój]
to decorate (tree, street)	zbukuroj	[zbukurój]
to defend (a country, etc.)	mbroj	[mbrój]
to demand (request firmly)	kërkoj	[kərkój]
to dig (vt)	gërmoj	[gərmój]

to discuss (vt)	diskutoj	[diskutój]
to do (vt)	bëj	[bəj]
to doubt (have doubts)	dyshoj	[dyʃój]
to drop (let fall)	lëshoj	[ləʃój]
to enter (room, house, etc.)	hyj	[hyj]

to excuse (forgive)	fal	[fal]
to exist (vi)	ekzistoj	[ɛkzistój]
to expect (foresee)	parashikoj	[paraʃikój]
to explain (vt)	shpjegoj	[ʃpjɛgój]
to fall (vi)	bie	[bíɛ]

to fancy (vt)	pëlqej	[pəlcéj]
to find (vt)	gjej	[ɟéj]
to finish (vt)	përfundoj	[pərfundój]
to fly (vi)	fluturoj	[fluturój]
to follow … (come after)	ndjek …	[ndjék …]

to forget (vi, vt)	harroj	[harój]
to forgive (vt)	fal	[fal]
to give (vt)	jap	[jap]
to give a hint	aludoj	[aludój]
to go (on foot)	ec në këmbë	[ɛts nə kémbə]

to go for a swim	notoj	[notój]
to go out (for dinner, etc.)	dal	[dal]
to guess (the answer)	hamendësoj	[hamɛndəsój]
to have (vt)	kam	[kam]
to have breakfast	ha mëngjes	[ha mənɟés]

to have dinner	ha darkë	[ha dárkə]
to have lunch	ha drekë	[ha drékə]
to hear (vt)	dëgjoj	[dəɟój]

to help (vt)	ndihmoj	[ndihmój]
to hide (vt)	fsheh	[fʃéh]
to hope (vi, vt)	shpresoj	[ʃprɛsój]
to hunt (vi, vt)	dal për gjah	[dál pər ɟáh]
to hurry (vi)	nxitoj	[ndzitój]

12. The most important verbs. Part 3

to inform (vt)	informoj	[informój]
to insist (vi, vt)	këmbëngul	[kəmbəŋúl]
to insult (vt)	fyej	[fýɛj]
to invite (vt)	ftoj	[ftoj]
to joke (vi)	bëj shaka	[bəj ʃaká]

to keep (vt)	mbaj	[mbáj]
to keep silent, to hush	hesht	[hɛʃt]
to kill (vt)	vras	[vras]
to know (sb)	njoh	[ɲóh]
to know (sth)	di	[di]
to laugh (vi)	qesh	[cɛʃ]

to liberate (city, etc.)	çliroj	[tʃlirój]
to look for … (search)	kërkoj …	[kərkój …]
to love (sb)	dashuroj	[daʃurój]
to make a mistake	gaboj	[gabój]
to manage, to run	drejtoj	[drɛjtój]
to mean (signify)	nënkuptoj	[nənkuptój]
to mention (talk about)	përmend	[pərménd]
to miss (school, etc.)	humbas	[humbás]
to notice (see)	vërej	[vəréj]
to object (vi, vt)	kundërshtoj	[kundərʃtój]

to observe (see)	vëzhgoj	[vəʒgój]
to open (vt)	hap	[hap]
to order (meal, etc.)	porosis	[porosís]
to order (mil.)	urdhëroj	[urðərój]
to own (possess)	zotëroj	[zotərój]

to participate (vi)	marr pjesë	[mar pjésə]
to pay (vi, vt)	paguaj	[pagúaj]
to permit (vt)	lejoj	[lɛjój]
to plan (vt)	planifikoj	[planifikój]
to play (children)	luaj	[lúaj]

to pray (vi, vt)	lutem	[lútɛm]
to prefer (vt)	preferoj	[prɛfɛrój]
to promise (vt)	premtoj	[prɛmtój]
to pronounce (vt)	shqiptoj	[ʃciptój]
to propose (vt)	propozoj	[propozój]
to punish (vt)	ndëshkoj	[ndəʃkój]

19

13. The most important verbs. Part 4

to read (vi, vt)	lexoj	[lɛdzój]
to recommend (vt)	rekomandoj	[rɛkomandój]
to refuse (vi, vt)	refuzoj	[rɛfuzój]
to regret (be sorry)	pendohem	[pɛndóhɛm]
to rent (sth from sb)	marr me qira	[mar mɛ cirá]
to repeat (say again)	përsëris	[pərsərís]
to reserve, to book	rezervoj	[rɛzɛrvój]
to run (vi)	vrapoj	[vrapój]
to save (rescue)	shpëtoj	[ʃpətój]
to say (~ thank you)	them	[θɛm]
to scold (vt)	qortoj	[cortój]
to see (vt)	shikoj	[ʃikój]
to sell (vt)	shes	[ʃɛs]
to send (vt)	dërgoj	[dərgój]
to shoot (vi)	qëlloj	[cəɫój]
to shout (vi)	bërtas	[bərtás]
to show (vt)	tregoj	[trɛgój]
to sign (document)	nënshkruaj	[nənʃkrúaj]
to sit down (vi)	ulem	[úlɛm]
to smile (vi)	buzëqesh	[buzəcéʃ]
to speak (vi, vt)	flas	[flas]
to steal (money, etc.)	vjedh	[vjɛð]
to stop (for pause, etc.)	ndaloj	[ndalój]
to stop (please ~ calling me)	ndaloj	[ndalój]
to study (vt)	studioj	[studiój]
to swim (vi)	notoj	[notój]
to take (vt)	marr	[mar]
to think (vi, vt)	mendoj	[mɛndój]
to threaten (vt)	kërcënoj	[kərtsənój]
to touch (with hands)	prek	[prɛk]
to translate (vt)	përkthej	[pərkθéj]
to trust (vt)	besoj	[bɛsój]
to try (attempt)	përpiqem	[pərpícɛm]
to turn (e.g., ~ left)	kthej	[kθɛj]
to underestimate (vt)	nënvlerësoj	[nənvlɛrəsój]
to understand (vt)	kuptoj	[kuptój]
to unite (vt)	bashkoj	[baʃkój]
to wait (vt)	pres	[prɛs]
to want (wish, desire)	dëshiroj	[dəʃirój]
to warn (vt)	paralajmëroj	[paralajmərój]
to work (vi)	punoj	[punój]
to write (vt)	shkruaj	[ʃkrúaj]
to write down	mbaj shënim	[mbáj ʃəním]

14. Colours

colour	ngjyrë (f)	[ɲʝýrə]
shade (tint)	nuancë (f)	[nuántsə]
hue	tonalitet (m)	[tonalitét]
rainbow	ylber (m)	[ylbér]

white (adj)	e bardhë	[ɛ bárðə]
black (adj)	e zezë	[ɛ zézə]
grey (adj)	gri	[gri]

green (adj)	jeshile	[jɛʃílɛ]
yellow (adj)	e verdhë	[ɛ vérðə]
red (adj)	e kuqe	[ɛ kúcɛ]

blue (adj)	blu	[blu]
light blue (adj)	bojëqielli	[bojəciéɫi]
pink (adj)	rozë	[rózə]
orange (adj)	portokalli	[portokáɫi]
violet (adj)	bojëvjollcë	[bojəvjóɫtsə]
brown (adj)	kafe	[káfɛ]

golden (adj)	e artë	[ɛ ártə]
silvery (adj)	e argjendtë	[ɛ arɟéndtə]

beige (adj)	bezhë	[béʒə]
cream (adj)	krem	[krɛm]
turquoise (adj)	e bruztë	[ɛ brúztə]
cherry red (adj)	qershi	[cɛrʃí]
lilac (adj)	jargavan	[jargaván]
crimson (adj)	e kuqe e thellë	[ɛ kúcɛ ɛ θéɫə]

light (adj)	e hapur	[ɛ hápur]
dark (adj)	e errët	[ɛ érət]
bright, vivid (adj)	e ndritshme	[ɛ ndrítʃmɛ]

coloured (pencils)	e ngjyrosur	[ɛ ɲʝyrósur]
colour (e.g. ~ film)	ngjyrë	[ɲʝýrə]
black-and-white (adj)	bardhë e zi	[bárðə ɛ zi]
plain (one-coloured)	njëngjyrëshe	[ɲəɲʝýrəʃɛ]
multicoloured (adj)	shumëngjyrëshe	[ʃuməɲʝýrəʃɛ]

15. Questions

Who?	Kush?	[kuʃ?]
What?	Çka?	[tʃká?]
Where? (at, in)	Ku?	[ku?]
Where? (to)?	Për ku?	[pər ku?]
From where?	Nga ku?	[ŋa ku?]
When?	Kur?	[kur?]
Why? (What for?)	Pse?	[psɛ?]
Why? (~ are you crying?)	Pse?	[psɛ?]
What for?	Për çfarë arsye?	[pər tʃfárə arsýɛ?]

How? (in what way)	Si?	[si?]
What? (What kind of ...?)	Çfarë?	[tʃfárə?]
Which?	Cili?	[tsíli?]

To whom?	Kujt?	[kújt?]
About whom?	Për kë?	[pər kə?]
About what?	Për çfarë?	[pər tʃfárə?]
With whom?	Me kë?	[mɛ kə?]

| How many? How much? | Sa? | [sa?] |
| Whose? | Të kujt? | [tə kujt?] |

16. Prepositions

with (accompanied by)	me	[mɛ]
without	pa	[pa]
to (indicating direction)	për në	[pər nə]
about (talking ~ ...)	për	[pər]
before (in time)	përpara	[pərpára]
in front of ...	para ...	[pára ...]

under (beneath, below)	nën	[nən]
above (over)	mbi	[mbí]
on (atop)	mbi	[mbí]
from (off, out of)	nga	[ŋa]
of (made from)	nga	[ŋa]

| in (e.g. ~ ten minutes) | për | [pər] |
| over (across the top of) | sipër | [sípər] |

17. Function words. Adverbs. Part 1

Where? (at, in)	Ku?	[ku?]
here (adv)	këtu	[kətú]
there (adv)	atje	[atjé]

| somewhere (to be) | diku | [dikú] |
| nowhere (not in any place) | askund | [askúnd] |

| by (near, beside) | afër | [áfər] |
| by the window | tek dritarja | [tɛk dritárja] |

Where (to)?	Për ku?	[pər ku?]
here (e.g. come ~!)	këtu	[kətú]
there (e.g. to go ~)	atje	[atjé]
from here (adv)	nga këtu	[ŋa kətú]
from there (adv)	nga atje	[ŋa atjɛ]

close (adv)	pranë	[pránə]
far (adv)	larg	[larg]
near (e.g. ~ Paris)	afër	[áfər]
nearby (adv)	pranë	[pránə]

not far (adv)	jo larg	[jo lárg]
left (adj)	majtë	[májtə]
on the left	majtas	[májtas]
to the left	në të majtë	[nə tə májtə]
right (adj)	djathtë	[djáθtə]
on the right	djathtas	[djáθtas]
to the right	në të djathtë	[nə tə djáθtə]
in front (adv)	përballë	[pərbáłə]
front (as adj)	i përparmë	[i pərpármə]
ahead (the kids ran ~)	përpara	[pərpára]
behind (adv)	prapa	[prápa]
from behind	nga prapa	[ŋa prápa]
back (towards the rear)	pas	[pas]
middle	mes (m)	[mɛs]
in the middle	në mes	[nə mɛs]
at the side	në anë	[nə anə]
everywhere (adv)	kudo	[kúdo]
around (in all directions)	përreth	[pəréθ]
from inside	nga brenda	[ŋa brénda]
somewhere (to go)	diku	[dikú]
straight (directly)	drejt	[dréjt]
back (e.g. come ~)	pas	[pas]
from anywhere	nga kudo	[ŋa kúdo]
from somewhere	nga diku	[ŋa dikú]
firstly (adv)	së pari	[sə pári]
secondly (adv)	së dyti	[sə dýti]
thirdly (adv)	së treti	[sə tréti]
suddenly (adv)	befas	[béfas]
at first (in the beginning)	në fillim	[nə fiłím]
for the first time	për herë të parë	[pər hérə tə párə]
long before …	shumë përpara …	[ʃúmə pərpára …]
anew (over again)	sërish	[səríʃ]
for good (adv)	një herë e mirë	[ɲə hérə ɛ mírə]
never (adv)	kurrë	[kúrə]
again (adv)	përsëri	[pərsərí]
now (at present)	tani	[táni]
often (adv)	shpesh	[ʃpɛʃ]
then (adv)	atëherë	[atəhérə]
urgently (quickly)	urgjent	[uɲént]
usually (adv)	zakonisht	[zakoníʃt]
by the way, …	meqë ra fjala, …	[mécə ra fjála, …]
possibly	ndoshta	[ndóʃta]
probably (adv)	mundësisht	[mundəsíʃt]
maybe (adv)	mbase	[mbásɛ]
besides …	përveç	[pərvétʃ]

that's why ...	ja përse ...	[ja pərsé ...]
in spite of ...	pavarësisht se ...	[pavarəsíʃt sɛ ...]
thanks to ...	falë ...	[fálə ...]

what (pron.)	çfarë	[tʃfárə]
that (conj.)	që	[cə]
something	diçka	[ditʃká]
anything (something)	ndonji gjë	[ndoɲí ɟə]
nothing	asgjë	[asɟé]

who (pron.)	kush	[kuʃ]
someone	dikush	[dikúʃ]
somebody	dikush	[dikúʃ]

nobody	askush	[askúʃ]
nowhere (a voyage to ~)	askund	[askúnd]
nobody's	i askujt	[i askújt]
somebody's	i dikujt	[i dikújt]

so (I'm ~ glad)	aq	[ác]
also (as well)	gjithashtu	[ɟiθaʃtú]
too (as well)	gjithashtu	[ɟiθaʃtú]

18. Function words. Adverbs. Part 2

Why?	Pse?	[psɛ?]
for some reason	për një arsye	[pər ɲə arsýɛ]
because ...	sepse ...	[sɛpsé ...]
for some purpose	për ndonjë shkak	[pər ndóɲə ʃkak]

and	dhe	[ðɛ]
or	ose	[ósɛ]
but	por	[por]
for (e.g. ~ me)	për	[pər]

too (excessively)	tepër	[tépər]
only (exclusively)	vetëm	[vétəm]
exactly (adv)	pikërisht	[pikəríʃt]
about (more or less)	rreth	[rɛθ]

approximately (adv)	përafërsisht	[pərafərsíʃt]
approximate (adj)	përafërt	[pəráfərt]
almost (adv)	pothuajse	[poθúajsɛ]
the rest	mbetje (f)	[mbétjɛ]

the other (second)	tjetri	[tjétri]
other (different)	tjetër	[tjétər]
each (adj)	çdo	[tʃdo]
any (no matter which)	çfarëdo	[tʃfarədó]
many (adj)	disa	[disá]
much (adv)	shumë	[ʃúmə]
many people	shumë njerëz	[ʃúmə ɲérəz]
all (everyone)	të gjithë	[tə ɟíθə]
in return for ...	në vend të ...	[nə vénd tə ...]

in exchange (adv)	në shkëmbim të ...	[nə ʃkəmbím tə ...]
by hand (made)	me dorë	[mɛ dórə]
hardly (negative opinion)	vështirë se ...	[vəʃtírə sɛ ...]

probably (adv)	mundësisht	[mundəsíʃt]
on purpose (intentionally)	me qëllim	[mɛ cəɫím]
by accident (adv)	aksidentalisht	[aksidɛntalíʃt]

very (adv)	shumë	[ʃúmə]
for example (adv)	për shembull	[pər ʃémbuɫ]
between	midis	[midís]
among	rreth	[rɛθ]
so much (such a lot)	kaq shumë	[kác ʃúmə]
especially (adv)	veçanërisht	[vɛʧanəríʃt]

Basic concepts. Part 2

19. Opposites

| rich (adj) | i pasur | [i pásur] |
| poor (adj) | i varfër | [i várfər] |

| ill, sick (adj) | i sëmurë | [i səmúrə] |
| well (not sick) | mirë | [mírə] |

| big (adj) | i madh | [i máð] |
| small (adj) | i vogël | [i vógəl] |

| quickly (adv) | shpejt | [ʃpɛjt] |
| slowly (adv) | ngadalë | [ŋadálə] |

| fast (adj) | i shpejtë | [i ʃpéjtə] |
| slow (adj) | i ngadaltë | [i ŋadáltə] |

| glad (adj) | i kënaqur | [i kənácur] |
| sad (adj) | i mërzitur | [i mərzítur] |

| together (adv) | së bashku | [sə báʃku] |
| separately (adv) | veç e veç | [vɛtʃ ɛ vɛtʃ] |

| aloud (to read) | me zë | [mɛ zə] |
| silently (to oneself) | pa zë | [pa zə] |

| tall (adj) | i lartë | [i lártə] |
| low (adj) | i ulët | [i úlət] |

| deep (adj) | i thellë | [i θélə] |
| shallow (adj) | i cekët | [i tsékət] |

| yes | po | [po] |
| no | jo | [jo] |

| distant (in space) | i largët | [i lárgət] |
| nearby (adj) | afër | [áfər] |

| far (adv) | larg | [larg] |
| nearby (adv) | pranë | [pránə] |

| long (adj) | i gjatë | [i ɟátə] |
| short (adj) | i shkurtër | [i ʃkúrtər] |

| good (kindhearted) | i mirë | [i mírə] |
| evil (adj) | djallëzor | [djaɫəzór] |

| married (adj) | i martuar | [i martúar] |
| single (adj) | beqar | [bɛcár] |

| to forbid (vt) | ndaloj | [ndalój] |
| to permit (vt) | lejoj | [lɛjój] |

| end | fund (m) | [fund] |
| beginning | fillim (m) | [fiɬím] |

| left (adj) | majtë | [májtə] |
| right (adj) | djathtë | [djáθtə] |

| first (adj) | i pari | [i pári] |
| last (adj) | i fundit | [i fúndit] |

| crime | krim (m) | [krim] |
| punishment | ndëshkim (m) | [ndəʃkím] |

| to order (vt) | urdhëroj | [urðərój] |
| to obey (vi, vt) | bindem | [bíndɛm] |

| straight (adj) | i drejtë | [i dréjtə] |
| curved (adj) | i harkuar | [i harkúar] |

| paradise | parajsë (f) | [parájsə] |
| hell | ferr (m) | [fɛr] |

| to be born | lind | [lind] |
| to die (vi) | vdes | [vdɛs] |

| strong (adj) | i fortë | [i fórtə] |
| weak (adj) | i dobët | [i dóbət] |

| old (adj) | plak | [plak] |
| young (adj) | i ri | [i rí] |

| old (adj) | i vjetër | [i vjétər] |
| new (adj) | i ri | [i rí] |

| hard (adj) | i fortë | [i fórtə] |
| soft (adj) | i butë | [i bútə] |

| warm (tepid) | ngrohtë | [ŋróhtə] |
| cold (adj) | i ftohtë | [i ftóhtə] |

| fat (adj) | i shëndoshë | [i ʃəndóʃə] |
| thin (adj) | i dobët | [i dóbət] |

| narrow (adj) | i ngushtë | [i ŋúʃtə] |
| wide (adj) | i gjerë | [i ɟérə] |

| good (adj) | i mirë | [i mírə] |
| bad (adj) | i keq | [i kéc] |

| brave (adj) | guximtar | [gudzimtár] |
| cowardly (adj) | frikacak | [frikatsák] |

20. Weekdays

Monday	E hënë (f)	[ɛ hə́nə]
Tuesday	E martë (f)	[ɛ mártə]
Wednesday	E mërkurë (f)	[ɛ mərkúrə]
Thursday	E enjte (f)	[ɛ éɲtɛ]
Friday	E premte (f)	[ɛ prémtɛ]
Saturday	E shtunë (f)	[ɛ ʃtúnə]
Sunday	E dielë (f)	[ɛ díɛlə]

today (adv)	sot	[sot]
tomorrow (adv)	nesër	[nésər]
the day after tomorrow	pasnesër	[pasnésər]
yesterday (adv)	dje	[djé]
the day before yesterday	pardje	[pardjé]

day	ditë (f)	[dítə]
working day	ditë pune (f)	[dítə púnɛ]
public holiday	festë kombëtare (f)	[féstə kombətárɛ]
day off	ditë pushim (m)	[dítə puʃím]
weekend	fundjavë (f)	[fundjávə]

all day long	gjithë ditën	[ɟíθə dítən]
the next day (adv)	ditën pasardhëse	[dítən pasárðəsɛ]
two days ago	dy ditë më parë	[dy dítə mə párə]
the day before	një ditë më parë	[ɲə dítə mə párə]
daily (adj)	ditor	[ditór]
every day (adv)	çdo ditë	[tʃdo dítə]

week	javë (f)	[jávə]
last week (adv)	javën e kaluar	[jávən ɛ kalúar]
next week (adv)	javën e ardhshme	[jávən ɛ árðʃmɛ]
weekly (adj)	javor	[javór]
every week (adv)	çdo javë	[tʃdo jávə]
twice a week	dy herë në javë	[dy hérə nə jávə]
every Tuesday	çdo të martë	[tʃdo tə mártə]

21. Hours. Day and night

morning	mëngjes (m)	[mənɟés]
in the morning	në mëngjes	[nə mənɟés]
noon, midday	mesditë (f)	[mɛsdítə]
in the afternoon	pasdite	[pasdítɛ]

evening	mbrëmje (f)	[mbrémjɛ]
in the evening	në mbrëmje	[nə mbrémjɛ]
night	natë (f)	[nátə]
at night	natën	[nátən]
midnight	mesnatë (f)	[mɛsnátə]

second	sekondë (f)	[sɛkóndə]
minute	minutë (f)	[minútə]
hour	orë (f)	[órə]

half an hour	gjysmë ore (f)	[ɟýsmə óɾɛ]
a quarter-hour	çerek ore (m)	[tʃɛrék óɾɛ]
fifteen minutes	pesëmbëdhjetë minuta	[pɛsəmbəðjétə minúta]
24 hours	24 orë	[ɲəzét ɛ kátər óɾə]

sunrise	agim (m)	[agím]
dawn	agim (m)	[agím]
early morning	mëngjes herët (m)	[mənɟés hérət]
sunset	perëndim dielli (m)	[pɛrəndím diéɫi]

early in the morning	herët në mëngjes	[hérət nə mənɟés]
this morning	sot në mëngjes	[sot nə mənɟés]
tomorrow morning	nesër në mëngjes	[nésər nə mənɟés]

this afternoon	sot pasdite	[sot pasdítɛ]
in the afternoon	pasdite	[pasdítɛ]
tomorrow afternoon	nesër pasdite	[nésər pasdítɛ]

| tonight (this evening) | sonte në mbrëmje | [sóntɛ nə mbrəmjɛ] |
| tomorrow night | nesër në mbrëmje | [nésər nə mbrémjɛ] |

at 3 o'clock sharp	në orën 3 fiks	[nə óɾən trɛ fiks]
about 4 o'clock	rreth orës 4	[rɛθ óɾəs kátər]
by 12 o'clock	deri në orën 12	[déri nə óɾən dymbəðjétə]

in 20 minutes	për 20 minuta	[pər ɲəzét minúta]
in an hour	për një orë	[pər ɲə óɾə]
on time (adv)	në orar	[nə orár]

a quarter to ...	çerek ...	[tʃɛrék ...]
within an hour	brenda një ore	[brénda ɲə óɾɛ]
every 15 minutes	çdo 15 minuta	[tʃdo pɛsəmbəðjétə minúta]
round the clock	gjithë ditën	[ɟíθə dítən]

22. Months. Seasons

January	Janar (m)	[janár]
February	Shkurt (m)	[ʃkurt]
March	Mars (m)	[mars]
April	Prill (m)	[priɫ]
May	Maj (m)	[maj]
June	Qershor (m)	[cɛrʃór]

July	Korrik (m)	[korík]
August	Gusht (m)	[guʃt]
September	Shtator (m)	[ʃtatór]
October	Tetor (m)	[tɛtór]
November	Nëntor (m)	[nəntór]
December	Dhjetor (m)	[ðjɛtór]

spring	pranverë (f)	[pranvérə]
in spring	në pranverë	[nə pranvérə]
spring (as adj)	pranveror	[pranvɛrór]
summer	verë (f)	[vérə]

29

in summer	në verë	[nə vérə]
summer (as adj)	veror	[vɛrór]
autumn	vjeshtë (f)	[vjéʃtə]
in autumn	në vjeshtë	[nə vjéʃtə]
autumn (as adj)	vjeshtor	[vjéʃtor]
winter	dimër (m)	[dímər]
in winter	në dimër	[nə dímər]
winter (as adj)	dimëror	[dimərór]
month	muaj (m)	[múaj]
this month	këtë muaj	[kətə múaj]
next month	muajin tjetër	[múajin tjétər]
last month	muajin e kaluar	[múajin ɛ kalúar]
a month ago	para një muaji	[pára ɲə múaji]
in a month (a month later)	pas një muaji	[pas ɲə múaji]
in 2 months (2 months later)	pas dy muajsh	[pas dy múajʃ]
the whole month	gjithë muajin	[ɟíθə múajin]
all month long	gjatë gjithë muajit	[ɟátə ɟíθə múajit]
monthly (~ magazine)	mujor	[mujór]
monthly (adv)	mujor	[mujór]
every month	çdo muaj	[tʃdo múaj]
twice a month	dy herë në muaj	[dy hérə nə múaj]
year	vit (m)	[vit]
this year	këtë vit	[kətə vít]
next year	vitin tjetër	[vítin tjétər]
last year	vitin e kaluar	[vítin ɛ kalúar]
a year ago	para një viti	[pára ɲə víti]
in a year	për një vit	[pər ɲə vit]
in two years	për dy vite	[pər dy vítɛ]
the whole year	gjithë vitin	[ɟíθə vítin]
all year long	gjatë gjithë vitit	[ɟátə ɟíθə vítit]
every year	çdo vit	[tʃdo vít]
annual (adj)	vjetor	[vjɛtór]
annually (adv)	çdo vit	[tʃdo vít]
4 times a year	4 herë në vit	[kátər hérə nə vit]
date (e.g. today's ~)	datë (f)	[dátə]
date (e.g. ~ of birth)	data (f)	[dáta]
calendar	kalendar (m)	[kalɛndár]
half a year	gjysmë viti	[ɟýsmə víti]
six months	gjashtë muaj	[ɟáʃtə múaj]
season (summer, etc.)	stinë (f)	[stínə]
century	shekull (m)	[ʃékuɫ]

23. Time. Miscellaneous

time	kohë (f)	[kóhə]
moment	çast, moment (m)	[tʃást], [mománt]

instant (n)	çast (m)	[tʃást]
instant (adj)	i çastit	[i tʃástit]
lapse (of time)	interval (m)	[intɛrvál]
life	jetë (f)	[jétə]
eternity	përjetësi (f)	[pərjɛtəsí]

epoch	epokë (f)	[ɛpókə]
era	erë (f)	[érə]
cycle	cikël (m)	[tsíkəl]
period	periudhë (f)	[pɛriúðə]
term (short-~)	afat (m)	[afát]

the future	ardhmëria (f)	[arðməría]
future (as adj)	e ardhme	[ɛ árðmɛ]
next time	herën tjetër	[hérən tjétər]
the past	e shkuara (f)	[ɛ ʃkúara]
past (recent)	kaluar	[kalúar]
last time	herën e fundit	[hérən ɛ fúndit]

later (adv)	më vonë	[mə vónə]
after (prep.)	pas	[pas]
nowadays (adv)	në këto kohë	[nə kəto kóhə]
now (at this moment)	tani	[táni]
immediately (adv)	menjëherë	[mɛɲəhérə]
soon (adv)	së shpejti	[sə ʃpéjti]
in advance (beforehand)	paraprakisht	[paraprakíʃt]

a long time ago	para shumë kohësh	[pára ʃúmə kóhəʃ]
recently (adv)	së fundmi	[sə fúndmi]
destiny	fat (m)	[fat]
recollections	kujtime (pl)	[kujtímɛ]
archives	arkiva (f)	[arkíva]
during ...	gjatë ...	[ɟátə ...]
long, a long time (adv)	gjatë, kohë e gjatë	[ɟátə], [kóhə ɛ ɟátə]
not long (adv)	jo gjatë	[jo ɟátə]
early (in the morning)	herët	[hérət]
late (not early)	vonë	[vónə]

forever (for good)	përjetë	[pərjétə]
to start (begin)	filloj	[fiɬój]
to postpone (vt)	shtyj	[ʃtyj]

at the same time	njëkohësisht	[ɲəkohəsíʃt]
permanently (adv)	përhershëm	[pərhérʃəm]
constant (noise, pain)	vazhdueshme	[vaʒdúɛʃmɛ]
temporary (adj)	i përkohshëm	[i pərkóhʃəm]
sometimes (adv)	ndonjëherë	[ndoɲəhérə]
rarely (adv)	rrallë	[ráɬə]
often (adv)	shpesh	[ʃpɛʃ]

24. Lines and shapes

| square | katror (m) | [katrór] |
| square (as adj) | katrore | [katrórɛ] |

circle	rreth (m)	[rɛθ]
round (adj)	i rrumbullakët	[i rumbuɫákət]
triangle	trekëndësh (m)	[trékəndəʃ]
triangular (adj)	trekëndor	[trɛkəndór]

oval	oval (f)	[ovál]
oval (as adj)	ovale	[ováɫɛ]
rectangle	drejtkëndësh (m)	[drɛjtkéndəʃ]
rectangular (adj)	drejtkëndor	[drɛjtkəndór]

pyramid	piramidë (f)	[piramídə]
rhombus	romb (m)	[romb]
trapezium	trapezoid (m)	[trapɛzoíd]
cube	kub (m)	[kub]
prism	prizëm (m)	[prízəm]

circumference	perimetër (m)	[pɛrimétər]
sphere	sferë (f)	[sférə]
ball (solid sphere)	top (m)	[top]
diameter	diametër (m)	[diamétər]
radius	sipërfaqe (f)	[sipərfácɛ]
perimeter (circle's ~)	perimetër (m)	[pɛrimétər]
centre	qendër (f)	[céndər]

horizontal (adj)	horizontal	[horizontál]
vertical (adj)	vertikal	[vɛrtikál]
parallel (n)	paralele (f)	[paralélɛ]
parallel (as adj)	paralel	[paralél]

line	vijë (f)	[víjə]
stroke	vizë (f)	[vízə]
straight line	vijë e drejtë (f)	[víjə ɛ dréjtə]
curve (curved line)	kurbë (f)	[kúrbə]
thin (line, etc.)	e hollë	[ɛ hóɫə]
contour (outline)	kontur (f)	[kontúr]

intersection	kryqëzim (m)	[krycɛzím]
right angle	kënd i drejtë (m)	[kənd i dréjtə]
segment	segment (m)	[sɛgmént]
sector (circular ~)	sektor (m)	[sɛktór]
side (of a triangle)	anë (f)	[ánə]
angle	kënd (m)	[kǝnd]

25. Units of measurement

weight	peshë (f)	[péʃə]
length	gjatësi (f)	[ɟatəsí]
width	gjerësi (f)	[ɟɛrəsí]
height	lartësi (f)	[lartəsí]
depth	thellësi (f)	[θɛɫəsí]
volume	vëllim (m)	[vəɫím]
area	sipërfaqe (f)	[sipərfácɛ]
gram	gram (m)	[gram]
milligram	miligram (m)	[miligrám]

kilogram	kilogram (m)	[kilográm]
ton	ton (m)	[ton]
pound	paund (m)	[páund]
ounce	ons (m)	[ons]

metre	metër (m)	[métər]
millimetre	milimetër (m)	[milimétər]
centimetre	centimetër (m)	[tsɛntimétər]
kilometre	kilometër (m)	[kilométər]
mile	milje (f)	[míljɛ]

inch	inç (m)	[intʃ]
foot	këmbë (f)	[kémbə]
yard	jard (m)	[járd]

| square metre | metër katror (m) | [métər katrór] |
| hectare | hektar (m) | [hɛktár] |

litre	litër (m)	[lítər]
degree	gradë (f)	[grádə]
volt	volt (m)	[volt]
ampere	amper (m)	[ampér]
horsepower	kuaj-fuqi (f)	[kúaj-fucí]

quantity	sasi (f)	[sasí]
a little bit of ...	pak ...	[pak ...]
half	gjysmë (f)	[ɟýsmə]
dozen	dyzinë (f)	[dyzínə]
piece (item)	copë (f)	[tsópə]

| size | madhësi (f) | [maðəsí] |
| scale (map ~) | shkallë (f) | [ʃkáɫə] |

minimal (adj)	minimale	[minimálɛ]
the smallest (adj)	më i vogli	[mə i vógli]
medium (adj)	i mesëm	[i mésəm]
maximal (adj)	maksimale	[maksimálɛ]
the largest (adj)	më i madhi	[mə i máði]

26. Containers

canning jar (glass ~)	kavanoz (m)	[kavanóz]
tin, can	kanoçe (f)	[kanótʃɛ]
bucket	kovë (f)	[kóvə]
barrel	fuçi (f)	[futʃí]

wash basin (e.g., plastic ~)	legen (m)	[lɛgén]
tank (100L water ~)	tank (m)	[tank]
hip flask	faqore (f)	[facórɛ]
jerrycan	bidon (m)	[bidón]
tank (e.g., tank car)	cisternë (f)	[tsistérnə]

| mug | tas (m) | [tas] |
| cup (of coffee, etc.) | filxhan (m) | [fildʒán] |

saucer	pjatë filxhani (f)	[pjátə fildʒáni]
glass (tumbler)	gotë (f)	[gótə]
wine glass	gotë vere (f)	[gótə vérɛ]
stock pot (soup pot)	tenxhere (f)	[tɛndʒérɛ]

| bottle (~ of wine) | shishe (f) | [ʃíʃɛ] |
| neck (of the bottle, etc.) | grykë | [grýkə] |

carafe (decanter)	brokë (f)	[brókə]
pitcher	shtambë (f)	[ʃtámbə]
vessel (container)	enë (f)	[énə]
pot (crock, stoneware ~)	enë (f)	[énə]
vase	vazo (f)	[vázo]

flacon, bottle (perfume ~)	shishe (f)	[ʃíʃɛ]
vial, small bottle	shishkë (f)	[ʃíʃkə]
tube (of toothpaste)	tubet (f)	[tubét]

sack (bag)	thes (m)	[θɛs]
bag (paper ~, plastic ~)	qese (f)	[césɛ]
packet (of cigarettes, etc.)	paketë (f)	[pakétə]

box (e.g. shoebox)	kuti (f)	[kutí]
crate	arkë (f)	[árkə]
basket	shportë (f)	[ʃpórtə]

27. Materials

material	material (m)	[matɛriál]
wood (n)	dru (m)	[dru]
wood-, wooden (adj)	prej druri	[prɛj drúri]

| glass (n) | qelq (m) | [cɛlc] |
| glass (as adj) | prej qelqi | [prɛj célci] |

| stone (n) | gur (m) | [gur] |
| stone (as adj) | guror | [gurór] |

| plastic (n) | plastikë (f) | [plastíkə] |
| plastic (as adj) | plastike | [plastíkɛ] |

| rubber (n) | gomë (f) | [gómə] |
| rubber (as adj) | prej gome | [prɛj gómɛ] |

| cloth, fabric (n) | pëlhurë (f) | [pəlhúrə] |
| fabric (as adj) | nga pëlhura | [ŋa pəlhúra] |

| paper (n) | letër (f) | [létər] |
| paper (as adj) | prej letre | [prɛj létrɛ] |

cardboard (n)	karton (m)	[kartón]
cardboard (as adj)	prej kartoni	[prɛj kartóni]
polyethylene	polietilen (m)	[poliétilɛn]
cellophane	celofan (m)	[tsɛlofán]

| linoleum | linoleum (m) | [linolɛúm] |
| plywood | kompensatë (f) | [kompɛnsátə] |

porcelain (n)	porcelan (m)	[portsɛlán]
porcelain (as adj)	prej porcelani	[prɛj portsɛláni]
clay (n)	argjilë (f)	[arɟílə]
clay (as adj)	prej argjile	[prɛj arɟílɛ]
ceramic (n)	qeramikë (f)	[cɛramíkə]
ceramic (as adj)	prej qeramike	[prɛj cɛramíkɛ]

28. Metals

metal (n)	metal (m)	[mɛtál]
metal (as adj)	prej metali	[prɛj mɛtáli]
alloy (n)	aliazh (m)	[aliáʒ]

gold (n)	ar (m)	[áɾ]
gold, golden (adj)	prej ari	[prɛj ári]
silver (n)	argjend (m)	[arɟénd]
silver (as adj)	prej argjendi	[prɛj arɟéndi]

iron (n)	hekur (m)	[hékuɾ]
iron-, made of iron (adj)	prej hekuri	[prɛj hékuɾi]
steel (n)	çelik (m)	[tʃɛlík]
steel (as adj)	prej çeliku	[prɛj tʃɛlíku]
copper (n)	bakër (m)	[bákəɾ]
copper (as adj)	prej bakri	[prɛj bákri]

aluminium (n)	alumin (m)	[alumín]
aluminium (as adj)	prej alumini	[prɛj alumíni]
bronze (n)	bronz (m)	[bronz]
bronze (as adj)	prej bronzi	[prɛj brónzi]

brass	tunxh (m)	[tundʒ]
nickel	nikel (m)	[nikél]
platinum	platin (m)	[platín]
mercury	merkur (m)	[mɛrkúɾ]
tin	kallaj (m)	[kałáj]
lead	plumb (m)	[plúmb]
zinc	zink (m)	[zink]

HUMAN BEING

Human being. The body

29. Humans. Basic concepts

human being	qenie njerëzore (f)	[cɛníɛ ɲɛrəzóɾɛ]
man (adult male)	burrë (m)	[búrə]
woman	grua (f)	[grúa]
child	fëmijë (f)	[fəmíjə]

girl	vajzë (f)	[vájzə]
boy	djalë (f)	[djálə]
teenager	adoleshent (m)	[adolɛʃént]
old man	plak (m)	[plak]
old woman	plakë (f)	[plákə]

30. Human anatomy

organism (body)	organizëm (m)	[organízəm]
heart	zemër (f)	[zémər]
blood	gjak (m)	[ɟak]
artery	arterie (f)	[artériɛ]
vein	venë (f)	[vénə]

brain	tru (m)	[tru]
nerve	nerv (m)	[nɛrv]
nerves	nerva (f)	[nérva]
vertebra	vertebër (f)	[vɛrtébər]
spine (backbone)	shtyllë kurrizore (f)	[ʃtýłə kurizóɾɛ]

stomach (organ)	stomak (m)	[stomák]
intestines, bowels	zorrët (f)	[zórət]
intestine (e.g. large ~)	zorrë (f)	[zórə]
liver	mëlçi (f)	[məltʃí]
kidney	veshkë (f)	[véʃkə]

bone	kockë (f)	[kótskə]
skeleton	skelet (m)	[skɛlét]
rib	brinjë (f)	[bríɲə]
skull	kafkë (f)	[káfkə]

muscle	muskul (m)	[múskul]
biceps	biceps (m)	[bitséps]
triceps	triceps (m)	[tritséps]
tendon	tendon (f)	[tɛndón]
joint	nyje (f)	[nýjɛ]

lungs	mushkëri (m)	[muʃkərí]
genitals	organe gjenitale (f)	[orgánɛ ɟɛnitálɛ]
skin	lëkurë (f)	[ləkúrə]

31. Head

head	kokë (f)	[kókə]
face	fytyrë (f)	[fytýrə]
nose	hundë (f)	[húndə]
mouth	gojë (f)	[gójə]

eye	sy (m)	[sy]
eyes	sytë	[sýtə]
pupil	bebëz (f)	[bébəz]
eyebrow	vetull (f)	[vétuɫ]
eyelash	qerpik (m)	[cɛrpík]
eyelid	qepallë (f)	[cɛpáɫə]

tongue	gjuhë (f)	[ɟúhə]
tooth	dhëmb (m)	[ðəmb]
lips	buzë (f)	[búzə]
cheekbones	mollëza (f)	[móɫəza]
gum	mishrat e dhëmbëve	[míʃrat ɛ ðəmbəvɛ]
palate	qiellzë (f)	[ciéɫzə]

nostrils	vrimat e hundës (pl)	[vrímat ɛ húndəs]
chin	mjekër (f)	[mjékər]
jaw	nofull (f)	[nófuɫ]
cheek	faqe (f)	[fácɛ]

forehead	ball (m)	[báɫ]
temple	tëmth (m)	[təmθ]
ear	vesh (m)	[vɛʃ]
back of the head	zverk (m)	[zvɛrk]
neck	qafë (f)	[cáfə]
throat	fyt (m)	[fyt]

hair	flokë (pl)	[flókə]
hairstyle	model flokësh (m)	[modél flókəʃ]
haircut	prerje flokësh (f)	[prérjɛ flókəʃ]
wig	paruke (f)	[parúkɛ]

moustache	mustaqe (f)	[mustácɛ]
beard	mjekër (f)	[mjékər]
to have (a beard, etc.)	lë mjekër	[lə mjékər]
plait	gërshet (m)	[gərʃét]
sideboards	baseta (f)	[baséta]

red-haired (adj)	flokëkuqe	[flokəkúcɛ]
grey (hair)	thinja	[θíɲa]
bald (adj)	qeros	[cɛrós]
bald patch	tullë (f)	[túɫə]
ponytail	bishtalec (m)	[biʃtaléts]
fringe	balluke (f)	[baɫúkɛ]

32. Human body

| hand | dorë (f) | [dórǝ] |
| arm | krah (m) | [krah] |

finger	gisht i dorës (m)	[gíʃt i dórǝs]
toe	gisht i këmbës (m)	[gíʃt i kémbǝs]
thumb	gishti i madh (m)	[gíʃti i máð]
little finger	gishti i vogël (m)	[gíʃti i vógǝl]
nail	thua (f)	[θúa]

fist	grusht (m)	[grúʃt]
palm	pëllëmbë dore (f)	[pǝłémbǝ dórɛ]
wrist	kyç (m)	[kytʃ]
forearm	parakrah (m)	[parakráh]
elbow	bërryl (m)	[bǝrýl]
shoulder	shpatull (f)	[ʃpátuł]

leg	këmbë (f)	[kémbǝ]
foot	shputë (f)	[ʃpútǝ]
knee	gju (m)	[ɟú]
calf	pulpë (f)	[púlpǝ]
hip	ijë (f)	[íjǝ]
heel	thembër (f)	[θémbǝr]

body	trup (m)	[trup]
stomach	stomak (m)	[stomák]
chest	kraharor (m)	[kraharór]
breast	gjoks (m)	[ɟóks]
flank	krah (m)	[krah]
back	kurriz (m)	[kuríz]
lower back	fundshpina (f)	[fundʃpína]
waist	beli (m)	[béli]

navel (belly button)	kërthizë (f)	[kǝrθízǝ]
buttocks	vithe (f)	[víθɛ]
bottom	prapanica (f)	[prapanítsa]

beauty spot	nishan (m)	[niʃán]
birthmark (café au lait spot)	shenjë lindjeje (f)	[ʃéɲǝ líndjɛjɛ]
tattoo	tatuazh (m)	[tatuáʒ]
scar	shenjë (f)	[ʃéɲǝ]

Clothing & Accessories

33. Outerwear. Coats

clothes	rroba (f)	[róba]
outerwear	veshje e sipërme (f)	[véʃjɛ ɛ sípərmɛ]
winter clothing	veshje dimri (f)	[véʃjɛ dímri]

coat (overcoat)	pallto (f)	[páɬto]
fur coat	gëzof (m)	[gəzóf]
fur jacket	xhaketë lëkure (f)	[dʒakétə ləkúrɛ]
down coat	xhup (m)	[dʒup]

jacket (e.g. leather ~)	xhaketë (f)	[dʒakétə]
raincoat (trenchcoat, etc.)	pardesy (f)	[pardɛsý]
waterproof (adj)	kundër shiut	[kúndər ʃíut]

34. Men's & women's clothing

shirt (button shirt)	këmishë (f)	[kəmíʃə]
trousers	pantallona (f)	[pantaɬóna]
jeans	xhinse (f)	[dʒínsɛ]
suit jacket	xhaketë kostumi (f)	[dʒakétə kostúmi]
suit	kostum (m)	[kostúm]

dress (frock)	fustan (m)	[fustán]
skirt	fund (m)	[fund]
blouse	bluzë (f)	[blúzə]
knitted jacket (cardigan, etc.)	xhaketë me thurje (f)	[dʒakétə mɛ θúrjɛ]
jacket (of a woman's suit)	xhaketë femrash (f)	[dʒakétə fémraʃ]

T-shirt	bluzë (f)	[blúzə]
shorts (short trousers)	pantallona të shkurtra (f)	[pantaɬóna tə ʃkúrtra]
tracksuit	tuta sportive (f)	[túta sportívɛ]
bathrobe	peshqir trupi (m)	[pɛʃcír trúpi]
pyjamas	pizhame (f)	[piʒámɛ]

jumper (sweater)	triko (f)	[tríko]
pullover	pulovër (m)	[pulóvər]

waistcoat	jelek (m)	[jɛlék]
tailcoat	frak (m)	[frak]
dinner suit	smoking (m)	[smokíŋ]

uniform	uniformë (f)	[unifórmə]
workwear	rroba pune (f)	[róba púnɛ]
boiler suit	kominoshe (f)	[kominóʃɛ]
coat (e.g. doctor's smock)	uniformë (f)	[unifórmə]

35. Clothing. Underwear

underwear	të brendshme (f)	[tə bréndʃmɛ]
pants	boksera (f)	[bokséra]
panties	brekë (f)	[brékə]
vest (singlet)	fanellë (f)	[fanéɫə]
socks	çorape (pl)	[tʃorápɛ]
nightdress	këmishë nate (f)	[kəmíʃə nátɛ]
bra	sytjena (f)	[sytjéna]
knee highs (knee-high socks)	çorape déri tek gjuri (pl)	[tʃorápɛ déri ték ɟúri]
tights	geta (f)	[géta]
stockings (hold ups)	çorape të holla (pl)	[tʃorápɛ tə hóɫa]
swimsuit, bikini	rrobë banje (f)	[róbə báɲɛ]

36. Headwear

hat	kapelë (f)	[kapélə]
trilby hat	kapelë republike (f)	[kapélə rɛpublíkɛ]
baseball cap	kapelë bejsbolli (f)	[kapélə bɛjsbóɫi]
flatcap	kapelë e sheshtë (f)	[kapélə ɛ ʃéʃtə]
beret	beretë (f)	[bɛrétə]
hood	kapuç (m)	[kapútʃ]
panama hat	kapelë panama (f)	[kapélə panamá]
knit cap (knitted hat)	kapuç leshi (m)	[kapútʃ léʃi]
headscarf	shami (f)	[ʃamí]
women's hat	kapelë femrash (f)	[kapélə fémraʃ]
hard hat	helmetë (f)	[hɛlmétə]
forage cap	kapelë ushtrie (f)	[kapélə uʃtríɛ]
helmet	helmetë (f)	[hɛlmétə]
bowler	kapelë derby (f)	[kapélə dérby]
top hat	kapelë cilindër (f)	[kapélə tsilíndər]

37. Footwear

footwear	këpucë (pl)	[kəpútsə]
shoes (men's shoes)	këpucë burrash (pl)	[kəpútsə búraʃ]
shoes (women's shoes)	këpucë grash (pl)	[kəpútsə gráʃ]
boots (e.g., cowboy ~)	çizme (pl)	[tʃizmɛ]
carpet slippers	pantofla (pl)	[pantófla]
trainers	atlete tenisi (pl)	[atlétɛ tɛnísi]
trainers	atlete (pl)	[atlétɛ]
sandals	sandale (pl)	[sandálɛ]
cobbler (shoe repairer)	këpucëtar (m)	[kəputsətár]
heel	takë (f)	[tákə]

pair (of shoes)	palë (f)	[pálə]
lace (shoelace)	lidhëse këpucësh (f)	[líðəsɛ kəpútsəʃ]
to lace up (vt)	lidh këpucët	[lið kəpútsət]
shoehorn	lugë këpucësh (f)	[lúgə kəpútsəʃ]
shoe polish	bojë këpucësh (f)	[bójə kəpútsəʃ]

38. Textile. Fabrics

cotton (n)	pambuk (m)	[pambúk]
cotton (as adj)	i pambuktë	[i pambúktə]
flax (n)	li (m)	[li]
flax (as adj)	prej liri	[prɛj líri]

silk (n)	mëndafsh (m)	[məndáfʃ]
silk (as adj)	i mëndafshtë	[i məndáfʃtə]
wool (n)	lesh (m)	[lɛʃ]
wool (as adj)	i leshtë	[i léʃtə]

velvet	kadife (f)	[kadífɛ]
suede	kamosh (m)	[kamóʃ]
corduroy	kadife me riga (f)	[kadífɛ mɛ ríga]

nylon (n)	najlon (m)	[najlón]
nylon (as adj)	prej najloni	[prɛj najlóni]
polyester (n)	poliestër (m)	[poliéstər]
polyester (as adj)	prej poliestri	[prɛj poliéstri]

leather (n)	lëkurë (f)	[ləkúrə]
leather (as adj)	prej lëkure	[prɛj ləkúrɛ]
fur (n)	gëzof (m)	[gəzóf]
fur (e.g. ~ coat)	prej gëzofi	[prɛj gəzófi]

39. Personal accessories

gloves	dorëza (pl)	[dórəza]
mittens	doreza (f)	[doréza]
scarf (muffler)	shall (m)	[ʃaɫ]

glasses	syze (f)	[sýzɛ]
frame (eyeglass ~)	skelet syzesh (m)	[skɛlét sýzɛʃ]
umbrella	çadër (f)	[tʃádər]
walking stick	bastun (m)	[bastún]
hairbrush	furçë flokësh (f)	[fúrtʃə flókəʃ]
fan	erashkë (f)	[ɛráʃkə]

tie (necktie)	kravatë (f)	[kravátə]
bow tie	papion (m)	[papión]
braces	aski (pl)	[askí]
handkerchief	shami (f)	[ʃamí]

| comb | krehër (m) | [kréhər] |
| hair slide | kapëse flokësh (f) | [kápəsɛ flókəʃ] |

41

| hairpin | karficë (f) | [karfítsə] |
| buckle | tokëz (f) | [tókəz] |

| belt | rrip (m) | [rip] |
| shoulder strap | rrip supi (m) | [rip súpi] |

bag (handbag)	çantë dore (f)	[tʃántə dórɛ]
handbag	çantë (f)	[tʃántə]
rucksack	çantë shpine (f)	[tʃántə ʃpínɛ]

40. Clothing. Miscellaneous

fashion	modë (f)	[módə]
in vogue (adj)	në modë	[nə módə]
fashion designer	stilist (m)	[stilíst]

collar	jakë (f)	[jákə]
pocket	xhep (m)	[dʒɛp]
pocket (as adj)	i xhepit	[i dʒépit]
sleeve	mëngë (f)	[mə́ŋə]
hanging loop	hallkë për varje (f)	[háɫkə pər várjɛ]
flies (on trousers)	zinxhir (m)	[zindʒír]

zip (fastener)	zinxhir (m)	[zindʒír]
fastener	kapëse (f)	[kápəsɛ]
button	kopsë (f)	[kópsə]
buttonhole	vrimë kopse (f)	[vrímə kópsɛ]
to come off (ab. button)	këputet	[kəpútɛt]

to sew (vi, vt)	qep	[cɛp]
to embroider (vi, vt)	qëndis	[cəndís]
embroidery	qëndisje (f)	[cəndísjɛ]
sewing needle	gjilpërë për qepje (f)	[ɟilpérə pər cépjɛ]
thread	pe (m)	[pɛ]
seam	tegel (m)	[tɛgél]

to get dirty (vi)	bëhem pis	[bə́hɛm pis]
stain (mark, spot)	njollë (f)	[ɲóɫə]
to crease, to crumple	zhubros	[ʒubrós]
to tear, to rip (vt)	gris	[gris]
clothes moth	molë rrobash (f)	[mólə róbaʃ]

41. Personal care. Cosmetics

toothpaste	pastë dhëmbësh (f)	[pástə ðə́mbəʃ]
toothbrush	furçë dhëmbësh (f)	[fúrtʃə ðə́mbəʃ]
to clean one's teeth	laj dhëmbët	[laj ðə́mbət]

razor	brisk (m)	[brísk]
shaving cream	pastë rroje (f)	[pástə rójɛ]
to shave (vi)	rruhem	[rúhɛm]
soap	sapun (m)	[sapún]

shampoo	shampo (f)	[ʃampó]
scissors	gërshërë (f)	[gərʃérə]
nail file	limë thonjsh (f)	[límə θóɲʃ]
nail clippers	prerëse thonjsh (f)	[prérəsɛ θóɲʃ]
tweezers	piskatore vetullash (f)	[piskatórɛ vétuɫaʃ]

cosmetics	kozmetikë (f)	[kozmɛtíkə]
face mask	maskë fytyre (f)	[máskə fytýrɛ]
manicure	manikyr (m)	[manikýr]
to have a manicure	bëj manikyr	[bəj manikýr]
pedicure	pedikyr (m)	[pɛdikýr]

make-up bag	çantë kozmetike (f)	[tʃántə kozmɛtíkɛ]
face powder	pudër fytyre (f)	[púdər fytýrɛ]
powder compact	pudër kompakte (f)	[púdər kompáktɛ]
blusher	ruzh (m)	[ruʒ]

perfume (bottled)	parfum (m)	[parfúm]
toilet water (lotion)	parfum (m)	[parfúm]
lotion	krem (m)	[krɛm]
cologne	kolonjë (f)	[kolóɲə]

eyeshadow	rimel (m)	[rimél]
eyeliner	laps për sy (m)	[láps pər sy]
mascara	rimel (m)	[rimél]

lipstick	buzëkuq (m)	[buzəkúc]
nail polish	llak për thonj (m)	[ɫak pər θóɲ]
hair spray	llak flokësh (m)	[ɫak flókəʃ]
deodorant	deodorant (m)	[dɛodoránt]

cream	krem (m)	[krɛm]
face cream	krem për fytyrë (m)	[krɛm pər fytýrə]
hand cream	krem për duar (m)	[krɛm pər dúar]
anti-wrinkle cream	krem kundër rrudhave (m)	[krɛm kúndər rúðavɛ]
day cream	krem dite (m)	[krɛm dítɛ]
night cream	krem nate (m)	[krɛm nátɛ]
day (as adj)	dite	[dítɛ]
night (as adj)	nate	[nátɛ]

tampon	tampon (m)	[tampón]
toilet paper (toilet roll)	letër higjienike (f)	[létər hiɟiɛníkɛ]
hair dryer	tharëse flokësh (f)	[θárəsɛ flókəʃ]

42. Jewellery

jewellery, jewels	bizhuteri (f)	[biʒutɛrí]
precious (e.g. ~ stone)	i çmuar	[i tʃmúar]
hallmark stamp	vulë dalluese (f)	[vúlə daɫúɛsɛ]

ring	unazë (f)	[unázə]
wedding ring	unazë martese (f)	[unázə martésɛ]
bracelet	byzylyk (m)	[byzylýk]
earrings	vathë (pl)	[váθə]

necklace (~ of pearls)	gjerdan (m)	[jɛrdán]
crown	kurorë (f)	[kurórə]
bead necklace	qafore me rruaza (f)	[cafórɛ mɛ ruáza]

diamond	diamant (m)	[diamánt]
emerald	smerald (m)	[smɛráld]
ruby	rubin (m)	[rubín]
sapphire	safir (m)	[safír]
pearl	perlë (f)	[pérlə]
amber	qelibar (m)	[cɛlibár]

43. Watches. Clocks

watch (wristwatch)	orë dore (f)	[órə dórɛ]
dial	faqe e orës (f)	[fácɛ ɛ órəs]
hand (clock, watch)	akrep (m)	[akrép]
metal bracelet	rrip metalik ore (m)	[rip mɛtalík órɛ]
watch strap	rrip ore (m)	[rip órɛ]

battery	bateri (f)	[batɛrí]
to be flat (battery)	e shkarkuar	[ɛ ʃkarkúar]
to change a battery	ndërroj baterinë	[ndərój batɛrínə]
to run fast	kalon shpejt	[kalón ʃpéjt]
to run slow	ngel prapa	[ŋɛl prápa]

wall clock	orë muri (f)	[órə múri]
hourglass	orë rëre (f)	[órə rərɛ]
sundial	orë diellore (f)	[órə diɛtórɛ]
alarm clock	orë me zile (f)	[órə mɛ zílɛ]
watchmaker	orëndreqës (m)	[orəndrécəs]
to repair (vt)	ndreq	[ndréc]

Food. Nutricion

meat	**mish** (m)	[miʃ]
chicken	**pulë** (f)	[púlə]
poussin	**mish pule** (m)	[miʃ púlɛ]
duck	**rosë** (f)	[rósə]
goose	**patë** (f)	[pátə]
game	**gjah** (m)	[ɟáh]
turkey	**mish gjel deti** (m)	[miʃ ɟɛl déti]
pork	**mish derri** (m)	[miʃ déri]
veal	**mish viçi** (m)	[miʃ vítʃi]
lamb	**mish qengji** (m)	[miʃ cénɟi]
beef	**mish lope** (m)	[miʃ lópɛ]
rabbit	**mish lepuri** (m)	[miʃ lépuri]
sausage (bologna, etc.)	**salsiçe** (f)	[salsítʃɛ]
vienna sausage (frankfurter)	**salsiçe vjeneze** (f)	[salsítʃɛ vjɛnézɛ]
bacon	**proshutë** (f)	[proʃútə]
ham	**sallam** (m)	[saɫám]
gammon	**kofshë derri** (f)	[kófʃə déri]
pâté	**pate** (f)	[paté]
liver	**mëlçi** (f)	[məltʃí]
mince (minced meat)	**hamburger** (m)	[hamburgéɾ]
tongue	**gjuhë** (f)	[ɟúhə]
egg	**ve** (f)	[vɛ]
eggs	**vezë** (pl)	[vézə]
egg white	**e bardhë veze** (f)	[ɛ bárðə vézɛ]
egg yolk	**e verdhë veze** (f)	[ɛ vérðə vézɛ]
fish	**peshk** (m)	[pɛʃk]
seafood	**fruta deti** (pl)	[frúta déti]
crustaceans	**krustace** (pl)	[krustátsɛ]
caviar	**havjar** (m)	[havjáɾ]
crab	**gaforre** (f)	[gafórɛ]
prawn	**karkalec** (m)	[karkaléts]
oyster	**midhje** (f)	[míðjɛ]
spiny lobster	**karavidhe** (f)	[karavíðɛ]
octopus	**oktapod** (m)	[oktapód]
squid	**kallamarë** (f)	[kaɫamárə]
sturgeon	**bli** (m)	[blí]
salmon	**salmon** (m)	[salmón]
halibut	**shojzë e Atlantikut Verior** (f)	[ʃójzə ɛ atlantíkut vɛrióɾ]
cod	**merluc** (m)	[mɛrlúts]

mackerel	skumbri (m)	[skúmbri]
tuna	tunë (f)	[túnə]
eel	ngjalë (f)	[nɟálə]

trout	troftë (f)	[tróftə]
sardine	sardele (f)	[sardélɛ]
pike	mlysh (m)	[mlýʃ]
herring	harengë (f)	[harénə]

bread	bukë (f)	[búkə]
cheese	djath (m)	[djáθ]
sugar	sheqer (m)	[ʃɛcér]
salt	kripë (f)	[krípə]

rice	oriz (m)	[oríz]
pasta (macaroni)	makarona (f)	[makaróna]
noodles	makarona petë (f)	[makaróna pétə]

butter	gjalp (m)	[ɟalp]
vegetable oil	vaj vegjetal (m)	[vaj vɛɟɛtál]
sunflower oil	vaj luledielli (m)	[vaj lulɛdiéɫi]
margarine	margarinë (f)	[margarínə]

olives	ullinj (pl)	[uɫíɲ]
olive oil	vaj ulliri (m)	[vaj uɫíri]

milk	qumësht (m)	[cúməʃt]
condensed milk	qumësht i kondensuar (m)	[cúməʃt i kondɛnsúar]
yogurt	kos (m)	[kos]
soured cream	salcë kosi (f)	[sáltsə kosi]
cream (of milk)	krem qumështi (m)	[krɛm cúməʃti]

mayonnaise	majonezë (f)	[majonézə]
buttercream	krem gjalpi (m)	[krɛm ɟálpi]

groats (barley ~, etc.)	drithëra (pl)	[dríθəra]
flour	miell (m)	[míɛɫ]
tinned food	konserva (f)	[konsérva]

cornflakes	kornfleiks (m)	[kornfléiks]
honey	mjaltë (f)	[mjáltə]
jam	reçel (m)	[rɛtʃél]
chewing gum	çamçakëz (m)	[tʃamtʃakéz]

45. Drinks

water	ujë (m)	[újə]
drinking water	ujë i pijshëm (m)	[újə i píjʃəm]
mineral water	ujë mineral (m)	[újə minɛrál]

still (adj)	ujë natyral	[újə natyrál]
carbonated (adj)	ujë i karbonuar	[újə i karbonúar]
sparkling (adj)	ujë i gazuar	[újə i gazúar]
ice	akull (m)	[ákuɫ]

with ice	me akull	[mɛ ákuɫ]
non-alcoholic (adj)	jo alkoolik	[jo alkoolík]
soft drink	pije e lehtë (f)	[píjɛ ɛ léhtə]
refreshing drink	pije freskuese (f)	[píjɛ frɛskúɛsɛ]
lemonade	limonadë (f)	[limonádə]

spirits	likere (pl)	[likérɛ]
wine	verë (f)	[vérə]
white wine	verë e bardhë (f)	[vérə ɛ bárðə]
red wine	verë e kuqe (f)	[vérə ɛ kúcɛ]

liqueur	liker (m)	[likér]
champagne	shampanjë (f)	[ʃampáɲə]
vermouth	vermut (m)	[vɛrmút]

whisky	uiski (m)	[víski]
vodka	vodkë (f)	[vódkə]
gin	xhin (m)	[dʒin]
cognac	konjak (m)	[koɲák]
rum	rum (m)	[rum]

coffee	kafe (f)	[káfɛ]
black coffee	kafe e zezë (f)	[káfɛ ɛ zézə]
white coffee	kafe me qumësht (m)	[káfɛ mɛ cúməʃt]
cappuccino	kapuçino (m)	[kaputʃíno]
instant coffee	neskafe (f)	[nɛskáfɛ]

milk	qumësht (m)	[cúməʃt]
cocktail	koktej (m)	[koktéj]
milkshake	milkshake (f)	[milkʃákɛ]

juice	lëng frutash (m)	[ləŋ frútaʃ]
tomato juice	lëng domatesh (m)	[ləŋ domátɛʃ]
orange juice	lëng portokalli (m)	[ləŋ portokáɫi]
freshly squeezed juice	lëng frutash i freskët (m)	[ləŋ frútaʃ i fréskət]

beer	birrë (f)	[bírə]
lager	birrë e lehtë (f)	[bírə ɛ léhtə]
bitter	birrë e zezë (f)	[bírə ɛ zézə]

tea	çaj (m)	[tʃáj]
black tea	çaj i zi (m)	[tʃáj i zí]
green tea	çaj jeshil (m)	[tʃáj jɛʃíl]

46. Vegetables

| vegetables | perime (pl) | [pɛrímɛ] |
| greens | zarzavate (pl) | [zarzavátɛ] |

tomato	domate (f)	[domátɛ]
cucumber	kastravec (m)	[kastravéts]
carrot	karotë (f)	[karótə]
potato	patate (f)	[patátɛ]
onion	qepë (f)	[cépə]

garlic	hudhër (f)	[húðər]
cabbage	lakër (f)	[lákər]
cauliflower	lulelakër (f)	[lulɛlákər]
Brussels sprouts	lakër Brukseli (f)	[lákər brukséli]
broccoli	brokoli (m)	[brókoli]

beetroot	panxhar (m)	[pandʒár]
aubergine	patëllxhan (m)	[patəłdʒán]
courgette	kungulleshë (m)	[kuŋułéʃə]
pumpkin	kungull (m)	[kúŋuł]
turnip	rrepë (f)	[répə]

parsley	majdanoz (m)	[majdanóz]
dill	kopër (f)	[kópər]
lettuce	sallatë jeshile (f)	[sałátə jɛʃílɛ]
celery	selino (f)	[sɛlíno]
asparagus	asparagus (m)	[asparágus]
spinach	spinaq (m)	[spinác]

pea	bizele (f)	[bizélɛ]
beans	fasule (f)	[fasúlɛ]
maize	misër (m)	[mísər]
kidney bean	groshë (f)	[gróʃə]

sweet paper	spec (m)	[spɛts]
radish	rrepkë (f)	[répkə]
artichoke	angjinare (f)	[aɲinárɛ]

47. Fruits. Nuts

fruit	frut (m)	[frut]
apple	mollë (f)	[mółə]
pear	dardhë (f)	[dárðə]
lemon	limon (m)	[limón]
orange	portokall (m)	[portokáł]
strawberry (garden ~)	luleshtrydhe (f)	[lulɛʃrýðɛ]

tangerine	mandarinë (f)	[mandarínə]
plum	kumbull (f)	[kúmbuł]
peach	pjeshkë (f)	[pjéʃkə]
apricot	kajsi (f)	[kajsí]
raspberry	mjedër (f)	[mjédər]
pineapple	ananas (m)	[ananás]

banana	banane (f)	[banánɛ]
watermelon	shalqi (m)	[ʃalcí]
grape	rrush (m)	[ruʃ]
sour cherry	qershi vishnje (f)	[cɛrʃí víʃɲɛ]
sweet cherry	qershi (f)	[cɛrʃí]
melon	pjepër (m)	[pjépər]

grapefruit	grejpfrut (m)	[grɛjpfrút]
avocado	avokado (f)	[avokádo]
papaya	papaja (f)	[papája]

| mango | mango (f) | [máŋo] |
| pomegranate | shegë (f) | [ʃégə] |

redcurrant	kaliboba e kuqe (f)	[kalibóba ɛ kúcɛ]
blackcurrant	kaliboba e zezë (f)	[kalibóba ɛ zézə]
gooseberry	kulumbri (f)	[kulumbrí]
bilberry	boronicë (f)	[boronítsə]
blackberry	manaferra (f)	[manaféra]

raisin	rrush i thatë (m)	[ruʃ i θátə]
fig	fik (m)	[fik]
date	hurmë (f)	[húrmə]

peanut	kikirik (m)	[kikirík]
almond	bajame (f)	[bajámɛ]
walnut	arrë (f)	[árə]
hazelnut	lajthi (f)	[lajθí]
coconut	arrë kokosi (f)	[árə kokósi]
pistachios	fëstëk (m)	[fəsték]

48. Bread. Sweets

bakers' confectionery (pastry)	ëmbëlsira (pl)	[əmbəlsíra]
bread	bukë (f)	[búkə]
biscuits	biskota (pl)	[biskóta]

chocolate (n)	çokollatë (f)	[tʃokołátə]
chocolate (as adj)	prej çokollate	[prɛj tʃokołátɛ]
candy (wrapped)	karamele (f)	[karamélɛ]
cake (e.g. cupcake)	kek (m)	[kék]
cake (e.g. birthday ~)	tortë (f)	[tórtə]

| pie (e.g. apple ~) | tortë (f) | [tórtə] |
| filling (for cake, pie) | mbushje (f) | [mbúʃjɛ] |

jam (whole fruit jam)	reçel (m)	[rɛtʃél]
marmalade	marmelatë (f)	[marmɛlátə]
wafers	vafera (pl)	[vaféra]
ice-cream	akullore (f)	[akułórɛ]
pudding (Christmas ~)	puding (m)	[pudíŋ]

49. Cooked dishes

course, dish	pjatë (f)	[pjátə]
cuisine	kuzhinë (f)	[kuʒínə]
recipe	recetë (f)	[rɛtsétə]
portion	racion (m)	[ratsión]

salad	sallatë (f)	[sałátə]
soup	supë (f)	[súpə]
clear soup (broth)	lëng mishi (m)	[ləŋ míʃi]
sandwich (bread)	sandviç (m)	[sandvítʃ]

fried eggs	vezë të skuqura (pl)	[vézə tə skúcura]
hamburger (beefburger)	hamburger	[hamburgér]
beefsteak	biftek (m)	[bifték]

side dish	garniturë (f)	[garnitúrə]
spaghetti	shpageti (pl)	[ʃpagéti]
mash	pure patatesh (f)	[puré patátɛʃ]
pizza	pica (f)	[pítsa]
porridge (oatmeal, etc.)	qull (m)	[cuɫ]
omelette	omëletë (f)	[oməlétə]

boiled (e.g. ~ beef)	i zier	[i zíɛr]
smoked (adj)	i tymosur	[i tymósur]
fried (adj)	i skuqur	[i skúcur]
dried (adj)	i tharë	[i θárə]
frozen (adj)	i ngrirë	[i ŋrírə]
pickled (adj)	i marinuar	[i marinúar]

sweet (sugary)	i ëmbël	[i émbəl]
salty (adj)	i kripur	[i krípur]
cold (adj)	i ftohtë	[i ftóhtə]
hot (adj)	i nxehtë	[i ndzéhtə]
bitter (adj)	i hidhur	[i híður]
tasty (adj)	i shijshëm	[i ʃiʃəm]

to cook in boiling water	ziej	[zíɛj]
to cook (dinner)	gatuaj	[gatúaj]
to fry (vt)	skuq	[skuc]
to heat up (food)	ngroh	[ŋróh]

to salt (vt)	hedh kripë	[hɛð krípə]
to pepper (vt)	hedh piper	[hɛð pipér]
to grate (vt)	rendoj	[rɛndój]
peel (n)	lëkurë (f)	[ləkúrə]
to peel (vt)	qëroj	[cərój]

50. Spices

salt	kripë (f)	[krípə]
salty (adj)	i kripur	[i krípur]
to salt (vt)	hedh kripë	[hɛð krípə]

black pepper	piper i zi (m)	[pipér i zi]
red pepper (milled ~)	piper i kuq (m)	[pipér i kuc]
mustard	mustardë (f)	[mustárdə]
horseradish	rrepë djegëse (f)	[répə djégəsɛ]

condiment	salcë (f)	[sáltsə]
spice	erëz (f)	[érəz]
sauce	salcë (f)	[sáltsə]
vinegar	uthull (f)	[úθuɫ]

anise	anisetë (f)	[anisétə]
basil	borzilok (m)	[borzilók]

cloves	karafil (m)	[karafíl]
ginger	xhenxhefil (m)	[dʒɛndʒɛfíl]
coriander	koriandër (m)	[koriándər]
cinnamon	kanellë (f)	[kanétə]

sesame	susam (m)	[susám]
bay leaf	gjeth dafine (m)	[ɟɛθ dafínɛ]
paprika	spec (m)	[spɛts]
caraway	kumin (m)	[kumín]
saffron	shafran (m)	[ʃafrán]

51. Meals

| food | ushqim (m) | [uʃcím] |
| to eat (vi, vt) | ha | [ha] |

breakfast	mëngjes (m)	[mənɟés]
to have breakfast	ha mëngjes	[ha mənɟés]
lunch	drekë (f)	[drékə]
to have lunch	ha drekë	[ha drékə]
dinner	darkë (f)	[dárkə]
to have dinner	ha darkë	[ha dárkə]

| appetite | oreks (m) | [oréks] |
| Enjoy your meal! | Të bëftë mirë! | [tə bəftə mírə!] |

to open (~ a bottle)	hap	[hap]
to spill (liquid)	derdh	[dérð]
to spill out (vi)	derdhje	[dérðjɛ]

to boil (vi)	ziej	[zíɛj]
to boil (vt)	ziej	[zíɛj]
boiled (~ water)	i zier	[i zíɛr]
to chill, cool down (vt)	ftoh	[ftoh]
to chill (vi)	ftohje	[ftóhjɛ]

| taste, flavour | shije (f) | [ʃíjɛ] |
| aftertaste | shije (f) | [ʃíjɛ] |

to slim down (lose weight)	dobësohem	[dobəsóhɛm]
diet	dietë (f)	[diétə]
vitamin	vitaminë (f)	[vitamínə]
calorie	kalori (f)	[kalorí]

| vegetarian (n) | vegjetarian (m) | [vɛɟɛtarián] |
| vegetarian (adj) | vegjetarian | [vɛɟɛtarián] |

fats (nutrient)	yndyrë (f)	[yndýrə]
proteins	proteinë (f)	[protɛínə]
carbohydrates	karbohidrat (m)	[karbohidrát]

slice (of lemon, ham)	fetë (f)	[fétə]
piece (of cake, pie)	copë (f)	[tsópə]
crumb (of bread, cake, etc.)	dromcë (f)	[drómtsə]

51

52. Table setting

spoon	lugë (f)	[lúgə]
knife	thikë (f)	[θíkə]
fork	pirun (m)	[pirún]
cup (e.g., coffee ~)	filxhan (m)	[fildʒán]
plate (dinner ~)	pjatë (f)	[pjátə]
saucer	pjatë filxhani (f)	[pjátə fildʒáni]
serviette	pecetë (f)	[pɛtsétə]
toothpick	kruajtëse dhëmbësh (f)	[krúajtəsɛ ðə́mbəʃ]

53. Restaurant

restaurant	restorant (m)	[rɛstoránt]
coffee bar	kafene (f)	[kafɛné]
pub, bar	pab (m), pijetore (f)	[pab], [pijɛtórɛ]
tearoom	çajtore (f)	[tʃajtórɛ]
waiter	kamerier (m)	[kamɛriér]
waitress	kameriere (f)	[kamɛriérɛ]
barman	banakier (m)	[banakiér]
menu	menu (f)	[mɛnú]
wine list	menu vërërash (f)	[mɛnú vérəraʃ]
to book a table	rezervoj një tavolinë	[rɛzɛrvój ɲə tavolínə]
course, dish	pjatë (f)	[pjátə]
to order (meal)	porosis	[porosís]
to make an order	bëj porosinë	[bəj porosínə]
aperitif	aperitiv (m)	[apɛritív]
starter	antipastë (f)	[antipástə]
dessert, pudding	ëmbëlsirë (f)	[əmbəlsírə]
bill	faturë (f)	[fatúrə]
to pay the bill	paguaj faturën	[pagúaj fatúrən]
to give change	jap kusur	[jap kusúr]
tip	bakshish (m)	[bakʃíʃ]

Family, relatives and friends

name (first name)	**emër** (m)	[émər]
surname (last name)	**mbiemër** (m)	[mbiémər]
date of birth	**datëlindje** (f)	[datəlíndjɛ]
place of birth	**vendlindje** (f)	[vɛndlíndjɛ]
nationality	**kombësi** (f)	[kombəsí]
place of residence	**vendbanim** (m)	[vɛndbaním]
country	**shtet** (m)	[ʃtɛt]
profession (occupation)	**profesion** (m)	[profɛsión]
gender, sex	**gjinia** (f)	[ɟinía]
height	**gjatësia** (f)	[ɟatəsía]
weight	**peshë** (f)	[péʃə]

mother	**nënë** (f)	[nénə]
father	**baba** (f)	[babá]
son	**bir** (m)	[bir]
daughter	**bijë** (f)	[bíjə]
younger daughter	**vajza e vogël** (f)	[vájza ɛ vógəl]
younger son	**djali i vogël** (m)	[djáli i vógəl]
eldest daughter	**vajza e madhe** (f)	[vájza ɛ máðɛ]
eldest son	**djali i vogël** (m)	[djáli i vógəl]
brother	**vëlla** (m)	[vəɫá]
elder brother	**vëllai i madh** (m)	[vəɫái i mað]
younger brother	**vëllai i vogël** (m)	[vəɫai i vógəl]
sister	**motër** (f)	[mótər]
elder sister	**motra e madhe** (f)	[mótra ɛ máðɛ]
younger sister	**motra e vogël** (f)	[mótra ɛ vógəl]
cousin (masc.)	**kushëri** (m)	[kuʃərí]
cousin (fem.)	**kushërirë** (f)	[kuʃərírə]
mummy	**mami** (f)	[mámi]
dad, daddy	**babi** (m)	[bábi]
parents	**prindër** (pl)	[príndər]
child	**fëmijë** (f)	[fəmíjə]
children	**fëmijë** (pl)	[fəmíjə]
grandmother	**gjyshe** (f)	[ɟýʃɛ]
grandfather	**gjysh** (m)	[ɟyʃ]

grandson	nip (m)	[nip]
grandddaughter	mbesë (f)	[mbésə]
grandchildren	nipër e mbesa (pl)	[nípər ε mbésa]

uncle	dajë (f)	[dájə]
aunt	teze (f)	[tézε]
nephew	nip (m)	[nip]
niece	mbesë (f)	[mbésə]

mother-in-law (wife's mother)	vjehrrë (f)	[vjéhrə]
father-in-law (husband's father)	vjehrri (m)	[vjéhri]
son-in-law (daughter's husband)	dhëndër (m)	[ðéndər]
stepmother	njerkë (f)	[ɲérkə]
stepfather	njerk (m)	[ɲérk]

infant	foshnjë (f)	[fóʃnə]
baby (infant)	fëmijë (f)	[fəmíjə]
little boy, kid	djalosh (m)	[djalóʃ]

wife	bashkëshorte (f)	[baʃkəʃórtε]
husband	bashkëshort (m)	[baʃkəʃórt]
spouse (husband)	bashkëshort (m)	[baʃkəʃórt]
spouse (wife)	bashkëshorte (f)	[baʃkəʃórtε]

married (masc.)	i martuar	[i martúar]
married (fem.)	e martuar	[ε martúar]
single (unmarried)	beqar	[bεcár]
bachelor	beqar (m)	[bεcár]
divorced (masc.)	i divorcuar	[i divortsúar]
widow	vejushë (f)	[vεjúʃə]
widower	vejan (m)	[vεján]

relative	kushëri (m)	[kuʃərí]
close relative	kushëri i afërt (m)	[kuʃərí i áfərt]
distant relative	kushëri i largët (m)	[kuʃərí i lárgət]
relatives	kushërinj (pl)	[kuʃəríɲ]

orphan (boy)	jetim (m)	[jεtím]
orphan (girl)	jetime (f)	[jεtímε]
guardian (of a minor)	kujdestar (m)	[kujdεstár]
to adopt (a boy)	adoptoj	[adoptój]
to adopt (a girl)	adoptoj	[adoptój]

56. Friends. Colleagues

friend (masc.)	mik (m)	[mik]
friend (fem.)	mike (f)	[míkε]
friendship	miqësi (f)	[micəsí]
to be friends	të miqësohem	[tə micəsóhεm]
pal (masc.)	shok (m)	[ʃok]
pal (fem.)	shoqe (f)	[ʃócε]

partner	partner (m)	[partnér]
chief (boss)	shef (m)	[ʃɛf]
superior (n)	epror (m)	[ɛprór]
owner, proprietor	pronar (m)	[pronár]
subordinate (n)	vartës (m)	[vártəs]
colleague	koleg (m)	[kolég]

acquaintance (person)	i njohur (m)	[i ɲóhur]
fellow traveller	bashkudhëtar (m)	[baʃkuðətár]
classmate	shok klase (m)	[ʃok klásɛ]

neighbour (masc.)	komshi (m)	[komʃí]
neighbour (fem.)	komshike (f)	[komʃíkɛ]
neighbours	komshinj (pl)	[komʃíɲ]

57. Man. Woman

woman	grua (f)	[grúa]
girl (young woman)	vajzë (f)	[vájzə]
bride	nuse (f)	[núsɛ]

beautiful (adj)	i bukur	[i búkur]
tall (adj)	i gjatë	[i ɟátə]
slender (adj)	i hollë	[i hóɫə]
short (adj)	i shkurtër	[i ʃkúrtər]

blonde (n)	bionde (f)	[bióndɛ]
brunette (n)	zeshkane (f)	[zɛʃkánɛ]
ladies' (adj)	për femra	[pər fémra]
virgin (girl)	virgjëreshë (f)	[virɟəréʃə]
pregnant (adj)	shtatzënë	[ʃtatzə́nə]

man (adult male)	burrë (m)	[búrə]
blonde haired man	biond (m)	[biónd]
dark haired man	zeshkan (m)	[zɛʃkán]
tall (adj)	i gjatë	[i ɟátə]
short (adj)	i shkurtër	[i ʃkúrtər]
rude (rough)	i vrazhdë	[i vráʒdə]
stocky (adj)	trupngjeshur	[trupnɟéʃur]
robust (adj)	i fuqishëm	[i fucíʃəm]
strong (adj)	i fortë	[i fórtə]
strength	forcë (f)	[fórtsə]

plump, fat (adj)	bullafiq	[buɫafíc]
swarthy (dark-skinned)	zeshkan	[zɛʃkán]
slender (well-built)	i hollë	[i hóɫə]
elegant (adj)	elegant	[ɛlɛgánt]

58. Age

age	moshë (f)	[móʃə]
youth (young age)	rini (f)	[riní]

young (adj)	i ri	[i rí]
younger (adj)	më i ri	[mə i rí]
older (adj)	më i vjetër	[mə i vjétər]

young man	djalë i ri (m)	[djálə i rí]
teenager	adoleshent (m)	[adolɛʃént]
guy, fellow	djalë (f)	[djálə]

| old man | plak (m) | [plak] |
| old woman | plakë (f) | [plákə] |

adult (adj)	i rritur	[i rítur]
middle-aged (adj)	mesoburrë	[mɛsobúrə]
elderly (adj)	i moshuar	[i moʃúar]
old (adj)	i vjetër	[i vjétər]

retirement	pension (m)	[pɛnsión]
to retire (from job)	dal në pension	[dál nə pɛnsión]
retiree, pensioner	pensionist (m)	[pɛnsioníst]

59. Children

child	fëmijë (f)	[fəmíjə]
children	fëmijë (pl)	[fəmíjə]
twins	binjakë (pl)	[biɲákə]

cradle	djep (m)	[djép]
rattle	rraketake (f)	[rakɛtákɛ]
nappy	pelenë (f)	[pɛlénə]

dummy, comforter	biberon (m)	[bibɛrón]
pram	karrocë për bebe (f)	[karótsə pər bébɛ]
nursery	kopsht fëmijësh (m)	[kópʃt fəmíjəʃ]
babysitter	dado (f)	[dádo]

childhood	fëmijëri (f)	[fəmijərí]
doll	kukull (f)	[kúkuɫ]
toy	lodër (f)	[lódər]
construction set (toy)	lodër për ndërtim (m)	[lódər pər ndərtím]
well-bred (adj)	i edukuar	[i ɛdukúar]
ill-bred (adj)	i paedukuar	[i paɛdukúar]
spoilt (adj)	i llastuar	[i ɫastúar]

to be naughty	trazovaç	[trazovátʃ]
mischievous (adj)	mistrec	[mistréts]
mischievousness	shpirtligësi (f)	[ʃpirtligəsí]
mischievous child	fëmijë mistrec (m)	[fəmíjə mistréts]

| obedient (adj) | i bindur | [i bíndur] |
| disobedient (adj) | i pabindur | [i pabíndur] |

docile (adj)	i butë	[i bútə]
clever (intelligent)	i zgjuar	[i zɟúar]
child prodigy	fëmijë gjeni (m)	[fəmíjə ɟɛní]

60. Married couples. Family life

to kiss (vt)	puth	[puθ]
to kiss (vi)	puthem	[púθεm]
family (n)	familje (f)	[famíljε]
family (as adj)	familjare	[familjárε]
couple	çift (m)	[tʃíft]
marriage (state)	martesë (f)	[martésə]
hearth (home)	vatra (f)	[vátra]
dynasty	dinasti (f)	[dinastí]

date	takim (m)	[takím]
kiss	puthje (f)	[púθjε]

love (for sb)	dashuri (f)	[daʃurí]
to love (sb)	dashuroj	[daʃurój]
beloved	i dashur	[i dáʃur]

tenderness	ndjeshmëri (f)	[ndjεʃmərí]
tender (affectionate)	i ndjeshëm	[i ndjéʃəm]
faithfulness	besnikëri (f)	[bεsnikərí]
faithful (adj)	besnik	[bεsník]
care (attention)	kujdes (m)	[kujdés]
caring (~ father)	i dashur	[i dáʃur]

newlyweds	të porsamartuar (pl)	[tə porsamartúar]
honeymoon	muaj mjalti (m)	[múaj mjálti]
to get married (ab. woman)	martohem	[martóhεm]
to get married (ab. man)	martohem	[martóhεm]

wedding	dasmë (f)	[dásmə]
golden wedding	martesë e artë (f)	[martésə ε ártə]
anniversary	përvjetor (m)	[pərvjεtór]

lover (masc.)	dashnor (m)	[daʃnór]
mistress (lover)	dashnore (f)	[daʃnórε]

adultery	tradhti bashkëshortore (f)	[traðtí baʃkəʃortórε]
to cheat on ... (commit adultery)	tradhtoj ...	[traðtój ...]
jealous (adj)	xheloz	[dʒεlóz]
to be jealous	jam xheloz	[jam dʒεlóz]
divorce	divorc (m)	[divórts]
to divorce (vi)	divorcoj	[divortsój]

to quarrel (vi)	grindem	[gríndεm]
to be reconciled (after an argument)	pajtohem	[pajtóhεm]
together (adv)	së bashku	[sə báʃku]
sex	seks (m)	[sεks]

happiness	lumturi (f)	[lumturí]
happy (adj)	i lumtur	[i lúmtur]
misfortune (accident)	fatkeqësi (f)	[fatkεcəsí]
unhappy (adj)	i trishtuar	[i triʃtúar]

57

Character. Feelings. Emotions

61. Feelings. Emotions

feeling (emotion)	ndjenjë (f)	[ndjéɲə]
feelings	ndjenja (pl)	[ndjéɲa]
to feel (vt)	ndjej	[ndjéj]
hunger	uri (f)	[urí]
to be hungry	kam uri	[kam urí]
thirst	etje (f)	[étjɛ]
to be thirsty	kam etje	[kam étjɛ]
sleepiness	përgjumësi (f)	[pərɟuməsí]
to feel sleepy	përgjumje	[pərɟúmjɛ]
tiredness	lodhje (f)	[lóðjɛ]
tired (adj)	i lodhur	[i lóður]
to get tired	lodhem	[lóðɛm]
mood (humour)	humor (m)	[humór]
boredom	mërzitje (f)	[mərzítjɛ]
to be bored	mërzitem	[mərzítɛm]
seclusion	izolim (m)	[izolím]
to seclude oneself	izolohem	[izolóhɛm]
to worry (make anxious)	shqetësoj	[ʃcɛtəsój]
to be worried	shqetësohem	[ʃcɛtəsóhɛm]
worrying (n)	shqetësim (m)	[ʃcɛtəsím]
anxiety	ankth (m)	[ankθ]
preoccupied (adj)	i merakosur	[i mɛrakósur]
to be nervous	nervozohem	[nɛrvozóhɛm]
to panic (vi)	më zë paniku	[mə zə paníku]
hope	shpresë (f)	[ʃprésə]
to hope (vi, vt)	shpresoj	[ʃprɛsój]
certainty	siguri (f)	[sigurí]
certain, sure (adj)	i sigurt	[i sígurt]
uncertainty	pasiguri (f)	[pasigurí]
uncertain (adj)	i pasigurt	[i pasígurt]
drunk (adj)	i dehur	[i déhur]
sober (adj)	i kthjellët	[i kθjétət]
weak (adj)	i dobët	[i dóbət]
happy (adj)	i lumtur	[i lúmtur]
to scare (vt)	tremb	[trɛmb]
fury (madness)	tërbim (m)	[tərbím]
rage (fury)	inat (m)	[inát]
depression	depresion (m)	[dɛprɛsión]
discomfort (unease)	parehati (f)	[parɛhatí]

comfort	rehati (f)	[rɛhatí]
to regret (be sorry)	pendohem	[pɛndóhɛm]
regret	pendim (m)	[pɛndím]
bad luck	ters (m)	[tɛrs]
sadness	trishtim (m)	[triʃtím]

shame (remorse)	turp (m)	[turp]
gladness	gëzim (m)	[gəzím]
enthusiasm, zeal	entuziazëm (m)	[ɛntuziázəm]
enthusiast	entuziast (m)	[ɛntuziást]
to show enthusiasm	tregoj entuziazëm	[trɛgój ɛntuziázəm]

62. Character. Personality

character	karakter (m)	[karaktér]
character flaw	dobësi karakteri (f)	[dobəsí karaktéri]
mind	mendje (f)	[méndjɛ]
reason	arsye (f)	[arsýɛ]

conscience	ndërgjegje (f)	[ndərɟéɟɛ]
habit (custom)	zakon (m)	[zakón]
ability (talent)	aftësi (f)	[aftəsí]
can (e.g. ~ swim)	mund	[mund]

patient (adj)	i duruar	[i durúar]
impatient (adj)	i paduruar	[i padurúar]
curious (inquisitive)	kurioz	[kurióz]
curiosity	kuriozitet (m)	[kuriozitét]

modesty	modesti (f)	[modɛstí]
modest (adj)	modest	[modést]
immodest (adj)	i paturpshëm	[i patúrpʃəm]

laziness	dembeli (f)	[dɛmbɛlí]
lazy (adj)	dembel	[dɛmbél]
lazy person (masc.)	dembel (m)	[dɛmbél]

cunning (n)	dinakëri (f)	[dinakərí]
cunning (as adj)	dinak	[dinák]
distrust	mosbesim (m)	[mosbɛsím]
distrustful (adj)	mosbesues	[mosbɛsúɛs]

generosity	zemërgjerësi (f)	[zɛmərɟɛrəsí]
generous (adj)	zemërgjerë	[zɛmərɟérə]
talented (adj)	i talentuar	[i talɛntúar]
talent	talent (m)	[talént]

courageous (adj)	i guximshëm	[i gudzímʃəm]
courage	guxim (m)	[gudzím]
honest (adj)	i ndershëm	[i ndérʃəm]
honesty	ndershmëri (f)	[ndɛrʃmərí]

careful (cautious)	i kujdesshëm	[i kujdésʃəm]
brave (courageous)	trim, guximtar	[trim], [gudzimtár]

| serious (adj) | serioz | [sɛrióz] |
| strict (severe, stern) | i rreptë | [i réptə] |

decisive (adj)	i vendosur	[i vɛndósur]
indecisive (adj)	i pavendosur	[i pavɛndósur]
shy, timid (adj)	i turpshëm	[i túrpʃəm]
shyness, timidity	turp (m)	[turp]

confidence (trust)	besim në vetvete (m)	[bɛsím nə vɛtvétɛ]
to believe (trust)	besoj	[bɛsój]
trusting (credulous)	i besueshëm	[i bɛsúɛʃəm]

sincerely (adv)	sinqerisht	[sínɛɛriʃt]
sincere (adj)	i sinqertë	[i sincértə]
sincerity	sinqeritet (m)	[sincɛritét]
open (person)	i hapur	[i hápur]

calm (adj)	i qetë	[i cétə]
frank (sincere)	i dëlirë	[i dəlírə]
naïve (adj)	naiv	[naív]
absent-minded (adj)	i hutuar	[i hutúar]
funny (odd)	zbavitës	[zbavítəs]

greed, stinginess	lakmi (f)	[lakmí]
greedy, stingy (adj)	lakmues	[lakmúɛs]
stingy (adj)	koprrac	[kopráts]
evil (adj)	djallëzor	[djaɫəzór]
stubborn (adj)	kokëfortë	[kokəfórtə]
unpleasant (adj)	i pakëndshëm	[i pakéndʃəm]

selfish person (masc.)	egoist (m)	[ɛgoíst]
selfish (adj)	egoist	[ɛgoíst]
coward	frikacak (m)	[frikatsák]
cowardly (adj)	frikacak	[frikatsák]

63. Sleep. Dreams

to sleep (vi)	fle	[flɛ]
sleep, sleeping	gjumë (m)	[ɟúmə]
dream	ëndërr (m)	[éndər]
to dream (in sleep)	ëndërroj	[əndərój]
sleepy (adj)	përgjumshëm	[pərɟúmʃəm]

bed	shtrat (m)	[ʃtrat]
mattress	dyshek (m)	[dyʃék]
blanket (eiderdown)	mbulesë (f)	[mbulésə]
pillow	jastëk (m)	[jasték]
sheet	çarçaf (m)	[tʃartʃáf]

insomnia	pagjumësi (f)	[paɟuməsí]
sleepless (adj)	i pagjumë	[i paɟúmə]
sleeping pill	ilaç gjumi (m)	[ilátʃ ɟúmi]
to take a sleeping pill	marr ilaç gjumi	[mar ilátʃ ɟúmi]
to feel sleepy	përgjumje	[pərɟúmjɛ]

to yawn (vi)	më hapet goja	[mə hápɛt gója]
to go to bed	shkoj të fle	[ʃkoj tə flɛ]
to make up the bed	rregulloj shtratin	[rɛguɫój ʃtrátin]
to fall asleep	më zë gjumi	[mə zə ɟúmi]

nightmare	ankth (m)	[ankθ]
snore, snoring	gërhitje (f)	[gərhítjɛ]
to snore (vi)	gërhas	[gərhás]

alarm clock	orë me zile (f)	[órə mɛ zílɛ]
to wake (vt)	zgjoj	[zɟoj]
to wake up	zgjohem nga gjumi	[zɟóhɛm ŋa ɟúmi]
to get up (vi)	ngrihem	[ŋríhɛm]
to have a wash	laj	[laj]

64. Humour. Laughter. Gladness

humour (wit, fun)	humor (m)	[humór]
sense of humour	sens humori (m)	[sɛns humóri]
to enjoy oneself	kënaqem	[kənácɛm]
cheerful (merry)	gëzueshëm	[gəzúɛʃəm]
merriment (gaiety)	gëzim (m)	[gəzím]

smile	buzëqeshje (f)	[buzəcéʃjɛ]
to smile (vi)	buzëqesh	[buzəcéʃ]
to start laughing	filloj të qesh	[fiɫój tə céʃ]
to laugh (vi)	qesh	[cɛʃ]
laugh, laughter	qeshje (f)	[céʃjɛ]

anecdote	anekdotë (f)	[anɛkdótə]
funny (anecdote, etc.)	për të qeshur	[pər tə céʃur]
funny (odd)	zbavitës	[zbavítəs]

to joke (vi)	bëj shaka	[bəj ʃaká]
joke (verbal)	shaka (f)	[ʃaká]
joy (emotion)	gëzim (m)	[gəzím]
to rejoice (vi)	ngazëllohem	[ŋazəɫóhɛm]
joyful (adj)	gazmor	[gazmór]

65. Discussion, conversation. Part 1

| communication | komunikim (m) | [komunikím] |
| to communicate | komunikoj | [komunikój] |

conversation	bisedë (f)	[bisédə]
dialogue	dialog (m)	[dialóg]
discussion (discourse)	diskutim (m)	[diskutím]
dispute (debate)	mosmarrëveshje (f)	[mosmarəvéʃjɛ]
to dispute, to debate	kundërshtoj	[kundərʃtój]

| interlocutor | bashkëbisedues (m) | [baʃkəbisɛdúɛs] |
| topic (theme) | temë (f) | [témə] |

61

point of view	pikëpamje (f)	[pikəpámjɛ]
opinion (point of view)	opinion (m)	[opinión]
speech (talk)	fjalim (m)	[fjalím]

discussion (of a report, etc.)	diskutim (m)	[diskutím]
to discuss (vt)	diskutoj	[diskutój]
talk (conversation)	bisedë (f)	[bisédə]
to talk (to chat)	bisedoj	[bisɛdój]
meeting (encounter)	takim (m)	[takím]
to meet (vi, vt)	takoj	[takój]

proverb	fjalë e urtë (f)	[fjálə ɛ úrtə]
saying	thënie (f)	[θéniɛ]
riddle (poser)	gjëegjëzë (f)	[ɟəéɟəzə]
to pose a riddle	them gjëegjëzë	[θɛm ɟəéɟəzə]
password	fjalëkalim (m)	[fjaləkalím]
secret	sekret (m)	[sɛkrét]

oath (vow)	betim (m)	[bɛtím]
to swear (an oath)	betohem	[bɛtóhɛm]
promise	premtim (m)	[prɛmtím]
to promise (vt)	premtoj	[prɛmtój]

advice (counsel)	këshillë (f)	[kəʃíɬə]
to advise (vt)	këshilloj	[kəʃiɬój]
to follow one's advice	ndjek këshillën	[ndjék kəʃíɬən]
to listen to ... (obey)	bindem ...	[bíndɛm ...]

news	lajme (f)	[lájmɛ]
sensation (news)	ndjesi (f)	[ndjɛsí]
information (report)	informacion (m)	[informatsión]
conclusion (decision)	përfundim (m)	[pərfundím]
voice	zë (f)	[zə]
compliment	kompliment (m)	[komplimént]
kind (nice)	i mirë	[i mírə]

word	fjalë (f)	[fjálə]
phrase	frazë (f)	[frázə]
answer	përgjigje (f)	[pərɟíɟɛ]

| truth | e vërtetë (f) | [ɛ vərtétə] |
| lie | gënjeshtër (f) | [gəɲéʃtər] |

thought	mendim (m)	[mɛndím]
idea (inspiration)	ide (f)	[idé]
fantasy	fantazi (f)	[fantazí]

66. Discussion, conversation. Part 2

respected (adj)	i nderuar	[i ndɛrúaɾ]
to respect (vt)	nderoj	[ndɛrój]
respect	nder (m)	[ndéɾ]
Dear ... (letter)	i dashur ...	[i dáʃur ...]
to introduce (sb to sb)	prezantoj	[prɛzantój]

to make acquaintance	njoftoj	[ɲoftój]
intention	qëllim (m)	[cəɫím]
to intend (have in mind)	kam ndërmend	[kam ndərménd]
wish	dëshirë (f)	[dəʃírə]
to wish (~ good luck)	dëshiroj	[dəʃirój]

surprise (astonishment)	surprizë (f)	[surprízə]
to surprise (amaze)	befasoj	[bɛfasój]
to be surprised	çuditem	[tʃudítɛm]

to give (vt)	jap	[jap]
to take (get hold of)	marr	[mar]
to give back	kthej	[kθɛj]
to return (give back)	rikthej	[rikθéj]

to apologize (vi)	kërkoj falje	[kərkój fáljɛ]
apology	falje (f)	[fáljɛ]
to forgive (vt)	fal	[fal]

to talk (speak)	flas	[flas]
to listen (vi)	dëgjoj	[dəɟój]
to hear out	tregoj vëmendje	[trɛgój vəméndjɛ]
to understand (vt)	kuptoj	[kuptój]

to show (to display)	tregoj	[trɛgój]
to look at ...	shikoj ...	[ʃikój ...]
to call (yell for sb)	thërras	[θərás]
to distract (disturb)	tërheq vëmendjen	[tərhéc vəméndjɛn]
to disturb (vt)	shqetësoj	[ʃcɛtəsój]
to pass (to hand sth)	jap	[jap]

demand (request)	kërkesë (f)	[kərkésə]
to request (ask)	kërkoj	[kərkój]
demand (firm request)	kërkesë (f)	[kərkésə]
to demand (request firmly)	kërkoj	[kərkój]

to tease (call names)	ngacmoj	[ŋatsmój]
to mock (make fun of)	tallem	[táɫɛm]
mockery, derision	tallje (f)	[táɫjɛ]
nickname	pseudonim (m)	[psɛudoním]

insinuation	nënkuptim (m)	[nənkuptím]
to insinuate (imply)	nënkuptoj	[nənkuptój]
to mean (vt)	dua të them	[dúa tə θém]

description	përshkrim (m)	[pərʃkrím]
to describe (vt)	përshkruaj	[pərʃkrúaj]
praise (compliments)	lëvdatë (f)	[ləvdátə]
to praise (vt)	lavdëroj	[lavdərój]

disappointment	zhgënjim (m)	[ʒgəɲím]
to disappoint (vt)	zhgënjej	[ʒgəɲéj]
to be disappointed	zhgënjehem	[ʒgəɲéhɛm]

| supposition | supozim (m) | [supozím] |
| to suppose (assume) | supozoj | [supozój] |

warning (caution)	**paralajmërim** (m)	[paralajmərím]
to warn (vt)	**paralajmëroj**	[paralajmərój]

67. Discussion, conversation. Part 3

to talk into (convince)	**bind**	[bínd]
to calm down (vt)	**qetësoj**	[cɛtəsój]
silence (~ is golden)	**heshtje** (f)	[héʃtjɛ]
to be silent (not speaking)	**i heshtur**	[i héʃtur]
to whisper (vi, vt)	**pëshpëris**	[pəʃpərís]
whisper	**pëshpërimë** (f)	[pəʃpərímə]
frankly, sincerely (adv)	**sinqerisht**	[síncɛriʃt]
in my opinion …	**sipas mendimit tim …**	[sipás mɛndímit tim …]
detail (of the story)	**detaj** (m)	[dɛtáj]
detailed (adj)	**i detajuar**	[i dɛtajúar]
in detail (adv)	**hollësisht**	[hoɫəsíʃt]
hint, clue	**sugjerim** (m)	[suɟɛrím]
to give a hint	**aludoj**	[aludój]
look (glance)	**shikim** (m)	[ʃikím]
to have a look	**i hedh një sy**	[i héð ɲə sý]
fixed (look)	**i ngurtë**	[i ŋúrtə]
to blink (vi)	**hap e mbyll sytë**	[hap ɛ mbýɫ sýtə]
to wink (vi)	**luaj syrin**	[lúaj sýrin]
to nod (in assent)	**pohoj me kokë**	[pohój mɛ kókə]
sigh	**psherëtimë** (f)	[pʃɛrətímə]
to sigh (vi)	**psherëtij**	[pʃɛrətíj]
to shudder (vi)	**rrëqethem**	[rɛcéθɛm]
gesture	**gjest** (m)	[ɟɛst]
to touch (one's arm, etc.)	**prek**	[prɛk]
to seize (e.g., ~ by the arm)	**kap**	[kap]
to tap (on the shoulder)	**prek**	[prɛk]
Look out!	**Kujdes!**	[kujdés!]
Really?	**Vërtet?**	[vərtét?]
Are you sure?	**Je i sigurt?**	[jɛ i sígurt?]
Good luck!	**Paç fat!**	[patʃ fat!]
I see!	**E kuptova!**	[ɛ kuptóva!]
What a pity!	**Sa keq!**	[sa kɛc!]

68. Agreement. Refusal

consent	**leje** (f)	[léjɛ]
to consent (vi)	**lejoj**	[lɛjój]
approval	**miratim** (m)	[miratím]
to approve (vt)	**miratoj**	[miratój]
refusal	**refuzim** (m)	[rɛfuzím]

to refuse (vi, vt)	refuzoj	[rɛfuzój]
Great!	Të lumtë!	[tə lúmtə!]
All right!	Në rregull!	[nə réguɫ!]
Okay! (I agree)	Në rregull!	[nə réguɫ!]

forbidden (adj)	i ndaluar	[i ndalúar]
it's forbidden	është e ndalúar	[éʃtə ɛ ndalúar]
it's impossible	është e pamundur	[éʃtə ɛ pámundur]
incorrect (adj)	i pasaktë	[i pasáktə]

to reject (~ a demand)	hedh poshtë	[hɛð póʃtə]
to support (cause, idea)	mbështes	[mbəʃtés]
to accept (~ an apology)	pranoj	[pranój]

to confirm (vt)	konfirmoj	[konfirmój]
confirmation	konfirmim (m)	[konfirmím]
permission	leje (f)	[léjɛ]
to permit (vt)	lejoj	[lɛjój]
decision	vendim (m)	[vɛndím]
to say nothing (hold one's tongue)	nuk them asgjë	[nuk θɛm ásɟə]

condition (term)	kusht (m)	[kuʃt]
excuse (pretext)	justifikim (m)	[justifikím]
praise (compliments)	lëvdata (f)	[ləvdáta]
to praise (vt)	lavdëroj	[lavdərój]

69. Success. Good luck. Failure

success	sukses (m)	[suksés]
successfully (adv)	me sukses	[mɛ suksés]
successful (adj)	i suksesshëm	[i suksésʃəm]

luck (good luck)	fat (m)	[fat]
Good luck!	Paç fat!	[patʃ fat!]
lucky (e.g. ~ day)	me fat	[mɛ fat]
lucky (fortunate)	fatlum	[fatlúm]

failure	dështim (m)	[dəʃtím]
misfortune	fatkeqësi (f)	[fatkɛcəsí]
bad luck	ters (m)	[tɛrs]
unsuccessful (adj)	i pasuksesshëm	[i pasuksésʃəm]
catastrophe	katastrofë (f)	[katastrófə]

pride	krenari (f)	[krɛnarí]
proud (adj)	krenar	[krɛnár]
to be proud	jam krenar	[jam krɛnár]

winner	fitues (m)	[fitúɛs]
to win (vi)	fitoj	[fitój]
to lose (not win)	humb	[húmb]
try	përpjekje (f)	[pərpjékjɛ]
to try (vi)	përpiqem	[pərpícɛm]
chance (opportunity)	shans (m)	[ʃans]

70. Quarrels. Negative emotions

shout (scream)	britmë (f)	[brítmə]
to shout (vi)	bërtas	[bərtás]
to start to cry out	filloj të ulërij	[fiɫój tə uləríj]

quarrel	grindje (f)	[gríndjɛ]
to quarrel (vi)	grindem	[gríndɛm]
fight (squabble)	sherr (m)	[ʃɛr]
to make a scene	bëj skenë	[bəj skénə]
conflict	konflikt (m)	[konflíkt]
misunderstanding	keqkuptim (m)	[kɛckuptím]

insult	ofendim (m)	[ofɛndím]
to insult (vt)	fyej	[fýɛj]
insulted (adj)	i ofenduar	[i ofɛndúar]
resentment	fyerje (f)	[fýɛrjɛ]
to offend (vt)	ofendoj	[ofɛndój]
to take offence	mbrohem	[mbróhɛm]

indignation	indinjatë (f)	[indiɲátə]
to be indignant	zemërohem	[zɛməróhɛm]
complaint	ankesë (f)	[ankésə]
to complain (vi, vt)	ankohem	[ankóhɛm]

apology	falje (f)	[fáljɛ]
to apologize (vi)	kërkoj falje	[kərkój fáljɛ]
to beg pardon	kërkoj ndjesë	[kərkój ndjésə]

criticism	kritikë (f)	[kritíkə]
to criticize (vt)	kritikoj	[kritikój]
accusation (charge)	akuzë (f)	[akúzə]
to accuse (vt)	akuzoj	[akuzój]

revenge	hakmarrje (f)	[hakmárjɛ]
to avenge (get revenge)	hakmerrem	[hakmérɛm]
to pay back	shpaguaj	[ʃpagúaj]

disdain	përbuzje (f)	[pərbúzjɛ]
to despise (vt)	përbuz	[pərbúz]
hatred, hate	urrejtje (f)	[uréjtjɛ]
to hate (vt)	urrej	[uréj]

nervous (adj)	nervoz	[nɛrvóz]
to be nervous	nervozohem	[nɛrvozóhɛm]
angry (mad)	i zemëruar	[i zɛmərúar]
to make angry	zemëroj	[zɛmərój]

humiliation	poshtërim (m)	[poʃtərím]
to humiliate (vt)	poshtëroj	[poʃtərój]
to humiliate oneself	poshtërohem	[poʃtəróhɛm]

shock	tronditje (f)	[trondítjɛ]
to shock (vt)	trondit	[trondít]
trouble (e.g. serious ~)	shqetësim (m)	[ʃcɛtəsím]

unpleasant (adj)	i pakëndshëm	[i pakéndʃəm]
fear (dread)	frikë (f)	[fríkə]
terrible (storm, heat)	i tmerrshëm	[i tmérʃəm]
scary (e.g. ~ story)	i frikshëm	[i fríkʃəm]
horror	horror (m)	[horór]
awful (crime, news)	i tmerrshëm	[i tmérʃəm]

to begin to tremble	filloj të dridhem	[fiɫój tə dríðɛm]
to cry (weep)	qaj	[caj]
to start crying	filloj të qaj	[fiɫój tə cáj]
tear	lot (m)	[lot]

fault	faj (m)	[faj]
guilt (feeling)	faj (m)	[faj]
dishonor (disgrace)	turp (m)	[turp]
protest	protestë (f)	[protéstə]
stress	stres (m)	[strɛs]

to disturb (vt)	shqetësoj	[ʃcɛtəsój]
to be furious	tërbohem	[tərbóhɛm]
angry (adj)	i inatosur	[i inatósur]
to end (~ a relationship)	përfundoj	[pərfundój]
to swear (at sb)	betohem	[bɛtóhɛm]

to scare (become afraid)	tremb	[trɛmb]
to hit (strike with hand)	qëlloj	[cəɫój]
to fight (street fight, etc.)	grindem	[gríndɛm]

to settle (a conflict)	zgjidh	[zɟið]
discontented (adj)	i pakënaqur	[i pakənácur]
furious (adj)	i xhindosur	[i dʒindósur]

| It's not good! | Nuk është mirë! | [nuk éʃtə mírə!] |
| It's bad! | Është keq! | [éʃtə kɛc!] |

Medicine

illness	sëmundje (f)	[səmúndjɛ]
to be ill	jam sëmurë	[jam səmúrə]
health	shëndet (m)	[ʃəndét]
runny nose (coryza)	rrifë (f)	[rífə]
tonsillitis	grykët (m)	[grýkət]
cold (illness)	ftohje (f)	[ftóhjɛ]
to catch a cold	ftohem	[ftóhɛm]
bronchitis	bronkit (m)	[bronkít]
pneumonia	pneumoni (f)	[pnɛumoní]
flu, influenza	grip (m)	[grip]
shortsighted (adj)	miop	[mióp]
longsighted (adj)	presbit	[prɛsbít]
strabismus (crossed eyes)	strabizëm (m)	[strabízəm]
squint-eyed (adj)	strabik	[strabík]
cataract	katarakt (m)	[katarákt]
glaucoma	glaukoma (f)	[glaukóma]
stroke	goditje (f)	[godítjɛ]
heart attack	sulm në zemër (m)	[sulm nə zémər]
myocardial infarction	infarkt miokardiak (m)	[infárkt miokardiák]
paralysis	paralizë (f)	[paralízə]
to paralyse (vt)	paralizoj	[paralizój]
allergy	alergji (f)	[alɛrɟí]
asthma	astmë (f)	[ástmə]
diabetes	diabet (m)	[diabét]
toothache	dhimbje dhëmbi (f)	[ðímbjɛ ðémbi]
caries	karies (m)	[kariés]
diarrhoea	diarre (f)	[diaré]
constipation	kapsllëk (m)	[kapsłék]
stomach upset	dispepsi (f)	[dispɛpsí]
food poisoning	helmim (m)	[hɛlmím]
to get food poisoning	helmohem nga ushqimi	[hɛlmóhɛm ŋa uʃcími]
arthritis	artrit (m)	[artrít]
rickets	rakit (m)	[rakít]
rheumatism	reumatizëm (m)	[rɛumatízəm]
atherosclerosis	arteriosklerozë (f)	[artɛrioːsklɛrózə]
gastritis	gastrit (m)	[gastrít]
appendicitis	apendicit (m)	[apɛnditsít]

| cholecystitis | kolecistit (m) | [kolɛtsistít] |
| ulcer | ulcerë (f) | [ultsérə] |

measles	fruth (m)	[fruθ]
rubella (German measles)	rubeola (f)	[rubɛóla]
jaundice	verdhëza (f)	[vérðəza]
hepatitis	hepatit (m)	[hɛpatít]

schizophrenia	skizofreni (f)	[skizofrɛní]
rabies (hydrophobia)	sëmundje e tërbimit (f)	[səmúndjɛ ɛ tərbímit]
neurosis	neurozë (f)	[nɛurózə]
concussion	tronditje (f)	[trondítjɛ]

cancer	kancer (m)	[kantsér]
sclerosis	sklerozë (f)	[sklɛrózə]
multiple sclerosis	sklerozë e shumëfishtë (f)	[sklɛrózə ɛ ʃuməfíʃtə]

alcoholism	alkoolizëm (m)	[alkoolízəm]
alcoholic (n)	alkoolik (m)	[alkoolík]
syphilis	sifiliz (m)	[sifilíz]
AIDS	SIDA (f)	[sída]

tumour	tumor (m)	[tumór]
malignant (adj)	malinj	[malíɲ]
benign (adj)	beninj	[bɛníɲ]

fever	ethe (f)	[éθɛ]
malaria	malarie (f)	[malaríɛ]
gangrene	gangrenë (f)	[gaɲrénə]
seasickness	sëmundje deti (f)	[səmúndjɛ déti]
epilepsy	epilepsi (f)	[ɛpilɛpsí]

epidemic	epidemi (f)	[ɛpidɛmí]
typhus	tifo (f)	[tífo]
tuberculosis	tuberkuloz (f)	[tubɛrkulóz]
cholera	kolerë (f)	[kolérə]
plague (bubonic ~)	murtaja (f)	[murtája]

72. Symptoms. Treatments. Part 1

symptom	simptomë (f)	[simptómə]
temperature	temperaturë (f)	[tɛmpɛratúrə]
high temperature (fever)	temperaturë e lartë (f)	[tɛmpɛratúrə ɛ lártə]
pulse (heartbeat)	puls (m)	[puls]

dizziness (vertigo)	marrje mendsh (m)	[márjɛ méndʃ]
hot (adj)	i nxehtë	[i ndzéhtə]
shivering	drithërima (f)	[driθəríma]
pale (e.g. ~ face)	i zbehur	[i zbéhur]

cough	kollë (f)	[kóɫə]
to cough (vi)	kollitem	[koɫítɛm]
to sneeze (vi)	teshtij	[tɛʃtíj]
faint	të fikët (f)	[tə fíkət]

to faint (vi)	bie të fikët	[bíɛ tə fíkət]
bruise (hématome)	mavijosje (f)	[mavijósjɛ]
bump (lump)	gungë (f)	[gúɲə]
to bang (bump)	godas	[godás]
contusion (bruise)	lëndim (m)	[ləndím]
to get a bruise	lëndohem	[ləndóhɛm]

to limp (vi)	çaloj	[tʃalój]
dislocation	dislokim (m)	[dislokím]
to dislocate (vt)	del nga vendi	[dɛl ŋa véndi]
fracture	thyerje (f)	[θýɛrjɛ]
to have a fracture	thyej	[θýɛj]

cut (e.g. paper ~)	e prerë (f)	[ɛ prérə]
to cut oneself	pres veten	[prɛs vétɛn]
bleeding	rrjedhje gjaku (f)	[rjéðjɛ ɟáku]

burn (injury)	djegie (f)	[djégiɛ]
to get burned	digjem	[díɟɛm]

to prick (vt)	shpoj	[ʃpoj]
to prick oneself	shpohem	[ʃpóhɛm]
to injure (vt)	dëmtoj	[dəmtój]
injury	dëmtim (m)	[dəmtím]
wound	plagë (f)	[plágə]
trauma	traumë (f)	[traúmə]

to be delirious	fol përçart	[fól pərtʃárt]
to stutter (vi)	belbëzoj	[bɛlbəzój]
sunstroke	pikë e diellit (f)	[píkə ɛ diéɬit]

73. Symptoms. Treatments. Part 2

pain, ache	dhimbje (f)	[ðímbjɛ]
splinter (in foot, etc.)	cifël (f)	[tsífəl]

sweat (perspiration)	djersë (f)	[djérsə]
to sweat (perspire)	djersij	[djɛrsíj]
vomiting	të vjella (f)	[tə vjéɬa]
convulsions	konvulsione (f)	[konvulsiónɛ]

pregnant (adj)	shtatzënë	[ʃtatzénə]
to be born	lind	[lind]
delivery, labour	lindje (f)	[líndjɛ]
to deliver (~ a baby)	sjell në jetë	[sjɛɬ nə jétə]
abortion	abort (m)	[abórt]

breathing, respiration	frymëmarrje (f)	[fryməmárjɛ]
in-breath (inhalation)	mbajtje e frymës (f)	[mbájtjɛ ɛ frýməs]
out-breath (exhalation)	lëshim i frymës (m)	[ləʃím i frýməs]
to exhale (breathe out)	nxjerr frymën	[ndzjér frýmən]
to inhale (vi)	marr frymë	[mar frýmə]
disabled person	invalid (m)	[invalíd]
cripple	i gjymtuar (m)	[i ɟymtúar]

drug addict	narkoman (m)	[narkomán]
deaf (adj)	shurdh	[ʃurð]
mute (adj)	memec	[mɛméts]
deaf mute (adj)	shurdh-memec	[ʃurð-mɛméts]

mad, insane (adj)	i marrë	[i márə]
madman (demented person)	i çmendur (m)	[i tʃméndur]
madwoman	e çmendur (f)	[ɛ tʃméndur]
to go insane	çmendem	[tʃméndɛm]

gene	gen (m)	[gɛn]
immunity	imunitet (m)	[imunitét]
hereditary (adj)	e trashëguar	[ɛ traʃəgúar]
congenital (adj)	e lindur	[ɛ líndur]

virus	virus (m)	[virús]
microbe	mikrob (m)	[mikrób]
bacterium	bakterie (f)	[baktériɛ]
infection	infeksion (m)	[infɛksión]

74. Symptoms. Treatments. Part 3

| hospital | spital (m) | [spitál] |
| patient | pacient (m) | [patsiént] |

diagnosis	diagnozë (f)	[diagnózə]
cure	kurë (f)	[kúrə]
medical treatment	trajtim mjekësor (m)	[trajtím mjɛkəsór]
to get treatment	kurohem	[kuróhɛm]
to treat (~ a patient)	kuroj	[kurój]
to nurse (look after)	kujdesem	[kujdésɛm]
care (nursing ~)	kujdes (m)	[kujdés]

operation, surgery	operacion (m)	[opɛratsión]
to bandage (head, limb)	fashoj	[faʃój]
bandaging	fashim (m)	[faʃím]

vaccination	vaksinim (m)	[vaksiním]
to vaccinate (vt)	vaksinoj	[vaksinój]
injection	injeksion (m)	[iɲɛksión]
to give an injection	bëj injeksion	[bəj iɲɛksíon]

attack	atak (m)	[aták]
amputation	amputim (m)	[amputím]
to amputate (vt)	amputoj	[amputój]
coma	komë (f)	[kómə]
to be in a coma	jam në komë	[jam nə kómə]
intensive care	kujdes intensiv (m)	[kujdés intɛnsív]

to recover (~ from flu)	shërohem	[ʃəróhɛm]
condition (patient's ~)	gjendje (f)	[ɉéndjɛ]
consciousness	vetëdije (f)	[vɛtədíjɛ]
memory (faculty)	kujtesë (f)	[kujtésə]

to pull out (tooth)	heq	[hɛc]
filling	mbushje (f)	[mbúʃʃɛ]
to fill (a tooth)	mbush	[mbúʃ]

hypnosis	hipnozë (f)	[hipnózə]
to hypnotize (vt)	hipnotizim	[hipnotizím]

75. Doctors

doctor	mjek (m)	[mjék]
nurse	infermiere (f)	[infɛrmiérɛ]
personal doctor	mjek personal (m)	[mjék pɛrsonál]

dentist	dentist (m)	[dɛntíst]
optician	okulist (m)	[okulíst]
general practitioner	mjek i përgjithshëm (m)	[mjék i pərɟíθʃəm]
surgeon	kirurg (m)	[kirúrg]

psychiatrist	psikiatër (m)	[psikiátər]
paediatrician	pediatër (m)	[pɛdiátər]
psychologist	psikolog (m)	[psikológ]
gynaecologist	gjinekolog (m)	[ɟinɛkológ]
cardiologist	kardiolog (m)	[kardiológ]

76. Medicine. Drugs. Accessories

medicine, drug	ilaç (m)	[ilátʃ]
remedy	mjekim (m)	[mjɛkím]
to prescribe (vt)	shkruaj recetë	[ʃkrúaj rɛtsétə]
prescription	recetë (f)	[rɛtsétə]

tablet, pill	pilulë (f)	[pilúlə]
ointment	krem (m)	[krɛm]
ampoule	ampulë (f)	[ampúlə]
mixture, solution	përzierje (f)	[pərzíɛrjɛ]
syrup	shurup (m)	[ʃurúp]
capsule	pilulë (f)	[pilúlə]
powder	pudër (f)	[púdər]

gauze bandage	fashë garze (f)	[faʃə gárzɛ]
cotton wool	pambuk (m)	[pambúk]
iodine	jod (m)	[jod]

plaster	leukoplast (m)	[lɛukoplást]
eyedropper	pikatore (f)	[pikatórɛ]
thermometer	termometër (m)	[tɛrmométər]
syringe	shiringë (f)	[ʃiríŋə]

wheelchair	karrocë me rrota (f)	[karótsə mɛ róta]
crutches	paterica (f)	[patɛrítsa]
painkiller	qetësues (m)	[cɛtəsúɛs]
laxative	laksativ (m)	[laksatív]

spirits (ethanol)	alkool dezinfektues (m)	[alkoól dɛzinfɛktúɛs]
medicinal herbs	bimë mjekësore (f)	[bímə mjɛkəsórɛ]
herbal (~ tea)	çaj bimor	[tʃáj bimór]

77. Smoking. Tobacco products

tobacco	duhan (m)	[duhán]
cigarette	cigare (f)	[tsigárɛ]
cigar	puro (f)	[púro]
pipe	llullë (f)	[ɬúɬə]
packet (of cigarettes)	pako cigaresh (m)	[páko tsigárɛʃ]

matches	shkrepëse (pl)	[ʃkrépəsɛ]
matchbox	kuti shkrepësesh (f)	[kutí ʃkrépəsɛʃ]
lighter	çakmak (m)	[tʃakmák]
ashtray	taketuke (f)	[takɛtúkɛ]
cigarette case	kuti cigaresh (f)	[kutí tsigárɛʃ]

| cigarette holder | cigarishte (f) | [tsigaríʃtɛ] |
| filter (cigarette tip) | filtër (m) | [fíltər] |

to smoke (vi, vt)	pi duhan	[pi duhán]
to light a cigarette	ndez një cigare	[ndɛz ɲə tsigárɛ]
smoking	pirja e duhanit (f)	[pírja ɛ duhánit]
smoker	duhanpirës (m)	[duhanpírəs]

cigarette end	bishti i cigares (m)	[bíʃti i tsigárɛs]
smoke, fumes	tym (m)	[tym]
ash	hi (m)	[hi]

73

HUMAN HABITAT

City

city, town	qytet (m)	[cytét]
capital city	kryeqytet (m)	[kryɛcytét]
village	fshat (m)	[fʃát]
city map	hartë e qytetit (f)	[hártə ɛ cytétit]
city centre	qendër e qytetit (f)	[céndər ɛ cytétit]
suburb	periferi (f)	[pɛrifɛrí]
suburban (adj)	periferik	[pɛrifɛrík]
outskirts	periferia (f)	[pɛrifɛría]
environs (suburbs)	periferia (f)	[pɛrifɛría]
city block	bllok pallatesh (m)	[bɫók paɫátɛʃ]
residential block (area)	bllok banimi (m)	[bɫók baními]
traffic	trafik (m)	[trafík]
traffic lights	semafor (m)	[sɛmafór]
public transport	transport publik (m)	[transpórt publík]
crossroads	kryqëzim (m)	[krycəzím]
zebra crossing	kalim për këmbësorë (m)	[kalím pər kəmbəsórə]
pedestrian subway	nënkalim për këmbësorë (m)	[nənkalím pər kəmbəsórə]
to cross (~ the street)	kapërcej	[kapərtséj]
pedestrian	këmbësor (m)	[kəmbəsór]
pavement	trotuar (m)	[trotuár]
bridge	urë (f)	[úrə]
embankment (river walk)	breg lumi (m)	[brɛg lúmi]
fountain	shatërvan (m)	[ʃatərván]
allée (garden walkway)	rrugëz (m)	[rúgəz]
park	park (m)	[park]
boulevard	bulevard (m)	[bulɛvárd]
square	shesh (m)	[ʃɛʃ]
avenue (wide street)	bulevard (m)	[bulɛvárd]
street	rrugë (f)	[rúgə]
side street	rrugë dytësore (f)	[rúgə dytəsórɛ]
dead end	rrugë pa krye (f)	[rúgə pa krýɛ]
house	shtëpi (f)	[ʃtəpí]
building	ndërtesë (f)	[ndərtésə]
skyscraper	qiellgërvishtës (m)	[ciɛɫgərvíʃtəs]
facade	fasadë (f)	[fasádə]
roof	çati (f)	[tʃatí]

window	dritare (f)	[dritárɛ]
arch	hark (m)	[hárk]
column	kolonë (f)	[kolónə]
corner	kënd (m)	[kə́nd]

shop window	vitrinë (f)	[vitrínə]
signboard (store sign, etc.)	tabelë (f)	[tabélə]
poster (e.g., playbill)	poster (m)	[postér]
advertising poster	afishe reklamuese (f)	[afíʃɛ rɛklamúɛsɛ]
hoarding	tabelë reklamash (f)	[tabélə rɛklámaʃ]

rubbish	plehra (f)	[pléhra]
rubbish bin	kosh plehrash (m)	[koʃ pléhraʃ]
to litter (vi)	hedh mbeturina	[hɛð mbɛturína]
rubbish dump	deponi plehrash (f)	[dɛponí pléhraʃ]

telephone box	kabinë telefonike (f)	[kabínə tɛlɛfoníkɛ]
lamppost	shtyllë dritash (f)	[ʃt╨́lə drítaʃ]
bench (park ~)	stol (m)	[stol]

police officer	polic (m)	[políts]
police	polici (f)	[politsí]
beggar	lypës (m)	[lýpəs]
homeless (n)	i pastrehë (m)	[i pastréhə]

79. Urban institutions

shop	dyqan (m)	[dycán]
chemist, pharmacy	farmaci (f)	[farmatsí]
optician (spectacles shop)	optikë (f)	[optíkə]
shopping centre	qendër tregtare (f)	[céndər trɛgtárɛ]
supermarket	supermarket (m)	[supɛrmarkét]

bakery	furrë (f)	[fúrə]
baker	furrtar (m)	[furtár]
cake shop	pastiçeri (f)	[pastitʃɛrí]
grocery shop	dyqan ushqimor (m)	[dycán uʃcimór]
butcher shop	dyqan mishi (m)	[dycán míʃi]

| greengrocer | dyqan fruta-perimesh (m) | [dycán frúta-pɛrímɛʃ] |
| market | treg (m) | [trɛg] |

coffee bar	kafene (f)	[kafɛné]
restaurant	restorant (m)	[rɛstoránt]
pub, bar	pab (m), pijetore (f)	[pab], [pijɛtórɛ]
pizzeria	piceri (f)	[pitsɛrí]

hairdresser	parukeri (f)	[parukɛrí]
post office	zyrë postare (f)	[zýrə postárɛ]
dry cleaners	pastrim kimik (m)	[pastrím kimík]
photo studio	studio fotografike (f)	[stúdio fotografíkɛ]

| shoe shop | dyqan këpucësh (m) | [dycán kəpútsəʃ] |
| bookshop | librari (f) | [librarí] |

sports shop	dyqan me mallra sportivë (m)	[dycán mɛ máɬra sportívə]
clothes repair shop	rrobaqepësi (f)	[robacɛpəsí]
formal wear hire	dyqan veshjesh me qira (m)	[dycán véʃjɛʃ mɛ cirá]
video rental shop	dyqan videosh me qira (m)	[dycán vídɛoʃ mɛ cirá]

circus	cirk (m)	[tsírk]
zoo	kopsht zoologjik (m)	[kópʃt zooloɟík]
cinema	kinema (f)	[kinɛmá]
museum	muze (m)	[muzé]
library	bibliotekë (f)	[bibliotékə]

theatre	teatër (m)	[tɛátər]
opera (opera house)	opera (f)	[opéra]
nightclub	klub nate (m)	[klúb nátɛ]
casino	kazino (f)	[kazíno]

mosque	xhami (f)	[dʒamí]
synagogue	sinagogë (f)	[sinagógə]
cathedral	katedrale (f)	[katɛdrálɛ]
temple	tempull (m)	[témpuɬ]
church	kishë (f)	[kíʃə]

college	kolegj (m)	[koléɟ]
university	universitet (m)	[univɛrsitét]
school	shkollë (f)	[ʃkóɬə]

prefecture	prefekturë (f)	[prɛfɛktúrə]
town hall	bashki (f)	[baʃkí]
hotel	hotel (m)	[hotél]
bank	bankë (f)	[bánkə]

embassy	ambasadë (f)	[ambasádə]
travel agency	agjenci udhëtimesh (f)	[aɟɛntsí uðətímɛʃ]
information office	zyrë informacioni (f)	[zýrə informatsióni]
currency exchange	këmbim valutor (m)	[kəmbím valutór]

underground, tube	metro (f)	[mɛtró]
hospital	spital (m)	[spitál]

petrol station	pikë karburanti (f)	[píkə karburánti]
car park	parking (m)	[parkíŋ]

80. Signs

signboard (store sign, etc.)	tabelë (f)	[tabélə]
notice (door sign, etc.)	njoftim (m)	[ɲoftím]
poster	poster (m)	[postér]
direction sign	tabelë drejtuese (f)	[tabélə drɛjtúɛsɛ]
arrow (sign)	shigjetë (f)	[ʃiɟétə]

caution	kujdes (m)	[kujdés]
warning sign	shenjë paralajmëruese (f)	[ʃéɲə paralajmərúɛsɛ]
to warn (vt)	paralajmëroj	[paralajmərój]

rest day (weekly ~)	**ditë pushimi** (f)	[dítə puʃími]
timetable (schedule)	**orar** (m)	[orár]
opening hours	**orari i punës** (m)	[orári i púnəs]
WELCOME!	**MIRË SE VINI!**	[mírə sɛ víni!]
ENTRANCE	**HYRJE**	[hýrjɛ]
WAY OUT	**DALJE**	[dáljɛ]
PUSH	**SHTY**	[ʃty]
PULL	**TËRHIQ**	[tərhíc]
OPEN	**HAPUR**	[hápur]
CLOSED	**MBYLLUR**	[mbýɫur]
WOMEN	**GRA**	[gra]
MEN	**BURRA**	[búra]
DISCOUNTS	**ZBRITJE**	[zbrítjɛ]
SALE	**ULJE**	[úljɛ]
NEW!	**TË REJA!**	[tə réja!]
FREE	**FALAS**	[fálas]
ATTENTION!	**KUJDES!**	[kujdés!]
NO VACANCIES	**NUK KA VENDE TË LIRA**	[nuk ka véndɛ tə líra]
RESERVED	**E REZERVUAR**	[ɛ rɛzɛrvúar]
ADMINISTRATION	**ADMINISTRATA**	[administráta]
STAFF ONLY	**VETËM PËR STAFIN**	[vétəm pər stáfin]
BEWARE OF THE DOG!	**RUHUNI NGA QENI!**	[rúhuni ŋa céni!]
NO SMOKING	**NDALOHET DUHANI**	[ndalóhɛt duháni]
DO NOT TOUCH!	**MOS PREK!**	[mos prék!]
DANGEROUS	**TË RREZIKSHME**	[tə rɛzíkʃmɛ]
DANGER	**RREZIK**	[rɛzík]
HIGH VOLTAGE	**TENSION I LARTË**	[tɛnsíon i lártə]
NO SWIMMING!	**NUK LEJOHET NOTI!**	[nuk lɛjóhɛt nóti!]
OUT OF ORDER	**E PRISHUR**	[ɛ príʃur]
FLAMMABLE	**LËNDË DJEGËSE**	[ləndə djégəsɛ]
FORBIDDEN	**E NDALUAR**	[ɛ ndalúar]
NO TRESPASSING!	**NDALOHET HYRJA**	[ndalóhɛt hýrja]
WET PAINT	**BOJË E FRESKËT**	[bójə ɛ fréskət]

81. Urban transport

bus, coach	**autobus** (m)	[autobús]
tram	**tramvaj** (m)	[tramváj]
trolleybus	**autobus tramvaj** (m)	[autobús tramváj]
route (bus ~)	**itinerar** (m)	[itinɛrár]
number (e.g. bus ~)	**numër** (m)	[númər]
to go by ...	**udhëtoj me ...**	[uðətój mɛ ...]
to get on (~ the bus)	**hip**	[hip]
to get off ...	**zbres ...**	[zbrɛs ...]

stop (e.g. bus ~)	stacion (m)	[statsión]
next stop	stacioni tjetër (m)	[statsióni tjétər]
terminus	terminal (m)	[tɛrminál]
timetable	orar (m)	[orár]
to wait (vt)	pres	[prɛs]
ticket	biletë (f)	[bilétə]
fare	çmim bilete (m)	[tʃmím bilétɛ]
cashier (ticket seller)	shitës biletash (m)	[ʃítəs bilétaʃ]
ticket inspection	kontroll biletash (m)	[kontrół bilétaʃ]
ticket inspector	kontrollues biletash (m)	[kontrołúɛs bilétaʃ]
to be late (for ...)	vonohem	[vonóhɛm]
to miss (~ the train, etc.)	humbas	[humbás]
to be in a hurry	nxitoj	[ndzitój]
taxi, cab	taksi (m)	[táksi]
taxi driver	shofer taksie (m)	[ʃofér taksíɛ]
by taxi	me taksi	[mɛ táksi]
taxi rank	stacion taksish (m)	[statsión táksiʃ]
to call a taxi	thërras taksi	[θərás táksi]
to take a taxi	marr taksi	[mar táksi]
traffic	trafik (m)	[trafík]
traffic jam	bllokim trafiku (m)	[błokím trafíku]
rush hour	orë e trafikut të rëndë (f)	[órə ɛ trafíkut tə rəndə]
to park (vi)	parkoj	[parkój]
to park (vt)	parkim	[parkím]
car park	parking (m)	[parkíŋ]
underground, tube	metro (f)	[mɛtró]
station	stacion (m)	[statsión]
to take the tube	shkoj me metro	[ʃkoj mɛ métro]
train	tren (m)	[trɛn]
train station	stacion treni (m)	[statsión tréni]

82. Sightseeing

monument	monument (m)	[monumént]
fortress	kala (f)	[kalá]
palace	pallat (m)	[pałát]
castle	kështjellë (f)	[kəʃtjétə]
tower	kullë (f)	[kútə]
mausoleum	mauzoleum (m)	[mauzolɛúm]
architecture	arkitekturë (f)	[arkitɛktúrə]
medieval (adj)	mesjetare	[mɛsjɛtárɛ]
ancient (adj)	e lashtë	[ɛ láʃtə]
national (adj)	kombëtare	[kombətárɛ]
famous (monument, etc.)	i famshëm	[i fámʃəm]
tourist	turist (m)	[turíst]
guide (person)	udhërrëfyes (m)	[uðərəfýɛs]

excursion, sightseeing tour	ekskursion (m)	[ɛkskursión]
to show (vt)	tregoj	[trɛgój]
to tell (vt)	dëftoj	[dəftój]

to find (vt)	gjej	[ɟéj]
to get lost (lose one's way)	humbas	[humbás]
map (e.g. underground ~)	hartë (f)	[hártə]
map (e.g. city ~)	hartë (f)	[hártə]

souvenir, gift	suvenir (m)	[suvɛnír]
gift shop	dyqan dhuratash (m)	[dycán ðurátaʃ]
to take pictures	bëj foto	[bəj fóto]
to have one's picture taken	bëj fotografi	[bəj fotografí]

83. Shopping

to buy (purchase)	blej	[blɛj]
shopping	blerje (f)	[blérjɛ]
to go shopping	shkoj për pazar	[ʃkoj pər pazár]
shopping	pazar (m)	[pazár]

| to be open (ab. shop) | hapur | [hápur] |
| to be closed | mbyllur | [mbýɫur] |

footwear, shoes	këpucë (f)	[kəpútsə]
clothes, clothing	veshje (f)	[véʃjɛ]
cosmetics	kozmetikë (f)	[kozmɛtíkə]
food products	mallra ushqimore (f)	[máɫra uʃcimórɛ]
gift, present	dhuratë (f)	[ðurátə]

| shop assistant (masc.) | shitës (m) | [ʃítəs] |
| shop assistant (fem.) | shitëse (f) | [ʃítəsɛ] |

cash desk	arkë (f)	[árkə]
mirror	pasqyrë (f)	[pascýrə]
counter (shop ~)	banak (m)	[bának]
fitting room	dhomë prove (f)	[ðómə próvɛ]

to try on	provoj	[provój]
to fit (ab. dress, etc.)	më rri mirë	[mə ri mírə]
to fancy (vt)	pëlqej	[pəlcéj]

price	çmim (m)	[tʃmím]
price tag	etiketa e çmimit (f)	[ɛtikéta ɛ tʃmímit]
to cost (vt)	kushton	[kuʃtón]
How much?	Sa?	[sa?]
discount	ulje (f)	[úljɛ]

inexpensive (adj)	jo e shtrenjtë	[jo ɛ ʃtréɲtə]
cheap (adj)	e lirë	[ɛ lírə]
expensive (adj)	i shtrenjtë	[i ʃtréɲtə]
It's expensive	Është e shtrenjtë	[əʃtə ɛ ʃtréɲtə]
hire (n)	qiramarrje (f)	[ciramárjɛ]
to hire (~ a dinner jacket)	marr me qira	[mar mɛ cirá]

| credit (trade credit) | kredit (m) | [krɛdít] |
| on credit (adv) | me kredi | [mɛ krɛdí] |

84. Money

money	para (f)	[pará]
currency exchange	këmbim valutor (m)	[kəmbím valutór]
exchange rate	kurs këmbimi (m)	[kurs kəmbími]
cashpoint	bankomat (m)	[bankomát]
coin	monedhë (f)	[monéðə]

| dollar | dollar (m) | [doɫár] |
| euro | euro (f) | [éuro] |

lira	lirë (f)	[lírə]
Deutschmark	Marka gjermane (f)	[márka ɟɛrmánɛ]
franc	franga (f)	[fráŋa]
pound sterling	sterlina angleze (f)	[stɛrlína aŋlézɛ]
yen	jen (m)	[jén]

debt	borxh (m)	[bórdʒ]
debtor	debitor (m)	[dɛbitór]
to lend (money)	jap hua	[jap huá]
to borrow (vi, vt)	marr hua	[mar huá]

bank	bankë (f)	[bánkə]
account	llogari (f)	[ɫogarí]
to deposit (vt)	depozitoj	[dɛpozitój]
to deposit into the account	depozitoj në llogari	[dɛpozitój nə ɫogarí]
to withdraw (vt)	tërheq	[tərhéc]

credit card	kartë krediti (f)	[kártə krɛdíti]
cash	kesh (m)	[kɛʃ]
cheque	çek (m)	[tʃɛk]
to write a cheque	lëshoj një çek	[ləʃój ɲə tʃék]
chequebook	bllok çeqesh (m)	[bɫók tʃécɛʃ]

wallet	portofol (m)	[portofól]
purse	kuletë (f)	[kulétə]
safe	kasafortë (f)	[kasafórtə]

heir	trashëgimtar (m)	[traʃəgimtár]
inheritance	trashëgimi (f)	[traʃəgimí]
fortune (wealth)	pasuri (f)	[pasurí]

lease	qira (f)	[cirá]
rent (money)	qiraja (f)	[cirája]
to rent (sth from sb)	marr me qira	[mar mɛ cirá]

price	çmim (m)	[tʃmím]
cost	kosto (f)	[kósto]
sum	shumë (f)	[ʃúmə]
to spend (vt)	shpenzoj	[ʃpɛnzój]
expenses	shpenzime (f)	[ʃpɛnzímɛ]

to economize (vi, vt)	kursej	[kurséj]
economical	ekonomik	[ɛkonomík]
to pay (vi, vt)	paguaj	[pagúaj]
payment	pagesë (f)	[pagésə]
change (give the ~)	kusur (m)	[kusúr]
tax	taksë (f)	[táksə]
fine	gjobë (f)	[ɟóbə]
to fine (vt)	vendos gjobë	[vɛndós ɟóbə]

85. Post. Postal service

post office	zyrë postare (f)	[zýrə postárɛ]
post (letters, etc.)	postë (f)	[póstə]
postman	postier (m)	[postiér]
opening hours	orari i punës (m)	[orári i púnəs]
letter	letër (f)	[létər]
registered letter	letër rekomande (f)	[létər rɛkomándɛ]
postcard	kartolinë (f)	[kartolínə]
telegram	telegram (m)	[tɛlɛgrám]
parcel	pako (f)	[páko]
money transfer	transfer parash (m)	[transfér paráʃ]
to receive (vt)	pranoj	[pranój]
to send (vt)	dërgoj	[dərgój]
sending	dërgesë (f)	[dərgésə]
address	adresë (f)	[adrésə]
postcode	kodi postar (m)	[kódi postár]
sender	dërguesi (m)	[dərgúɛsi]
receiver	pranues (m)	[pranúɛs]
name (first name)	emër (m)	[émər]
surname (last name)	mbiemër (m)	[mbiémər]
postage rate	tarifë postare (f)	[tarífə postárɛ]
standard (adj)	standard	[standárd]
economical (adj)	ekonomike	[ɛkonomíkɛ]
weight	peshë (f)	[péʃə]
to weigh (~ letters)	peshoj	[pɛʃój]
envelope	zarf (m)	[zarf]
postage stamp	pullë postare (f)	[púɫə postárɛ]
to stamp an envelope	vendos pullën postare	[vɛndós púɫən postárɛ]

Dwelling. House. Home

86. House. Dwelling

house	shtëpi (f)	[ʃtəpí]
at home (adv)	në shtëpi	[nə ʃtəpí]
yard	oborr (m)	[obór]
fence (iron ~)	gardh (m)	[garð]

brick (n)	tullë (f)	[túłə]
brick (as adj)	me tulla	[mɛ túła]
stone (n)	gur (m)	[gur]
stone (as adj)	guror	[gurór]
concrete (n)	çimento (f)	[tʃiménto]
concrete (as adj)	prej çimentoje	[prɛj tʃiméntojɛ]

new (new-built)	i ri	[i rí]
old (adj)	i vjetër	[i vjétər]
decrepit (house)	e vjetruar	[ɛ vjɛtrúar]
modern (adj)	moderne	[modérnɛ]
multistorey (adj)	shumëkatëshe	[ʃuməkátəʃɛ]
tall (~ building)	e lartë	[ɛ lártə]

floor, storey	kat (m)	[kat]
single-storey (adj)	njëkatëshe	[nəkátəʃɛ]

ground floor	përdhese (f)	[pərðésɛ]
top floor	kati i fundit (m)	[káti i fúndit]

roof	çati (f)	[tʃatí]
chimney	oxhak (m)	[odʒák]

roof tiles	tjegulla (f)	[tjéguła]
tiled (adj)	me tjegulla	[mɛ tjéguła]
loft (attic)	papafingo (f)	[papafíŋo]

window	dritare (f)	[dritárɛ]
glass	xham (m)	[dʒam]

window ledge	prag dritareje (m)	[prag dritárɛjɛ]
shutters	grila (f)	[gríla]

wall	mur (m)	[mur]
balcony	ballkon (m)	[bałkón]
downpipe	ulluk (m)	[ułúk]

upstairs (to be ~)	lart	[lart]
to go upstairs	ngjitem lart	[nɟitém lárt]
to come down (the stairs)	zbres	[zbrɛs]
to move (to new premises)	lëviz	[ləvíz]

87. House. Entrance. Lift

entrance	hyrje (f)	[hýrjɛ]
stairs (stairway)	shkallë (f)	[ʃkáɫə]
steps	shkallë (f)	[ʃkáɫə]
banisters	parmak (m)	[parmák]
lobby (hotel ~)	holl (m)	[hoɫ]
postbox	kuti postare (f)	[kutí postárɛ]
waste bin	kazan mbeturinash (m)	[kazán mbɛturínaʃ]
refuse chute	ashensor mbeturinash (m)	[aʃɛnsór mbɛturínaʃ]
lift	ashensor (m)	[aʃɛnsór]
goods lift	ashensor mallrash (m)	[aʃɛnsór máɫraʃ]
lift cage	kabinë ashensori (f)	[kabínə aʃɛnsóri]
to take the lift	marr ashensorin	[mar aʃɛnsórin]
flat	apartament (m)	[apartamént]
residents (~ of a building)	banorë (pl)	[banórə]
neighbour (masc.)	komshi (m)	[komʃí]
neighbour (fem.)	komshike (f)	[komʃíkɛ]
neighbours	komshinj (pl)	[komʃíɲ]

88. House. Electricity

electricity	elektricitet (m)	[ɛlɛktritsitét]
light bulb	poç (m)	[potʃ]
switch	çelës drite (m)	[tʃéləs drítɛ]
fuse (plug fuse)	siguresë (f)	[sigurésə]
cable, wire (electric ~)	kabllo (f)	[kábɫo]
wiring	rrjet elektrik (m)	[rjét ɛlɛktrík]
electricity meter	njehsor elektrik (m)	[ɲɛhsór ɛlɛktrík]
readings	matjet (pl)	[mátjɛt]

89. House. Doors. Locks

door	derë (f)	[dérə]
gate (vehicle ~)	portik (m)	[portík]
handle, doorknob	dorezë (f)	[dorézə]
to unlock (unbolt)	zhbllokoj	[ʒbɫokój]
to open (vt)	hap	[hap]
to close (vt)	mbyll	[mbyɫ]
key	çelës (m)	[tʃéləs]
bunch (of keys)	tufë çelësash (f)	[túfə tʃéləsaʃ]
to creak (door, etc.)	kërcet	[kərtsét]
creak	kërcitje (f)	[kərtsítjɛ]
hinge (door ~)	menteshë (f)	[mɛntéʃə]
doormat	tapet hyrës (m)	[tapét hýrəs]
door lock	kyç (m)	[kytʃ]

keyhole	vrimë e çelësit (f)	[vrímə ɛ tʃéləsit]
crossbar (sliding bar)	shul (m)	[ʃul]
door latch	shul (m)	[ʃul]
padlock	dry (m)	[dry]

to ring (~ the door bell)	i bie ziles	[i bíɛ zílɛs]
ringing (sound)	tingulli i ziles (m)	[tíŋuɫi i zílɛs]
doorbell	zile (f)	[zílɛ]
doorbell button	çelësi i ziles (m)	[tʃéləsi i zílɛs]
knock (at the door)	trokitje (f)	[trokítjɛ]
to knock (vi)	trokas	[trokás]

code	kod (m)	[kod]
combination lock	kod (m)	[kod]
intercom	interkom (m)	[intɛrkóm]
number (on the door)	numër (m)	[númər]
doorplate	pllakë e emrit (f)	[pɫákə ɛ émrit]
peephole	vrimë përgjimi (f)	[vrímə pərɟími]

90. Country house

village	fshat (m)	[fʃát]
vegetable garden	kopsht zarzavatesh (m)	[kópʃt zarzavátɛʃ]
fence	gardh (m)	[garð]
picket fence	gardh kunjash	[garð kúɲaʃ]
wicket gate	portik (m)	[portík]

granary	hambar (m)	[hambár]
cellar	qilar (m)	[cilár]
shed (garden ~)	kasolle (f)	[kasótɛ]
water well	pus (m)	[pus]

stove (wood-fired ~)	sobë (f)	[sóbə]
to stoke the stove	mbush sobën	[mbúʃ sóbən]
firewood	dru për zjarr (m)	[dru pər zjár]
log (firewood)	dru (m)	[dru]

veranda	verandë (f)	[vɛrándə]
deck (terrace)	ballkon (m)	[baɫkón]
stoop (front steps)	prag i derës (m)	[prag i dérəs]
swing (hanging seat)	kolovajzë (f)	[kolovájzə]

91. Villa. Mansion

country house	vilë (f)	[vílə]
country-villa	vilë (f)	[vílə]
wing (~ of a building)	krah (m)	[krah]

garden	kopsht (m)	[kopʃt]
park	park (m)	[park]
conservatory (greenhouse)	serrë (f)	[sérə]
to look after (garden, etc.)	përkujdesem	[pərkujdésɛm]

swimming pool	pishinë (f)	[piʃínə]
gym (home gym)	palestër (f)	[paléstər]
tennis court	fushë tenisi (f)	[fúʃə tɛnísi]
home theater (room)	sallon teatri (m)	[saɫón tɛátri]
garage	garazh (m)	[garáʒ]

| private property | pronë private (f) | [prónə privátɛ] |
| private land | tokë private (f) | [tókə privátɛ] |

| warning (caution) | paralajmërim (m) | [paralajmərím] |
| warning sign | shenjë paralajmëruese (f) | [ʃéɲə paralajmərúɛsɛ] |

security	sigurim (m)	[sigurím]
security guard	roje sigurimi (m)	[rójɛ sigurími]
burglar alarm	alarm (m)	[alárm]

92. Castle. Palace

castle	kështjellë (f)	[kəʃtjéɫə]
palace	pallat (m)	[paɫát]
fortress	kala (f)	[kalá]
wall (round castle)	mur rrethues (m)	[mur rɛθúɛs]
tower	kullë (f)	[kúɫə]
keep, donjon	kulla e parë (f)	[kúɫa ɛ párə]

portcullis	portë me hekura (f)	[pórtə mɛ hékura]
subterranean passage	nënkalim (m)	[nənkalím]
moat	kanal (m)	[kanál]
chain	zinxhir (m)	[zindʒír]
arrow loop	frëngji (f)	[frənɟí]

magnificent (adj)	e mrekullueshme	[ɛ mrɛkuɫúɛʃmɛ]
majestic (adj)	madhështore	[maðəʃtórɛ]
impregnable (adj)	e padepërtueshme	[ɛ padɛpərtúɛʃmɛ]
medieval (adj)	mesjetare	[mɛsjɛtárɛ]

93. Flat

flat	apartament (m)	[apartamént]
room	dhomë (f)	[ðómə]
bedroom	dhomë gjumi (f)	[ðómə ɟúmi]
dining room	dhomë ngrënie (f)	[ðómə ŋrəníɛ]
living room	dhomë ndeje (f)	[ðómə ndéjɛ]
study (home office)	dhomë pune (f)	[ðómə púnɛ]

entry room	hyrje (f)	[hýrjɛ]
bathroom	banjo (f)	[báɲo]
water closet	tualet (m)	[tualét]

ceiling	tavan (m)	[taván]
floor	dysheme (f)	[dyʃɛmé]
corner	qoshe (f)	[cóʃɛ]

94. Flat. Cleaning

to clean (vi, vt)	pastroj	[pastrój]
to put away (to stow)	vendos	[vɛndós]
dust	pluhur (m)	[plúhur]
dusty (adj)	e pluhurosur	[ɛ pluhurósur]
to dust (vt)	marr pluhurat	[mar plúhurat]
vacuum cleaner	fshesë elektrike (f)	[fʃésə ɛlɛktríkɛ]
to vacuum (vt)	thith pluhurin	[θiθ plúhurin]
to sweep (vi, vt)	fshij	[fʃíj]
sweepings	plehra (f)	[pléhra]
order	rregull (m)	[réguɫ]
disorder, mess	rrëmujë (f)	[rəmújə]
mop	shtupë (f)	[ʃtúpə]
duster	leckë (f)	[létskə]
short broom	fshesë (f)	[fʃésə]
dustpan	kaci (f)	[katsí]

95. Furniture. Interior

furniture	orendi (f)	[orɛndí]
table	tryezë (f)	[tryézə]
chair	karrige (f)	[karígɛ]
bed	shtrat (m)	[ʃtrat]
sofa, settee	divan (m)	[diván]
armchair	kolltuk (m)	[koɫtúk]
bookcase	raft librash (m)	[ráft líbraʃ]
shelf	sergjen (m)	[sɛrɟén]
wardrobe	garderobë (f)	[gardəróbə]
coat rack (wall-mounted ~)	varëse (f)	[várəsɛ]
coat stand	varëse xhaketash (f)	[várəsɛ dʒakétaʃ]
chest of drawers	komodë (f)	[komódə]
coffee table	tryezë e ulët (f)	[tryézə ɛ úlət]
mirror	pasqyrë (f)	[pascýrə]
carpet	qilim (m)	[cilím]
small carpet	tapet (m)	[tapét]
fireplace	oxhak (m)	[odʒák]
candle	qiri (m)	[círi]
candlestick	shandan (m)	[ʃandán]
drapes	perde (f)	[pérdɛ]
wallpaper	tapiceri (f)	[tapitsɛrí]
blinds (jalousie)	grila (f)	[gríla]
table lamp	llambë tavoline (f)	[ɫámbə tavolínɛ]
wall lamp (sconce)	llambadar muri (m)	[ɫambadár múri]

| standard lamp | llambadar (m) | [ɫambadár] |
| chandelier | llambadar (m) | [ɫambadár] |

leg (of a chair, table)	këmbë (f)	[kémbə]
armrest	mbështetëse krahu (f)	[mbəʃtétəsɛ kráhu]
back (backrest)	mbështetëse (f)	[mbəʃtétəsɛ]
drawer	sirtar (m)	[sirtár]

96. Bedding

bedclothes	çarçafë (pl)	[tʃartʃáfə]
pillow	jastëk (m)	[jastёk]
pillowslip	këllëf jastëku (m)	[kəɫəf jastёku]
duvet	jorgan (m)	[jorgán]
sheet	çarçaf (m)	[tʃartʃáf]
bedspread	mbulesë (f)	[mbulésə]

97. Kitchen

kitchen	kuzhinë (f)	[kuʒínə]
gas	gaz (m)	[gaz]
gas cooker	sobë me gaz (f)	[sóbə mɛ gaz]
electric cooker	sobë elektrike (f)	[sóbə ɛlɛktríkɛ]
oven	furrë (f)	[fúrə]
microwave oven	mikrovalë (f)	[mikrоválə]

refrigerator	frigorifer (m)	[frigorifér]
freezer	frigorifer (m)	[frigorifér]
dishwasher	pjatalarëse (f)	[pjatalárəsɛ]

mincer	grirëse mishi (f)	[grírəsɛ míʃi]
juicer	shtrydhëse frutash (f)	[ʃtrýðəsɛ frútaʃ]
toaster	toster (m)	[tostér]
mixer	mikser (m)	[miksér]

coffee machine	makinë kafeje (f)	[makínə kaféjɛ]
coffee pot	kafetierë (f)	[kafɛtiérə]
coffee grinder	mulli kafeje (f)	[muɫí káfɛjɛ]

kettle	çajnik (m)	[tʃajník]
teapot	çajnik (m)	[tʃajník]
lid	kapak (m)	[kapák]
tea strainer	sitë çaji (f)	[sítə tʃáji]

spoon	lugë (f)	[lúgə]
teaspoon	lugë çaji (f)	[lúgə tʃáji]
soup spoon	lugë gjelle (f)	[lúgə ɟéɫɛ]
fork	pirun (m)	[pirún]
knife	thikë (f)	[θíkə]

| tableware (dishes) | enë kuzhine (f) | [énə kuʒínɛ] |
| plate (dinner ~) | pjatë (f) | [pjátə] |

saucer	pjatë filxhani (f)	[pjátə fildʒáni]
shot glass	potir (m)	[potír]
glass (tumbler)	gotë (f)	[gótə]
cup	filxhan (m)	[fildʒán]

sugar bowl	tas për sheqer (m)	[tas pər ʃɛcér]
salt cellar	kripore (f)	[kripórɛ]
pepper pot	enë piperi (f)	[énə pipéri]
butter dish	pjatë gjalpi (f)	[pjátə ɟálpi]

stock pot (soup pot)	tenxhere (f)	[tɛndʒérɛ]
frying pan (skillet)	tigan (m)	[tigán]
ladle	garuzhdë (f)	[garúʒdə]
colander	kullesë (f)	[kuɫésə]
tray (serving ~)	tabaka (f)	[tabaká]

bottle	shishe (f)	[ʃíʃɛ]
jar (glass)	kavanoz (m)	[kavanóz]
tin (can)	kanoçe (f)	[kanótʃɛ]

bottle opener	hapëse shishesh (f)	[hapəsé ʃíʃɛʃ]
tin opener	hapëse kanoçesh (f)	[hapəsé kanótʃɛʃ]
corkscrew	turjelë tapash (f)	[turjélə tápaʃ]
filter	filtër (m)	[fíltər]
to filter (vt)	filtroj	[filtrój]

| waste (food ~, etc.) | pleh (m) | [plɛh] |
| waste bin (kitchen ~) | kosh plehrash (m) | [koʃ pléhraʃ] |

98. Bathroom

bathroom	banjo (f)	[báɲo]
water	ujë (m)	[újə]
tap	rubinet (m)	[rubinét]
hot water	ujë i nxehtë (f)	[újə i ndzéhtə]
cold water	ujë i ftohtë (f)	[újə i ftóhtə]

toothpaste	pastë dhëmbësh (f)	[pástə ðémbəʃ]
to clean one's teeth	laj dhëmbët	[laj ðémbət]
toothbrush	furçë dhëmbësh (f)	[fúrtʃə ðémbəʃ]

to shave (vi)	rruhem	[rúhɛm]
shaving foam	shkumë rroje (f)	[ʃkumə rójɛ]
razor	brisk (m)	[brísk]

to wash (one's hands, etc.)	laj duart	[laj dúart]
to have a bath	lahem	[láhɛm]
shower	dush (m)	[duʃ]
to have a shower	bëj dush	[bəj dúʃ]

bath	vaskë (f)	[váskə]
toilet (toilet bowl)	tualet (m)	[tualét]
sink (washbasin)	lavaman (m)	[lavamán]
soap	sapun (m)	[sapún]

soap dish	pjatë sapuni (f)	[pjátə sapúni]
sponge	sfungjer (m)	[sfuɲʝér]
shampoo	shampo (f)	[ʃampó]
towel	peshqir (m)	[pɛʃcír]
bathrobe	peshqir trupi (m)	[pɛʃcír trúpi]

laundry (laundering)	larje (f)	[lárjɛ]
washing machine	makinë larëse (f)	[makínə lárəsɛ]
to do the laundry	laj rroba	[laj róba]
washing powder	detergjent (m)	[dɛtɛɾʝént]

99. Household appliances

TV, telly	televizor (m)	[tɛlɛvizór]
tape recorder	inçizues me shirit (m)	[intʃizúɛs mɛ ʃirít]
video	video regjistrues (m)	[vídɛo rɛʝistrúɛs]
radio	radio (f)	[rádio]
player (CD, MP3, etc.)	kasetofon (m)	[kasɛtofón]

video projector	projektor (m)	[projɛktór]
home cinema	kinema shtëpie (f)	[kinɛmá ʃtəpíɛ]
DVD player	DVD player (m)	[dividí plɛjər]
amplifier	amplifikator (m)	[amplifikatór]
video game console	konsol video loje (m)	[konsól vídɛo lójɛ]

video camera	videokamerë (f)	[vidɛokamérə]
camera (photo)	aparat fotografik (m)	[aparát fotografík]
digital camera	kamerë digjitale (f)	[kamérə diʝitálɛ]

vacuum cleaner	fshesë elektrike (f)	[fʃésə ɛlɛktríkɛ]
iron (e.g. steam ~)	hekur (m)	[hékur]
ironing board	tryezë për hekurosje (f)	[tryézə pər hɛkurósjɛ]

telephone	telefon (m)	[tɛlɛfón]
mobile phone	celular (m)	[tsɛlulár]
typewriter	makinë shkrimi (f)	[makínə ʃkrími]
sewing machine	makinë qepëse (f)	[makínə cépəsɛ]

microphone	mikrofon (m)	[mikrofón]
headphones	kufje (f)	[kúfjɛ]
remote control (TV)	telekomandë (f)	[tɛlɛkomándə]

CD, compact disc	CD (f)	[tsɛdé]
cassette, tape	kasetë (f)	[kasétə]
vinyl record	pllakë gramafoni (f)	[płákə gramafóni]

100. Repairs. Renovation

renovations	renovim (m)	[rɛnovím]
to renovate (vt)	rinovoj	[rinovój]
to repair, to fix (vt)	riparoj	[riparój]
to put in order	rregulloj	[rɛgułój]

to redo (do again)	ribëj	[ribéj]
paint	bojë (f)	[bójə]
to paint (~ a wall)	lyej	[lýɛj]
house painter	bojaxhi (m)	[bojadʒí]
paintbrush	furçë (f)	[fúrtʃə]

| whitewash | gëlqere (f) | [gəlcérɛ] |
| to whitewash (vt) | lyej me gëlqere | [lýɛj mɛ gəlcérɛ] |

wallpaper	tapiceri (f)	[tapitsɛrí]
to wallpaper (vt)	vendos tapiceri	[vɛndós tapitsɛrí]
varnish	llak (m)	[ɫak]
to varnish (vt)	lustroj	[lustrój]

101. Plumbing

water	ujë (m)	[újə]
hot water	ujë i nxehtë (f)	[újə i ndzéhtə]
cold water	ujë i ftohtë (f)	[újə i ftóhtə]
tap	rubinet (m)	[rubinét]

drop (of water)	pikë uji (f)	[píkə úji]
to drip (vi)	pikon	[pikón]
to leak (ab. pipe)	rrjedh	[rjéð]
leak (pipe ~)	rrjedhje (f)	[rjéðjɛ]
puddle	pellg (m)	[pɛɫg]

pipe	gyp (m)	[gyp]
valve (e.g., ball ~)	valvulë (f)	[valvúlə]
to be clogged up	bllokohet	[bɫokóhɛt]

tools	vegla (pl)	[végla]
adjustable spanner	çelës anglez (m)	[tʃéləs aŋléz]
to unscrew (lid, filter, etc.)	zhvidhos	[ʒviðós]
to screw (tighten)	vidhos	[viðós]

to unclog (vt)	zhbllokoj	[ʒbɫokój]
plumber	hidraulik (m)	[hidraulík]
basement	qilar (m)	[cilár]
sewerage (system)	kanalizim (m)	[kanalizím]

102. Fire. Conflagration

fire (accident)	zjarr (m)	[zjar]
flame	flakë (f)	[flákə]
spark	shkëndijë (f)	[ʃkəndíjə]
smoke (from fire)	tym (m)	[tym]
torch (flaming stick)	pishtar (m)	[piʃtár]
campfire	zjarr kampingu (m)	[zjar kampíɲu]

| petrol | benzinë (f) | [bɛnzínə] |
| paraffin | vajgur (m) | [vajgúr] |

flammable (adj)	djegëse	[djégəsɛ]
explosive (adj)	shpërthyese	[ʃpərθýɛsɛ]
NO SMOKING	NDALOHET DUHANI	[ndalóhɛt duháni]

safety	siguri (f)	[sigurí]
danger	rrezik (m)	[rɛzík]
dangerous (adj)	i rrezikshëm	[i rɛzíkʃəm]

to catch fire	merr flakë	[mɛr flákə]
explosion	shpërthim (m)	[ʃpərθím]
to set fire	vë flakën	[və flákən]
arsonist	zjarrvënës (m)	[zjarvénəs]
arson	zjarrvënie e qëllimshme (f)	[zjarvéniɛ ɛ cəɫímʃmɛ]

to blaze (vi)	flakëron	[flakərón]
to burn (be on fire)	digjet	[díɟɛt]
to burn down	u dogj	[u doɉ]

to call the fire brigade	telefonoj zjarrfikësit	[tɛlɛfonój zjarfíkəsit]
firefighter, fireman	zjarrfikës (m)	[zjarfíkəs]
fire engine	kamion zjarrfikës (m)	[kamión zjarfíkəs]
fire brigade	zjarrfikës (m)	[zjarfíkəs]
fire engine ladder	shkallë e zjarrfikëses (f)	[ʃkáɫə ɛ zjarfíkəsɛs]

fire hose	pompë e ujit (f)	[pómpə ɛ újit]
fire extinguisher	bombolë kundër zjarrit (f)	[bombólə kúndər zjárit]
helmet	helmetë (f)	[hɛlmétə]
siren	alarm (m)	[alárm]

to cry (for help)	bërtas	[bərtás]
to call for help	thërras për ndihmë	[θərás pər ndíhmə]
rescuer	shpëtimtar (m)	[ʃpətimtár]
to rescue (vt)	shpëtoj	[ʃpətój]

to arrive (vi)	arrij	[aríj]
to extinguish (vt)	shuaj	[ʃúaj]
water	ujë (m)	[újə]
sand	rërë (f)	[rérə]

ruins (destruction)	gërmadhë (f)	[gərmáðə]
to collapse (building, etc.)	shembet	[ʃémbɛt]
to fall down (vi)	rrëzohem	[rəzóhɛm]
to cave in (ceiling, floor)	shembet	[ʃémbɛt]

piece of debris	mbetje (f)	[mbétjɛ]
ash	hi (m)	[hi]

to suffocate (die)	asfiksim	[asfiksím]
to be killed (perish)	vdes	[vdɛs]

HUMAN ACTIVITIES

Job. Business. Part 1

office (company ~)	zyrë (f)	[zýrə]
office (director's ~)	zyrë (f)	[zýrə]
reception desk	recepsion (m)	[rɛtsɛpsión]
secretary	sekretar (m)	[sɛkrɛtár]
secretary (fem.)	sekretare (f)	[sɛkrɛtárɛ]
director	drejtor (m)	[drɛjtór]
manager	menaxher (m)	[mɛnadʒér]
accountant	kontabilist (m)	[kontabilíst]
employee	punonjës (m)	[punóɲəs]
furniture	orendi (f)	[orɛndí]
desk	tavolinë pune (f)	[tavolínə púnɛ]
desk chair	karrige pune (f)	[karígɛ púnɛ]
drawer unit	njësi sirtarësh (f)	[ɲəsí sirtárəʃ]
coat stand	varëse xhaketash (f)	[várəsɛ dʒakétaʃ]
computer	kompjuter (m)	[kompjutér]
printer	printer (m)	[printér]
fax machine	aparat faksi (m)	[aparát fáksi]
photocopier	fotokopje (f)	[fotokópjɛ]
paper	letër (f)	[létər]
office supplies	pajisje zyre (f)	[pajísjɛ zýrɛ]
mouse mat	shtroje e mausit (f)	[ʃtrójɛ ɛ máusit]
sheet of paper	fletë (f)	[flétə]
binder	dosje (f)	[dósjɛ]
catalogue	katalog (m)	[katalóg]
phone directory	numerator telefonik (m)	[numɛratór tɛlɛfoník]
documentation	dokumentacion (m)	[dokumɛntatsión]
brochure (e.g. 12 pages ~)	broshurë (f)	[broʃúrə]
leaflet (promotional ~)	fletëpalosje (f)	[flɛtəpalósjɛ]
sample	mostër (f)	[móstər]
training meeting	takim trajnimi (m)	[takím trajními]
meeting (of managers)	takim (m)	[takím]
lunch time	pushim dreke (m)	[puʃím drékɛ]
to make a copy	bëj fotokopje	[bəj fotokópjɛ]
to make multiple copies	shumëfishoj	[ʃuməfiʃój]
to receive a fax	marr faks	[mar fáks]
to send a fax	dërgoj faks	[dərgój fáks]

to call (by phone)	telefonoj	[tɛlɛfonój]
to answer (vt)	përgjigjem	[pərɟíɟɛm]
to put through	kaloj linjën	[kalój líɲən]

to arrange, to set up	lë takim	[lə takím]
to demonstrate (vt)	tregoj	[trɛgój]
to be absent	mungoj	[muŋój]
absence	mungesë (f)	[muŋésə]

104. Business processes. Part 1

business	biznes (m)	[biznés]
occupation	profesion (m)	[profɛsión]

firm	firmë (f)	[fírmə]
company	kompani (f)	[kompaní]
corporation	korporatë (f)	[korporátə]
enterprise	ndërmarrje (f)	[ndərmárjɛ]
agency	agjenci (f)	[aɟɛntsí]

agreement (contract)	marrëveshje (f)	[marəvéʃʲɛ]
contract	kontratë (f)	[kontrátə]
deal	marrëveshje (f)	[marəvéʃʲɛ]
order (to place an ~)	porosi (f)	[porosí]
terms (of the contract)	kushte (f)	[kúʃtɛ]

wholesale (adv)	me shumicë	[mɛ ʃumítsə]
wholesale (adj)	me shumicë	[mɛ ʃumítsə]
wholesale (n)	me shumicë (f)	[mɛ ʃumítsə]
retail (adj)	me pakicë	[mɛ pakítsə]
retail (n)	me pakicë (f)	[mɛ pakítsə]

competitor	konkurrent (m)	[konkurént]
competition	konkurrencë (f)	[konkuréntsə]
to compete (vi)	konkurroj	[konkurój]

partner (associate)	ortak (m)	[orták]
partnership	partneritet (m)	[partnɛritét]

crisis	krizë (f)	[krízə]
bankruptcy	falimentim (m)	[falimɛntím]
to go bankrupt	falimentoj	[falimɛntój]
difficulty	vështirësi (f)	[vəʃtirəsí]
problem	problem (m)	[problém]
catastrophe	katastrofë (f)	[katastrófə]

economy	ekonomi (f)	[ɛkonomí]
economic (~ growth)	ekonomik	[ɛkonomík]
economic recession	recesion ekonomik (m)	[rɛtsɛsión ɛkonomík]

goal (aim)	qëllim (m)	[cəɫím]
task	detyrë (f)	[dɛtýrə]
to trade (vi)	tregtoj	[trɛgtój]
network (distribution ~)	rrjet (m)	[rjét]

inventory (stock)	inventar (m)	[invɛntár]
range (assortment)	gamë (f)	[gámə]

leader (leading company)	lider (m)	[lidér]
large (~ company)	e madhe	[ɛ máðɛ]
monopoly	monopol (m)	[monopól]

theory	teori (f)	[tɛorí]
practice	praktikë (f)	[praktíkə]
experience (in my ~)	përvojë (f)	[pərvójə]
trend (tendency)	trend (m)	[trɛnd]
development	zhvillim (m)	[ʒviłím]

105. Business processes. Part 2

profit (foregone ~)	fitim (m)	[fitím]
profitable (~ deal)	fitimprurës	[fitimprúrəs]

delegation (group)	delegacion (m)	[dɛlɛgatsión]
salary	pagë (f)	[págə]
to correct (an error)	korrigjoj	[koriɟój]
business trip	udhëtim pune (m)	[uðətím púnɛ]
commission	komision (m)	[komisión]

to control (vt)	kontrolloj	[kontrołój]
conference	konferencë (f)	[konfɛréntsə]
licence	licencë (f)	[litséntsə]
reliable (~ partner)	i besueshëm	[i bɛsúɛʃəm]

initiative (undertaking)	nismë (f)	[nísmə]
norm (standard)	normë (f)	[nórmə]
circumstance	rrethanë (f)	[rɛθánə]
duty (of an employee)	detyrë (f)	[dɛtýrə]

organization (company)	organizatë (f)	[organizátə]
organization (process)	organizativ (m)	[organizatív]
organized (adj)	i organizuar	[i organizúar]
cancellation	anulim (m)	[anulím]
to cancel (call off)	anuloj	[anulój]
report (official ~)	raport (m)	[rapórt]

patent	patentë (f)	[paténtə]
to patent (obtain patent)	patentoj	[patɛntój]
to plan (vt)	planifikoj	[planifikój]

bonus (money)	bonus (m)	[bonús]
professional (adj)	profesional	[profɛsionál]
procedure	procedurë (f)	[protsɛdúrə]

to examine (contract, etc.)	shqyrtoj	[ʃcyrtój]
calculation	llogaritje (f)	[łogarítjɛ]
reputation	reputacion (m)	[rɛputatsión]
risk	rrezik (m)	[rɛzík]
to manage, to run	drejtoj	[drɛjtój]

information (report)	informacion (m)	[informatsión]
property	pronë (f)	[prónə]
union	bashkim (m)	[baʃkím]

life insurance	sigurim jete (m)	[sigurím jétɛ]
to insure (vt)	siguroj	[sigurój]
insurance	sigurim (m)	[sigurím]

auction (~ sale)	ankand (m)	[ankánd]
to notify (inform)	njoftoj	[ɲoftój]
management (process)	menaxhim (m)	[mɛnadʒím]
service (~ industry)	shërbim (m)	[ʃərbím]

forum	forum (m)	[forúm]
to function (vi)	funksionoj	[funksionój]
stage (phase)	fazë (f)	[fázə]
legal (~ services)	ligjor	[liɟór]
lawyer (legal advisor)	avokat (m)	[avokát]

106. Production. Works

plant	uzinë (f)	[uzínə]
factory	fabrikë (f)	[fabríkə]
workshop	punëtori (f)	[punətorí]
works, production site	punishte (f)	[puníʃtɛ]

industry (manufacturing)	industri (f)	[industrí]
industrial (adj)	industrial	[industriál]
heavy industry	industri e rëndë (f)	[industrí ɛ rəndə]
light industry	industri e lehtë (f)	[industrí ɛ léhtə]

products	produkt (m)	[prodúkt]
to produce (vt)	prodhoj	[proðój]
raw materials	lëndë e parë (f)	[léndə ɛ párə]

foreman (construction ~)	përgjegjës (m)	[pərɟéɟəs]
workers team (crew)	skuadër (f)	[skuádər]
worker	punëtor (m)	[punətór]

working day	ditë pune (f)	[dítə púnɛ]
pause (rest break)	pushim (m)	[puʃím]
meeting	mbledhje (f)	[mbléðjɛ]
to discuss (vt)	diskutoj	[diskutój]

plan	plan (m)	[plan]
to fulfil the plan	përmbush planin	[pərmbúʃ plánin]
rate of output	normë prodhimi (f)	[nórmə proðími]
quality	cilësi (f)	[tsiləsí]
control (checking)	kontroll (m)	[kontróɫ]
quality control	kontroll cilësie (m)	[kontróɫ tsiləsíɛ]

workplace safety	siguri në punë (f)	[sigurí nə púnə]
discipline	disiplinë (f)	[disiplínə]
violation (of safety rules, etc.)	thyerje rregullash (f)	[θýɛrjɛ réguɫaʃ]

to violate (rules)	thyej rregullat	[θýɛj régutat]
strike	grevë (f)	[grévə]
striker	grevist (m)	[grɛvíst]
to be on strike	jam në grevë	[jam nə grévə]
trade union	sindikatë punëtorësh (f)	[sindikátə punətórəʃ]

to invent (machine, etc.)	shpik	[ʃpik]
invention	shpikje (f)	[ʃpíkjɛ]
research	kërkim (m)	[kərkím]
to improve (make better)	përmirësoj	[pərmirəsój]
technology	teknologji (f)	[tɛknoloɟí]
technical drawing	vizatim teknik (m)	[vizatím tɛkník]

load, cargo	ngarkesë (f)	[ŋarkésə]
loader (person)	ngarkues (m)	[ŋarkúɛs]
to load (vehicle, etc.)	ngarkoj	[ŋarkój]
loading (process)	ngarkimi	[ŋarkími]
to unload (vi, vt)	shkarkoj	[ʃkarkój]
unloading	shkarkim (m)	[ʃkarkím]

transport	transport (m)	[transpórt]
transport company	agjenci transporti (f)	[aɟɛntsí transpórti]
to transport (vt)	transportoj	[transportój]

wagon	vagon mallrash (m)	[vagón mátraʃ]
tank (e.g., oil ~)	cisternë (f)	[tsistérnə]
lorry	kamion (m)	[kamión]

| machine tool | makineri veglash (f) | [makinɛrí vɛgláʃ] |
| mechanism | mekanizëm (m) | [mɛkanízəm] |

industrial waste	mbetje industriale (f)	[mbétjɛ industriálɛ]
packing (process)	paketim (m)	[pakɛtím]
to pack (vt)	paketoj	[pakɛtój]

107. Contract. Agreement

contract	kontratë (f)	[kontrátə]
agreement	marrëveshje (f)	[marəvéʃjɛ]
addendum	shtojcë (f)	[ʃtójtsə]

to sign a contract	nënshkruaj një kontratë	[nənʃkrúaj ɲə kontrátə]
signature	nënshkrim (m)	[nənʃkrím]
to sign (vt)	nënshkruaj	[nənʃkrúaj]
seal (stamp)	vulë (f)	[vúlə]

subject of the contract	objekt i kontratës (m)	[objékt i kontrátəs]
clause	kusht (m)	[kuʃt]
parties (in contract)	palët (m)	[pálət]
legal address	adresa zyrtare (f)	[adrésa zyrtárɛ]

to violate the contract	mosrespektim kontrate	[mosrɛspɛktím kontrátɛ]
commitment (obligation)	detyrim (m)	[dɛtyrím]
responsibility	përgjegjësi (f)	[pərɟɛɟəsí]

force majeure	forcë madhore (f)	[fórtsə maðórɛ]
dispute	mosmarrëveshje (f)	[mosmarəvéʃjɛ]
penalties	ndëshkime (pl)	[ndəʃkímɛ]

108. Import & Export

import	import (m)	[impórt]
importer	importues (m)	[importúɛs]
to import (vt)	importoj	[importój]
import (as adj.)	i importuar	[i importúar]

export (exportation)	eksport (m)	[ɛksport]
exporter	eksportues (m)	[ɛksportúɛs]
to export (vt)	eksportoj	[ɛksportój]
export (as adj.)	i eksportuar	[i ɛksportúar]

| goods (merchandise) | mallra (pl) | [máɬra] |
| consignment, lot | ngarkesë (f) | [ŋarkésə] |

weight	peshë (f)	[péʃə]
volume	vëllim (m)	[vəɬím]
cubic metre	metër kub (m)	[métər kúb]

manufacturer	prodhues (m)	[proðúɛs]
transport company	agjenci transporti (f)	[aɟɛntsí transpórti]
container	kontejner (m)	[kontɛjnér]

border	kufi (m)	[kufí]
customs	doganë (f)	[dogánə]
customs duty	taksë doganore (f)	[táksə doganórɛ]
customs officer	doganier (m)	[doganiér]
smuggling	trafikim (m)	[trafikím]
contraband (smuggled goods)	kontrabandë (f)	[kontrabándə]

109. Finances

share, stock	stok (m)	[stok]
bond (certificate)	certifikatë valutore (f)	[tsɛrtifikátə valutórɛ]
promissory note	letër me vlerë (f)	[létər mɛ vlérə]

| stock exchange | bursë (f) | [búrsə] |
| stock price | çmimi i stokut (m) | [tʃmími i stókut] |

| to go down (become cheaper) | ulet | [úlɛt] |
| to go up (become more expensive) | rritet | [rítɛt] |

share	kuotë (f)	[kuótə]
controlling interest	përqindje kontrolluese (f)	[pərcíndjɛ kontroɬúɛsɛ]
investment	investim (m)	[invɛstím]

to invest (vt)	**investoj**	[invɛstój]
percent	**përqindje** (f)	[pərcíndjɛ]
interest (on investment)	**interes** (m)	[intɛrés]

profit	**fitim** (m)	[fitím]
profitable (adj)	**fitimprurës**	[fitimprúrəs]
tax	**taksë** (f)	[táksə]

currency (foreign ~)	**valutë** (f)	[valútə]
national (adj)	**kombëtare**	[kombətárɛ]
exchange (currency ~)	**këmbim valute** (m)	[kəmbím valútɛ]

accountant	**kontabilist** (m)	[kontabilíst]
accounting	**kontabilitet** (m)	[kontabilitét]

bankruptcy	**falimentim** (m)	[falimɛntím]
collapse, ruin	**kolaps** (m)	[koláps]
ruin	**rrënim** (m)	[rəním]
to be ruined (financially)	**rrënohem**	[rənóhɛm]
inflation	**inflacion** (m)	[inflatsión]
devaluation	**zhvlerësim** (m)	[ʒvlɛrəsím]

capital	**kapital** (m)	[kapitál]
income	**të ardhura** (f)	[tə árðura]
turnover	**qarkullim** (m)	[carkułírn]
resources	**burime** (f)	[burímɛ]
monetary resources	**burime monetare** (f)	[burímɛ monɛtárɛ]

overheads	**shpenzime bazë** (f)	[ʃpɛnzímɛ bázə]
to reduce (expenses)	**zvogëloj**	[zvogəlój]

110. Marketing

marketing	**marketing** (m)	[markɛtíŋ]
market	**treg** (m)	[trɛg]
market segment	**segment tregu** (m)	[sɛgmént trégu]
product	**produkt** (m)	[prodúkt]
goods (merchandise)	**mallra** (pl)	[mátra]

brand	**markë** (f)	[márkə]
trademark	**markë tregtare** (f)	[márkə trɛgtárɛ]
logotype	**logo** (f)	[lógo]
logo	**logo** (f)	[lógo]

demand	**kërkesë** (f)	[kərkésə]
supply	**furnizim** (m)	[furnizím]
need	**nevojë** (f)	[nɛvójə]
consumer	**konsumator** (m)	[konsumatór]

analysis	**analizë** (f)	[analízə]
to analyse (vt)	**analizoj**	[analizój]
positioning	**vendosje** (f)	[vɛndósjɛ]
to position (vt)	**vendos**	[vɛndós]
price	**çmim** (m)	[tʃmím]

| pricing policy | politikë e çmimeve (f) | [politíkə ɛ tʃmímɛvɛ] |
| price formation | formim i çmimit (m) | [formím i tʃmímit] |

111. Advertising

advertising	reklamë (f)	[rɛklámə]
to advertise (vt)	reklamoj	[rɛklamój]
budget	buxhet (m)	[budʒét]

ad, advertisement	reklamë (f)	[rɛklámə]
TV advertising	reklamë televizive (f)	[rɛklámə tɛlɛvizívɛ]
radio advertising	reklamë në radio (f)	[rɛklámə nə rádio]
outdoor advertising	reklamë ambientale (f)	[rɛklámə ambiɛntálɛ]

mass medias	masmedia (f)	[masmédia]
periodical (n)	botim periodik (m)	[botím pɛriodík]
image (public appearance)	imazh (m)	[imáʒ]

| slogan | slogan (m) | [slogán] |
| motto (maxim) | moto (f) | [móto] |

campaign	fushatë (f)	[fuʃátə]
advertising campaign	fushatë reklamuese (f)	[fuʃátə rɛklamúɛsɛ]
target group	grup i synuar (m)	[grup i synúar]

business card	kartëvizitë (f)	[kartəvizítə]
leaflet (promotional ~)	fletëpalosje (f)	[flɛtəpalósjɛ]
brochure (e.g. 12 pages ~)	broshurë (f)	[broʃúrə]
pamphlet	pamflet (m)	[pamflét]
newsletter	buletin (m)	[bulɛtín]

signboard (store sign, etc.)	tabelë (f)	[tabélə]
poster	poster (m)	[postér]
hoarding	tabelë reklamash (f)	[tabélə rɛklámaʃ]

112. Banking

| bank | bankë (f) | [bánkə] |
| branch (of a bank) | degë (f) | [dégə] |

| consultant | punonjës banke (m) | [punónəs bánkɛ] |
| manager (director) | drejtor (m) | [drɛjtór] |

bank account	llogari bankare (f)	[ɫogarí bankárɛ]
account number	numër llogarie (m)	[númər ɫogaríɛ]
current account	llogari rrjedhëse (f)	[ɫogarí rjéðəsɛ]
deposit account	llogari kursimesh (f)	[ɫogarí kursímɛʃ]

to open an account	hap një llogari	[hap ɲə ɫogarí]
to close the account	mbyll një llogari	[mbýɫ ɲə ɫogarí]
to deposit into the account	depozitoj në llogari	[dɛpozitój nə ɫogarí]
to withdraw (vt)	tërheq	[tərhéc]

deposit	depozitë (f)	[dɛpozítə]
to make a deposit	kryej një depozitim	[krýɛj ɲə dɛpozitím]
wire transfer	transfer bankar (m)	[transfér bankár]
to wire, to transfer	transferoj para	[transfɛrój pará]

| sum | shumë (f) | [ʃúmə] |
| How much? | Sa? | [sa?] |

| signature | nënshkrim (m) | [nənʃkrím] |
| to sign (vt) | nënshkruaj | [nənʃkrúaj] |

credit card	kartë krediti (f)	[kártə krɛdíti]
code (PIN code)	kodi PIN (m)	[kódi pin]
credit card number	numri i kartës së kreditit (m)	[númri i kártəs sə krɛdítit]
cashpoint	bankomat (m)	[bankomát]

cheque	çek (m)	[tʃɛk]
to write a cheque	lëshoj një çek	[ləʃój ɲə tʃék]
chequebook	bllok çeqesh (m)	[bɫók tʃécɛʃ]

loan (bank ~)	kredi (f)	[krɛdí]
to apply for a loan	aplikoj për kredi	[aplikój pər krɛdí]
to get a loan	marr kredi	[mar krɛdí]
to give a loan	jap kredi	[jap krɛdí]
guarantee	garanci (f)	[garantsí]

113. Telephone. Phone conversation

telephone	telefon (m)	[tɛlɛfón]
mobile phone	celular (m)	[tsɛlulár]
answerphone	sekretari telefonike (f)	[sɛkrɛtarí tɛlɛfoníkɛ]

| to call (by phone) | telefonoj | [tɛlɛfonój] |
| call, ring | telefonatë (f) | [tɛlɛfonátə] |

to dial a number	i bie numrit	[i bíɛ númrit]
Hello!	Përshëndetje!	[pərʃəndétjɛ!]
to ask (vt)	pyes	[pýɛs]
to answer (vi, vt)	përgjigjem	[pərɟíɟɛm]

to hear (vt)	dëgjoj	[dəɟój]
well (adv)	mirë	[mírə]
not well (adv)	jo mirë	[jo mírə]
noises (interference)	zhurmë (f)	[ʒúrmə]

receiver	marrës (m)	[márəs]
to pick up (~ the phone)	ngre telefonin	[ŋré tɛlɛfónin]
to hang up (~ the phone)	mbyll telefonin	[mbýɫ tɛlɛfónin]

busy (engaged)	i zënë	[i zénə]
to ring (ab. phone)	bie zilja	[bíɛ zílja]
telephone book	numerator telefonik (m)	[numɛratór tɛlɛfoník]
local (adj)	lokale	[lokálɛ]
local call	thirrje lokale (f)	[θírjɛ lokálɛ]

trunk (e.g. ~ call)	distancë e largët	[distántsə ɛ lárgət]
trunk call	thirrje në distancë (f)	[θírjɛ nə distántsə]
international (adj)	ndërkombëtar	[ndərkombətár]
international call	thirrje ndërkombëtare (f)	[θírjɛ ndərkombətárɛ]

114. Mobile telephone

mobile phone	celular (m)	[tsɛlulár]
display	ekran (m)	[ɛkrán]
button	buton (m)	[butón]
SIM card	karta SIM (m)	[kárta sim]

battery	bateri (f)	[batɛrí]
to be flat (battery)	e shkarkuar	[ɛ ʃkarkúar]
charger	karikues (m)	[karikúɛs]

menu	menu (f)	[mɛnú]
settings	parametra (f)	[paramétra]
tune (melody)	melodi (f)	[mɛlodí]
to select (vt)	përzgjedh	[pərzɟéð]

calculator	makinë llogaritëse (f)	[makínə łogarítəsɛ]
voice mail	postë zanore (f)	[póstə zanórɛ]
alarm clock	alarm (m)	[alárm]
contacts	kontakte (pl)	[kontáktɛ]

SMS (text message)	SMS (m)	[ɛsɛmɛs]
subscriber	abonent (m)	[abonént]

115. Stationery

ballpoint pen	stilolaps (m)	[stiloláps]
fountain pen	stilograf (m)	[stilográf]

pencil	laps (m)	[láps]
highlighter	shënjues (m)	[ʃəɲúɛs]
felt-tip pen	tushë me bojë (f)	[túʃə mɛ bójə]

notepad	bllok shënimesh (m)	[błók ʃənímɛʃ]
diary	agjendë (f)	[aɟéndə]

ruler	vizore (f)	[vizórɛ]
calculator	makinë llogaritëse (f)	[makínə łogarítəsɛ]
rubber	gomë (f)	[gómə]

drawing pin	pineskë (f)	[pinéskə]
paper clip	kapëse fletësh (f)	[kápəsɛ flétəʃ]

glue	ngjitës (m)	[nɟítəs]
stapler	ngjitës metalik (m)	[nɟítəs mɛtalík]
hole punch	hapës vrimash (m)	[hápəs vrímaʃ]
pencil sharpener	mprehëse lapsash (m)	[mpréhəsɛ lápsaʃ]

116. Various kinds of documents

account (report)	raport (m)	[rapórt]
agreement	marrëveshje (f)	[marəvéʃjɛ]
application form	aplikacion (m)	[aplikatsión]
authentic (adj)	autentike	[autɛntíkɛ]
badge (identity tag)	kartë identifikimi (f)	[kártə idɛntifikími]
business card	kartëvizitë (f)	[kartəvizítə]
certificate (~ of quality)	certifikatë (f)	[tsɛrtifikátə]
cheque (e.g. draw a ~)	çek (m)	[tʃɛk]
bill (in restaurant)	llogari (f)	[ɫogarí]
constitution	kushtetutë (f)	[kuʃtɛtútə]
contract (agreement)	kontratë (f)	[kontrátə]
copy	kopje (f)	[kópjɛ]
copy (of a contract, etc.)	kopje (f)	[kópjɛ]
customs declaration	deklarim doganor (m)	[dɛklarím doganór]
document	dokument (m)	[dokumént]
driving licence	patentë shoferi (f)	[paténtə ʃoféri]
addendum	shtojcë (f)	[ʃtójtsə]
form	formular (m)	[formulár]
ID card (e.g., warrant card)	letërnjoftim (m)	[lɛtərɲoftím]
inquiry (request)	kërkesë (f)	[kərkésə]
invitation card	ftesë (f)	[ftésə]
invoice	faturë (f)	[fatúrə]
law	ligj (m)	[liɟ]
letter (mail)	letër (f)	[létər]
letterhead	kryeradhë (f)	[kryɛráðə]
list (of names, etc.)	listë (f)	[lístə]
manuscript	dorëshkrim (m)	[dorəʃkrím]
newsletter	buletin (m)	[bulɛtín]
note (short letter)	shënim (m)	[ʃəním]
pass (for worker, visitor)	lejekalim (m)	[lɛjɛkalím]
passport	pasaportë (f)	[pasapórtə]
permit	leje (f)	[léjɛ]
curriculum vitae, CV	resume (f)	[rɛsumé]
debt note, IOU	shënim borxhi (m)	[ʃəním bórdʒi]
receipt (for purchase)	faturë (f)	[fatúrə]
till receipt	faturë shitjesh (f)	[fatúrə ʃítjɛʃ]
report (mil.)	raport (m)	[rapórt]
to show (ID, etc.)	tregoj	[trɛgój]
to sign (vt)	nënshkruaj	[nənʃkrúaj]
signature	nënshkrim (m)	[nənʃkrím]
seal (stamp)	vulë (f)	[vúlə]
text	tekst (m)	[tɛkst]
ticket (for entry)	biletë (f)	[bilétə]
to cross out	fshij	[fʃij]
to fill in (~ a form)	plotësoj	[plotəsój]

| waybill (shipping invoice) | faturë dërgese (f) | [fatúrə dərgésɛ] |
| will (testament) | testament (m) | [tɛstamént] |

117. Kinds of business

accounting services	kontabilitet (m)	[kontabilitét]
advertising	reklamë (f)	[rɛklámə]
advertising agency	agjenci reklamash (f)	[aɟɛntsí rɛklámaʃ]
air-conditioners	kondicioner (m)	[konditsionér]
airline	kompani ajrore (f)	[kompaní ajrórɛ]

alcoholic beverages	pije alkoolike (pl)	[píjɛ alkoólikɛ]
antiques (antique dealers)	antikitete (pl)	[antikitétɛ]
art gallery (contemporary ~)	galeri e artit (f)	[galɛrí ɛ ártit]
audit services	shërbime auditimi (pl)	[ʃərbíme auditími]

banking industry	industri bankare (f)	[industrí bankárɛ]
beauty salon	sallon bukurie (m)	[saɬón bukuríɛ]
bookshop	librari (f)	[librarí]
brewery	birrari (f)	[birarí]
business centre	qendër biznesi (f)	[céndər biznési]
business school	shkollë biznesi (f)	[ʃkóɬə biznési]

casino	kazino (f)	[kazíno]
chemist, pharmacy	farmaci (f)	[farmatsí]
cinema	kinema (f)	[kinɛmá]
construction	ndërtim (m)	[ndərtím]
consulting	konsulencë (f)	[konsuléntsə]

dental clinic	klinikë dentare (f)	[kliníkə dɛntárɛ]
design	dizajn (m)	[dizájn]
dry cleaners	pastrim kimik (m)	[pastrím kimík]

employment agency	agjenci punësimi (f)	[aɟɛntsí punəsími]
financial services	shërbime financiare (pl)	[ʃərbíme finantsiárɛ]
food products	mallra ushqimore (f)	[máɬra uʃcimórɛ]
furniture (e.g. house ~)	orendi (f)	[orɛndí]
clothing, garment	rroba (f)	[róba]
hotel	hotel (m)	[hotél]

ice-cream	akullore (f)	[akuɬórɛ]
industry (manufacturing)	industri (f)	[industrí]
insurance	sigurim (m)	[sigurím]
Internet	internet (m)	[intɛrnét]
investments (finance)	investim (m)	[invɛstím]
jeweller	argjendar (m)	[arɟɛndár]
jewellery	bizhuteri (f)	[biʒutɛrí]

laundry (shop)	lavanteri (f)	[lavantɛrí]
legal adviser	këshilltar ligjor (m)	[kəʃiɬtár liɟór]
light industry	industri e lehtë (f)	[industrí ɛ léhtə]

| magazine | revistë (f) | [rɛvístə] |
| mail order selling | shitje me katalog (f) | [ʃítjɛ mɛ katalóg] |

medicine	mjekësi (f)	[mjɛkəsí]
museum	muze (m)	[muzé]

news agency	agjenci lajmesh (f)	[aɟɛntsí lájmɛʃ]
newspaper	gazetë (f)	[gazétə]
nightclub	klub nate (m)	[klúb nátɛ]

oil (petroleum)	naftë (f)	[náftə]
courier services	shërbime postare (f)	[ʃərbímɛ postárɛ]
pharmaceutics	industria farmaceutike (f)	[industría farmatsɛutíkɛ]
printing (industry)	shtyp (m)	[ʃtyp]
pub	lokal (m)	[lokál]
publishing house	shtëpi botuese (f)	[ʃtəpí botúɛsɛ]

radio (~ station)	radio (f)	[rádio]
real estate	patundshmëri (f)	[patundʃmərí]
restaurant	restorant (m)	[rɛstoránt]

security company	kompani sigurimi (f)	[kompaní sigurími]
shop	dyqan (m)	[dycán]
sport	sport (m)	[sport]
stock exchange	bursë (f)	[búrsə]
supermarket	supermarket (m)	[supɛrmarkét]
swimming pool (public ~)	pishinë (f)	[piʃínə]

tailor shop	rrobaqepësi (f)	[robacɛpəsí]
television	televizor (m)	[tɛlɛvizór]
theatre	teatër (m)	[tɛátər]
trade (commerce)	tregti (f)	[trɛgtí]
transport companies	transport (m)	[transpórt]
travel	udhëtim (m)	[uðətím]

undertakers	agjenci funeralesh (f)	[aɟɛntsí funɛrálɛʃ]
veterinary surgeon	veteriner (m)	[vɛtɛrinér]
warehouse	magazinë (f)	[magazínə]
waste collection	mbledhja e mbeturinave (f)	[mbléðja ɛ mbɛturínavɛ]

Job. Business. Part 2

118. Show. Exhibition

exhibition, show	ekspozitë (f)	[εkspozítə]
trade show	panair (m)	[panaír]
participation	pjesëmarrje (f)	[pjɛsəmárjɛ]
to participate (vi)	marr pjesë	[mar pjésə]
participant (exhibitor)	pjesëmarrës (m)	[pjɛsəmárəs]
director	drejtor (m)	[drɛjtór]
organizers' office	zyra drejtuese (f)	[zýra drɛjtúɛsɛ]
organizer	organizator (m)	[organizatór]
to organize (vt)	organizoj	[organizój]
participation form	kërkesë për pjesëmarrje (f)	[kərkésə pər pjɛsəmárjɛ]
to fill in (vt)	plotësoj	[plotəsój]
details	hollësi (pl)	[hoɫəsí]
information	informacion (m)	[informatsión]
price (cost, rate)	çmim (m)	[tʃmím]
including	përfshirë	[pərfʃírə]
to include (vt)	përfshij	[pərfʃíj]
to pay (vi, vt)	paguaj	[pagúaj]
registration fee	taksa e regjistrimit (f)	[táksa ɛ rɛɟistrímit]
entrance	hyrje (f)	[hýrjɛ]
pavilion, hall	pavijon (m)	[pavijón]
to register (vt)	regjistroj	[rɛɟistrój]
badge (identity tag)	kartë identifikimi (f)	[kártə idɛntifikími]
stand	kioskë (f)	[kióskə]
to reserve, to book	rezervoj	[rɛzɛrvój]
display case	vitrinë (f)	[vitrínə]
spotlight	dritë (f)	[drítə]
design	dizajn (m)	[dizájn]
to place (put, set)	vendos	[vɛndós]
to be placed	vendosur	[vɛndósur]
distributor	distributor (m)	[distributór]
supplier	furnitor (m)	[furnitór]
to supply (vt)	furnizoj	[furnizój]
country	shtet (m)	[ʃtɛt]
foreign (adj)	huaj	[húaj]
product	produkt (m)	[prodúkt]
association	shoqatë (f)	[ʃocátə]
conference hall	sallë konference (f)	[sáɫə konfɛréntsɛ]

congress	kongres (m)	[koŋrés]
contest (competition)	konkurs (m)	[konkúrs]

visitor (attendee)	vizitor (m)	[vizitór]
to visit (attend)	vizitoj	[vizitój]
customer	klient (m)	[kliént]

119. Mass Media

newspaper	gazetë (f)	[gazétə]
magazine	revistë (f)	[rɛvístə]
press (printed media)	shtyp (m)	[ʃtyp]
radio	radio (f)	[rádio]
radio station	radio stacion (m)	[rádio statsión]
television	televizor (m)	[tɛlɛvizór]

presenter, host	prezantues (m)	[prɛzantúɛs]
newsreader	prezantues lajmesh (m)	[prɛzantúɛs lájmɛʃ]
commentator	komentues (m)	[komɛntúɛs]

journalist	gazetar (m)	[gazɛtár]
correspondent (reporter)	reporter (m)	[rɛportér]
press photographer	fotograf gazetar (m)	[fotográf gazɛtár]
reporter	reporter (m)	[rɛportér]

editor	redaktor (m)	[rɛdaktór]
editor-in-chief	kryeredaktor (m)	[kryɛrɛdaktór]

to subscribe (to ...)	abonohem	[abonóhɛm]
subscription	abonim (m)	[aboním]
subscriber	abonent (m)	[abonént]
to read (vi, vt)	lexoj	[lɛdzój]
reader	lexues (m)	[lɛdzúɛs]

circulation (of a newspaper)	qarkullim (m)	[carkuɫím]
monthly (adj)	mujore	[mujórɛ]
weekly (adj)	javor	[javór]
issue (edition)	edicion (m)	[ɛditsión]
new (~ issue)	i ri	[i rí]

headline	kryeradhë (f)	[kryɛráðə]
short article	artikull i shkurtër (m)	[artíkuɫ i ʃkúrtər]
column (regular article)	rubrikë (f)	[rubríkə]
article	artikull (m)	[artíkuɫ]
page	faqe (f)	[fácɛ]

reportage, report	reportazh (m)	[rɛportáʒ]
event (happening)	ceremoni (f)	[tsɛrɛmoní]
sensation (news)	ndjesi (f)	[ndjɛsí]
scandal	skandal (m)	[skandál]
scandalous (adj)	skandaloz	[skandalóz]
great (~ scandal)	i madh	[i máð]
programme (e.g. cooking ~)	emision (m)	[ɛmisión]
interview	intervistë (f)	[intɛrvístə]

| live broadcast | lidhje direkte (f) | [líðjɛ dirɛ́ktɛ] |
| channel | kanal (m) | [kanál] |

120. Agriculture

agriculture	agrikulturë (f)	[agrikultúrə]
peasant (masc.)	fshatar (m)	[fʃatár]
peasant (fem.)	fshatare (f)	[fʃatárɛ]
farmer	fermer (m)	[fɛrmér]

| tractor | traktor (m) | [traktór] |
| combine, harvester | autokombajnë (f) | [autokombájnə] |

plough	plug (m)	[plug]
to plough (vi, vt)	lëroj	[lərój]
ploughland	tokë bujqësore (f)	[tókə bujcəsórɛ]
furrow (in field)	brazdë (f)	[brázdə]

to sow (vi, vt)	mbjell	[mbjéɫ]
seeder	mbjellës (m)	[mbjéɫəs]
sowing (process)	mbjellje (f)	[mbjéɫjɛ]

| scythe | kosë (f) | [kósə] |
| to mow, to scythe | kosit | [kosít] |

| spade (tool) | lopatë (f) | [lopátə] |
| to till (vt) | lëroj | [lərój] |

hoe	shat (m)	[ʃat]
to hoe, to weed	prashis	[praʃís]
weed (plant)	bar i keq (m)	[bar i kɛc]

watering can	vaditës (m)	[vadítəs]
to water (plants)	ujis	[ujís]
watering (act)	vaditje (f)	[vadítjɛ]

| pitchfork | sfurk (m) | [sfúrk] |
| rake | grabujë (f) | [grabújə] |

fertiliser	pleh (m)	[plɛh]
to fertilise (vt)	hedh pleh	[hɛð pléh]
manure (fertiliser)	pleh kafshësh (m)	[plɛh káfʃəʃ]

field	fushë (f)	[fúʃə]
meadow	lëndinë (f)	[ləndínə]
vegetable garden	kopsht zarzavatesh (m)	[kópʃt zarzavátɛʃ]
orchard (e.g. apple ~)	kopsht frutor (m)	[kópʃt frutór]

to graze (vt)	kullos	[kuɫós]
herdsman	bari (m)	[barí]
pasture	kullota (f)	[kuɫóta]

| cattle breeding | mbarështim bagëtish (m) | [mbarəʃtím bagətíʃ] |
| sheep farming | rritje e deleve (f) | [rítjɛ ɛ délɛvɛ] |

plantation	**plantacion** (m)	[plantatsión]
row (garden bed ~s)	**rresht** (m)	[réʃt]
hothouse	**serë** (f)	[sérə]

drought (lack of rain)	**thatësirë** (f)	[θatəsírə]
dry (~ summer)	**e thatë**	[ɛ θátə]

grain	**drithë** (m)	[dríθə]
cereal crops	**drithëra** (pl)	[dríθəra]
to harvest, to gather	**korr**	[kor]

miller (person)	**mullixhi** (m)	[muɬidʒí]
mill (e.g. gristmill)	**mulli** (m)	[muɬí]
to grind (grain)	**bluaj**	[blúaj]
flour	**miell** (m)	[míɛɬ]
straw	**kashtë** (f)	[káʃtə]

121. Building. Building process

building site	**kantier ndërtimi** (m)	[kantiér ndərtími]
to build (vt)	**ndërtoj**	[ndərtój]
building worker	**punëtor ndërtimi** (m)	[punətór ndərtími]

project	**projekt** (m)	[projékt]
architect	**arkitekt** (m)	[arkitékt]
worker	**punëtor** (m)	[punətór]

foundations (of a building)	**themel** (m)	[θɛmél]
roof	**çati** (f)	[tʃatí]
foundation pile	**shtyllë themeli** (f)	[ʃtýɬə θɛméli]
wall	**mur** (m)	[mur]

reinforcing bars	**shufra përforcuese** (pl)	[ʃúfra pərfortsúɛsɛ]
scaffolding	**skela** (f)	[skéla]

concrete	**beton** (m)	[bɛtón]
granite	**granit** (m)	[granít]
stone	**gur** (m)	[gur]
brick	**tullë** (f)	[túɬə]

sand	**rërë** (f)	[rə́rə]
cement	**çimento** (f)	[tʃiménto]
plaster (for walls)	**suva** (f)	[súva]
to plaster (vt)	**suvatoj**	[suvatój]

paint	**bojë** (f)	[bójə]
to paint (~ a wall)	**lyej**	[lýɛj]
barrel	**fuçi** (f)	[futʃí]

crane	**vinç** (m)	[vintʃ]
to lift, to hoist (vt)	**ngreh**	[ŋréh]
to lower (vt)	**ul**	[ul]
bulldozer	**buldozer** (m)	[buldozér]
excavator	**ekskavator** (m)	[ɛkskavatór]

scoop, bucket	goja e ekskavatorit (f)	[gója ɛ ɛkskavatórit]
to dig (excavate)	gërmoj	[gərmój]
hard hat	helmetë (f)	[hɛlmétə]

122. Science. Research. Scientists

science	shkencë (f)	[ʃkéntsə]
scientific (adj)	shkencore	[ʃkɛntsórɛ]
scientist	shkencëtar (m)	[ʃkɛntsətár]
theory	teori (f)	[tɛorí]

axiom	aksiomë (f)	[aksiómə]
analysis	analizë (f)	[analízə]
to analyse (vt)	analizoj	[analizój]
argument (strong ~)	argument (m)	[argumént]
substance (matter)	substancë (f)	[substántsə]

hypothesis	hipotezë (f)	[hipotézə]
dilemma	dilemë (f)	[dilémə]
dissertation	disertacion (m)	[disɛrtatsión]
dogma	dogma (f)	[dógma]

doctrine	doktrinë (f)	[doktrínə]
research	kërkim (m)	[kərkím]
to research (vt)	kërkoj	[kərkój]
tests (laboratory ~)	analizë (f)	[analízə]
laboratory	laborator (m)	[laboratór]

method	metodë (f)	[mɛtódə]
molecule	molekulë (f)	[molɛkúlə]
monitoring	monitorim (m)	[monitorím]
discovery (act, event)	zbulim (m)	[zbulím]

postulate	postulat (m)	[postulát]
principle	parim (m)	[parím]
forecast	parashikim (m)	[paraʃikím]
to forecast (vt)	parashikoj	[paraʃikój]

synthesis	sintezë (f)	[sintézə]
trend (tendency)	trend (m)	[trɛnd]
theorem	teoremë (f)	[tɛorémə]

| teachings | mësim (m) | [məsím] |
| fact | fakt (m) | [fakt] |

| expedition | ekspeditë (f) | [ɛkspɛdítə] |
| experiment | eksperiment (m) | [ɛkspɛrimént] |

academician	akademik (m)	[akadɛmík]
bachelor (e.g. ~ of Arts)	baçelor (m)	[bátʃelor]
doctor (PhD)	doktor shkencash (m)	[doktór ʃkéntsaʃ]
Associate Professor	Profesor i Asociuar (m)	[profɛsór i asotsiúar]
Master (e.g. ~ of Arts)	Master (m)	[mastér]
professor	profesor (m)	[profɛsór]

Professions and occupations

job	punë (f)	[púnə]
staff (work force)	staf (m)	[staf]
personnel	personel (m)	[pɛrsonél]
career	karrierë (f)	[kariérə]
prospects (chances)	mundësi (f)	[mundəsí]
skills (mastery)	aftësi (f)	[aftəsí]
selection (screening)	përzgjedhje (f)	[pərzɟéðjɛ]
employment agency	agjenci punësimi (f)	[aɟɛntsí punəsími]
curriculum vitae, CV	resume (f)	[rɛsumé]
job interview	intervistë punësimi (f)	[intɛrvístə punəsími]
vacancy	vend i lirë pune (m)	[vɛnd i lírə púnɛ]
salary, pay	rrogë (f)	[rógə]
fixed salary	rrogë fikse (f)	[rógə fíksɛ]
pay, compensation	pagesë (f)	[pagésə]
position (job)	post (m)	[post]
duty (of an employee)	detyrë (f)	[dɛtýrə]
range of duties	lista e detyrave (f)	[lísta ɛ dɛtýravɛ]
busy (I'm ~)	i zënë	[i zə́nə]
to fire (dismiss)	pushoj nga puna	[puʃój ŋa púna]
dismissal	pushim nga puna (m)	[puʃím ŋa púna]
unemployment	papunësi (m)	[papunəsí]
unemployed (n)	i papunë (m)	[i papúnə]
retirement	pension (m)	[pɛnsión]
to retire (from job)	dal në pension	[dál nə pɛnsión]

director	drejtor (m)	[drɛjtór]
manager (director)	drejtor (m)	[drɛjtór]
boss	bos (m)	[bos]
superior	epror (m)	[ɛprór]
superiors	eprorët (pl)	[ɛprórət]
president	president (m)	[prɛsidént]
chairman	kryetar (m)	[kryɛtár]
deputy (substitute)	zëvendës (m)	[zəvéndəs]
assistant	ndihmës (m)	[ndíhməs]

| secretary | sekretar (m) | [sɛkrɛtár] |
| personal assistant | ndihmës personal (m) | [ndíhməs pɛrsonál] |

businessman	biznesmen (m)	[biznɛsmén]
entrepreneur	sipërmarrës (m)	[sipərmárəs]
founder	themelues (m)	[θɛmɛlúɛs]
to found (vt)	themeloj	[θɛmɛlój]

founding member	bashkëthemelues (m)	[baʃkəθɛmɛlúɛs]
partner	partner (m)	[partnér]
shareholder	aksioner (m)	[aksionér]

millionaire	milioner (m)	[milionér]
billionaire	bilioner (m)	[bilionér]
owner, proprietor	pronar (m)	[pronár]
landowner	pronar tokash (m)	[pronár tókaʃ]

client	klient (m)	[kliént]
regular client	klient i rregullt (m)	[kliént i réguɬt]
buyer (customer)	blerës (m)	[bLérəs]
visitor	vizitor (m)	[vizitór]

professional (n)	profesionist (m)	[profɛsioníst]
expert	ekspert (m)	[ɛkspért]
specialist	specialist (m)	[spɛtsialíst]

| banker | bankier (m) | [bankiér] |
| broker | komisioner (m) | [komisionér] |

cashier	arkëtar (m)	[arkətár]
accountant	kontabilist (m)	[kontabilíst]
security guard	roje sigurimi (m)	[rójɛ sigurími]

investor	investitor (m)	[invɛstitór]
debtor	debitor (m)	[dɛbitór]
creditor	kreditor (m)	[krɛditór]
borrower	huamarrës (m)	[huamárəs]

| importer | importues (m) | [importúɛs] |
| exporter | eksportues (m) | [ɛksportúɛs] |

manufacturer	prodhues (m)	[proðúɛs]
distributor	distributor (m)	[distributór]
middleman	ndërmjetës (m)	[ndərmjétəs]

consultant	këshilltar (m)	[kəʃiɬtár]
sales representative	përfaqësues i shitjeve (m)	[pərfacəsúɛs i ʃitjévɛ]
agent	agjent (m)	[aɉént]
insurance agent	agjent sigurimesh (m)	[aɉént sigurímɛʃ]

125. Service professions

| cook | kuzhinier (m) | [kuʒiniér] |
| chef (kitchen chef) | shef kuzhine (m) | [ʃɛf kuʒínɛ] |

baker	furrtar (m)	[furtár]
barman	banakier (m)	[banakiér]
waiter	kamerier (m)	[kamɛriér]
waitress	kameriere (f)	[kamɛriérɛ]

lawyer, barrister	avokat (m)	[avokát]
lawyer (legal expert)	jurist (m)	[juríst]
notary public	noter (m)	[notér]

electrician	elektricist (m)	[ɛlɛktritsíst]
plumber	hidraulik (m)	[hidraulík]
carpenter	marangoz (m)	[maraŋóz]

masseur	masazhist (m)	[masaʒíst]
masseuse	masazhiste (f)	[masaʒístɛ]
doctor	mjek (m)	[mjék]

taxi driver	shofer taksie (m)	[ʃofér taksíɛ]
driver	shofer (m)	[ʃofér]
delivery man	postier (m)	[postiér]

chambermaid	pastruese (f)	[pastrúɛsɛ]
security guard	roje sigurimi (m)	[rójɛ sigurími]
flight attendant (fem.)	stjuardesë (f)	[stjuardésə]

schoolteacher	mësues (m)	[məsúɛs]
librarian	punonjës biblioteke (m)	[punóɲəs bibliotékɛ]
translator	përkthyes (m)	[pərkθýɛs]
interpreter	përkthyes (m)	[pərkθýɛs]
guide	udhërrëfyes (m)	[uðərəfýɛs]

hairdresser	parukiere (f)	[parukiérɛ]
postman	postier (m)	[postiér]
salesman (store staff)	shitës (m)	[ʃítəs]

gardener	kopshtar (m)	[kopʃtár]
domestic servant	shërbëtor (m)	[ʃərbətór]
maid (female servant)	shërbëtore (f)	[ʃərbətórɛ]
cleaner (cleaning lady)	pastruese (f)	[pastrúɛsɛ]

126. Military professions and ranks

private	ushtar (m)	[uʃtár]
sergeant	rreshter (m)	[rɛʃtér]
lieutenant	toger (m)	[togér]
captain	kapiten (m)	[kapitén]

major	major (m)	[majór]
colonel	kolonel (m)	[kolonél]
general	gjeneral (m)	[ɟɛnɛrál]
marshal	marshall (m)	[marʃáɫ]
admiral	admiral (m)	[admirál]
military (n)	ushtri (f)	[uʃtrí]
soldier	ushtar (m)	[uʃtár]

| officer | oficer (m) | [ofitsér] |
| commander | komandant (m) | [komandánt] |

border guard	roje kufiri (m)	[rójɛ kufíri]
radio operator	radist (m)	[radíst]
scout (searcher)	eksplorues (m)	[ɛksplorúɛs]
pioneer (sapper)	xhenier (m)	[dʒɛniér]
marksman	shënjues (m)	[ʃəɲúɛs]
navigator	navigues (m)	[navigúɛs]

127. Officials. Priests

| king | mbret (m) | [mbrét] |
| queen | mbretëreshë (f) | [mbrɛtəréʃə] |

| prince | princ (m) | [prints] |
| princess | princeshë (f) | [printséʃə] |

| czar | car (m) | [tsár] |
| czarina | carina (f) | [tsarína] |

president	president (m)	[prɛsidént]
Secretary (minister)	ministër (m)	[minístər]
prime minister	kryeministër (m)	[kryɛminístər]
senator	senator (m)	[sɛnatór]

diplomat	diplomat (m)	[diplomát]
consul	konsull (m)	[kónsuɫ]
ambassador	ambasador (m)	[ambasadór]
counselor (diplomatic officer)	këshilltar diplomatik (m)	[kəʃiɫtár diplomatík]

official, functionary (civil servant)	zyrtar (m)	[zyrtár]
prefect	prefekt (m)	[prɛfékt]
mayor	kryetar komune (m)	[kryɛtár komúnɛ]

| judge | gjykatës (m) | [ɟykátəs] |
| prosecutor | prokuror (m) | [prokurór] |

missionary	misionar (m)	[misionár]
monk	murg (m)	[murg]
abbot	abat (m)	[abát]
rabbi	rabin (m)	[rabín]

vizier	vezir (m)	[vɛzír]
shah	shah (m)	[ʃah]
sheikh	sheik (m)	[ʃéik]

128. Agricultural professions

| beekeeper | bletar (m) | [blɛtár] |
| shepherd | bari (m) | [barí] |

agronomist	agronom (m)	[agronóm]
cattle breeder	rritës bagëtish (m)	[rítəs bagətíʃ]
veterinary surgeon	veteriner (m)	[vɛtɛrinér]

farmer	fermer (m)	[fɛrmér]
winemaker	prodhues verërash (m)	[proðúɛs vérəraʃ]
zoologist	zoolog (m)	[zoológ]
cowboy	lopar (m)	[lopár]

129. Art professions

| actor | aktor (m) | [aktór] |
| actress | aktore (f) | [aktórɛ] |

| singer (masc.) | këngëtar (m) | [kəŋətár] |
| singer (fem.) | këngëtare (f) | [kəŋətárɛ] |

| dancer (masc.) | valltar (m) | [vaɫtár] |
| dancer (fem.) | valltare (f) | [vaɫtárɛ] |

| performer (masc.) | artist (m) | [artíst] |
| performer (fem.) | artiste (f) | [artístɛ] |

musician	muzikant (m)	[muzikánt]
pianist	pianist (m)	[pianíst]
guitar player	kitarist (m)	[kitaríst]

conductor (orchestra ~)	dirigjent (m)	[diriɟént]
composer	kompozitor (m)	[kompozitór]
impresario	organizator (m)	[organizatór]

film director	regjisor (m)	[rɛɟisór]
producer	producent (m)	[produtsént]
scriptwriter	skenarist (m)	[skɛnaríst]
critic	kritik (m)	[kritík]

writer	shkrimtar (m)	[ʃkrimtár]
poet	poet (m)	[poét]
sculptor	skulptor (m)	[skulptór]
artist (painter)	piktor (m)	[piktór]

juggler	zhongler (m)	[ʒoŋlér]
clown	kloun (m)	[kloún]
acrobat	akrobat (m)	[akrobát]
magician	magjistar (m)	[maɟistár]

130. Various professions

doctor	mjek (m)	[mjék]
nurse	infermiere (f)	[infɛrmiérɛ]
psychiatrist	psikiatër (m)	[psikiátər]
dentist	dentist (m)	[dɛntíst]

surgeon	kirurg (m)	[kirúrg]
astronaut	astronaut (m)	[astronaút]
astronomer	astronom (m)	[astronóm]
pilot	pilot (m)	[pilót]

driver (of a taxi, etc.)	shofer (m)	[ʃofér]
train driver	makinist (m)	[makiníst]
mechanic	mekanik (m)	[mɛkaník]

miner	minator (m)	[minatór]
worker	punëtor (m)	[punətór]
locksmith	bravandreqës (m)	[bravandrécəs]
joiner (carpenter)	marangoz (m)	[maraŋóz]
turner (lathe operator)	tornitor (m)	[tornitór]
building worker	punëtor ndërtimi (m)	[punətór ndərtími]
welder	saldator (m)	[saldatór]

professor (title)	profesor (m)	[profɛsór]
architect	arkitekt (m)	[arkitékt]
historian	historian (m)	[historián]
scientist	shkencëtar (m)	[ʃkɛntsətár]
physicist	fizikant (m)	[fizikánt]
chemist (scientist)	kimist (m)	[kimíst]

archaeologist	arkeolog (m)	[arkɛológ]
geologist	gjeolog (m)	[ɟɛológ]
researcher (scientist)	studiues (m)	[studiúɛs]

| babysitter | dado (f) | [dádo] |
| teacher, educator | mësues (m) | [məsúɛs] |

editor	redaktor (m)	[rɛdaktór]
editor-in-chief	kryeredaktor (m)	[kryɛrɛdaktór]
correspondent	korrespondent (m)	[korɛspondént]
typist (fem.)	daktilografiste (f)	[daktilografístɛ]

designer	projektues (m)	[projɛktúɛs]
computer expert	ekspert kompjuterësh (m)	[ɛkspért kompjutérəʃ]
programmer	programues (m)	[programúɛs]
engineer (designer)	inxhinier (m)	[indʒiniér]

sailor	marinar (m)	[marinár]
seaman	marinar (m)	[marinár]
rescuer	shpëtimtar (m)	[ʃpətimtár]

firefighter	zjarrfikës (m)	[zjarrfíkəs]
police officer	polic (m)	[políts]
watchman	roje (f)	[rójɛ]
detective	detektiv (m)	[dɛtɛktív]

customs officer	doganier (m)	[doganiér]
bodyguard	truprojë (f)	[truprójə]
prison officer	gardian burgu (m)	[gardián búrgu]
inspector	inspektor (m)	[inspɛktór]
sportsman	sportist (m)	[sportíst]
trainer, coach	trajner (m)	[trajnér]

butcher	kasap (m)	[kasáp]
cobbler (shoe repairer)	këpucëtar (m)	[kəputsətár]
merchant	tregtar (m)	[trɛgtár]
loader (person)	ngarkues (m)	[ŋarkúɛs]

| fashion designer | stilist (m) | [stilíst] |
| model (fem.) | modele (f) | [modélɛ] |

131. Occupations. Social status

| schoolboy | nxënës (m) | [ndzénəs] |
| student (college ~) | student (m) | [studént] |

philosopher	filozof (m)	[filozóf]
economist	ekonomist (m)	[ɛkonomíst]
inventor	shpikës (m)	[ʃpíkəs]

unemployed (n)	i papunë (m)	[i papúnə]
retiree, pensioner	pensionist (m)	[pɛnsioníst]
spy, secret agent	spiun (m)	[spiún]

prisoner	i burgosur (m)	[i burgósur]
striker	grevist (m)	[grɛvísl]
bureaucrat	burokrat (m)	[burokrát]
traveller (globetrotter)	udhëtar (m)	[uðətár]

gay, homosexual (n)	homoseksual (m)	[homosɛksuál]
hacker	haker (m)	[hakér]
hippie	hipik (m)	[hipík]

bandit	bandit (m)	[bandít]
hit man, killer	vrasës (m)	[vrásəs]
drug addict	narkoman (m)	[narkomán]
drug dealer	trafikant droge (m)	[trafikánt drógɛ]
prostitute (fem.)	prostitutë (f)	[prostitútə]
pimp	tutor (m)	[tutór]

sorcerer	magjistar (m)	[maɟistár]
sorceress (evil ~)	shtrigë (f)	[ʃtrígə]
pirate	pirat (m)	[pirát]
slave	skllav (m)	[skɫav]
samurai	samurai (m)	[samurái]
savage (primitive)	i egër (m)	[i égər]

Sports

sportsman	sportist (m)	[sportíst]
kind of sport	lloj sporti (m)	[ɫoj spórti]
basketball	basketboll (m)	[baskɛtbóɫ]
basketball player	basketbollist (m)	[baskɛtboɫíst]
baseball	bejsboll (m)	[bɛjsbóɫ]
baseball player	lojtar bejsbolli (m)	[lojtár bɛjsbóɫi]
football	futboll (m)	[futbóɫ]
football player	futbollist (m)	[futboɫíst]
goalkeeper	portier (m)	[portiér]
ice hockey	hokej (m)	[hokéj]
ice hockey player	lojtar hokeji (m)	[lojtár hokéji]
volleyball	volejboll (m)	[volɛjbóɫ]
volleyball player	volejbollist (m)	[volɛjboɫíst]
boxing	boks (m)	[boks]
boxer	boksier (m)	[boksiér]
wrestling	mundje (f)	[múndjɛ]
wrestler	mundës (m)	[múndəs]
karate	karate (f)	[karátɛ]
karate fighter	karateist (m)	[karatɛíst]
judo	xhudo (f)	[dʒúdo]
judo athlete	xhudist (m)	[dʒudíst]
tennis	tenis (m)	[tɛnís]
tennis player	tenist (m)	[tɛníst]
swimming	not (m)	[not]
swimmer	notar (m)	[notár]
fencing	skerma (f)	[skérma]
fencer	skermist (m)	[skɛrmíst]
chess	shah (m)	[ʃah]
chess player	shahist (m)	[ʃahíst]
alpinism	alpinizëm (m)	[alpinízəm]
alpinist	alpinist (m)	[alpiníst]
running	vrapim (m)	[vrapím]

runner	vrapues (m)	[vrapúɛs]
athletics	atletikë (f)	[atlɛtíkə]
athlete	atlet (m)	[atlét]

horse riding	kalërim (m)	[kalərím]
horse rider	kalorës (m)	[kalórəs]

figure skating	patinazh (m)	[patináʒ]
figure skater (masc.)	patinator (m)	[patinatór]
figure skater (fem.)	patinatore (f)	[patinatórɛ]

powerlifting	peshëngritje (f)	[pɛʃəŋrítjɛ]
powerlifter	peshëngritës (m)	[pɛʃəŋrítəs]

car racing	garë me makina (f)	[gárə mɛ makína]
racer (driver)	shofer garash (m)	[ʃofér gáraʃ]

cycling	çiklizëm (m)	[tʃiklízəm]
cyclist	çiklist (m)	[tʃiklíst]

long jump	kërcim së gjati (m)	[kərtsím sə ɟáti]
pole vaulting	kërcim së larti (m)	[kərtsím sə lárti]
jumper	kërcyes (m)	[kərtsýɛs]

133. Kinds of sports. Miscellaneous

American football	futboll amerikan (m)	[futbół amɛrikán]
badminton	badminton (m)	[bádminton]
biathlon	biatlon (m)	[biatlón]
billiards	bilardo (f)	[bilárdo]

bobsleigh	bobsled (m)	[bobsléd]
bodybuilding	bodybuilding (m)	[bodybuildíŋ]
water polo	vaterpol (m)	[vatɛrpól]
handball	hendboll (m)	[hɛndbół]
golf	golf (m)	[golf]

rowing	kanotazh (m)	[kanotáʒ]
scuba diving	zhytje (f)	[ʒýtjɛ]
cross-country skiing	skijim nordik (m)	[skijím nordík]
table tennis (ping-pong)	ping pong (m)	[piŋ póŋ]

sailing	lundrim me vela (m)	[lundrím mɛ véla]
rally	garë rally (f)	[gárə ráły]
rugby	ragbi (m)	[rágbi]
snowboarding	snoubord (m)	[snoubórd]
archery	gjuajtje me hark (f)	[ɟúajtjɛ mɛ hárk]

134. Gym

barbell	peshë (f)	[péʃə]
dumbbells	gira (f)	[gíra]

training machine	makinë trajnimi (f)	[makínə trajními]
exercise bicycle	biçikletë ushtrimesh (f)	[bitʃiklétə uʃtrímɛʃ]
treadmill	makinë vrapi (f)	[makínə vrápi]

horizontal bar	tra horizontal (m)	[tra horizontál]
parallel bars	trarë paralele (pl)	[trárə paralélɛ]
vault (vaulting horse)	kaluç (m)	[kalútʃ]
mat (exercise ~)	tapet gjimnastike (m)	[tapét ɟimnastíkɛ]

skipping rope	litar kërcimi (m)	[litár kərtsími]
aerobics	aerobik (m)	[aɛrobík]
yoga	joga (f)	[jóga]

135. Ice hockey

ice hockey	hokej (m)	[hokéj]
ice hockey player	lojtar hokeji (m)	[lojtár hokéji]
to play ice hockey	luaj hokej	[lúaj hokéj]
ice	akull (m)	[ákuɫ]

puck	top hokeji (m)	[top hokéji]
ice hockey stick	shkop hokeji (m)	[ʃkop hokéji]
ice skates	patina akulli (pl)	[patína ákuɫi]

| board (ice hockey rink ~) | fushë hokeji (f) | [fúʃə hokéji] |
| shot | gjuajtje (f) | [ɟúajtjɛ] |

goaltender	portier (m)	[portiér]
goal (score)	gol (m)	[gol]
to score a goal	shënoj gol	[ʃənój gol]

period	pjesë (f)	[pjésə]
second period	pjesa e dytë	[pjésa ɛ dýtə]
substitutes bench	stol i rezervave (m)	[stol i rɛzérvavɛ]

136. Football

football	futboll (m)	[futbóɫ]
football player	futbollist (m)	[futboɫíst]
to play football	luaj futboll	[lúaj futbóɫ]

major league	liga e parë (f)	[líga ɛ párə]
football club	klub futbolli (m)	[klúb futbóɫi]
coach	trajner (m)	[trajnér]
owner, proprietor	pronar (m)	[pronár]

team	skuadër (f)	[skuádər]
team captain	kapiteni i skuadrës (m)	[kapiténi i skuádrəs]
player	lojtar (m)	[lojtár]
substitute	zëvendësues (m)	[zəvɛndəsúɛs]
forward	sulmues (m)	[sulmúɛs]
centre forward	qendërsulmues (m)	[cɛndərsulmúɛs]

scorer	golashënues (m)	[golaʃənúɛs]
defender, back	mbrojtës (m)	[mbrójtəs]
midfielder, halfback	mesfushor (m)	[mɛsfuʃór]

match	ndeshje (f)	[ndéʃjɛ]
to meet (vi, vt)	takoj	[takój]
final	finale	[finálɛ]
semi-final	gjysmë-finale (f)	[ɟýsmə-finálɛ]
championship	kampionat (m)	[kampionát]

period, half	pjesë (f)	[pjésə]
first period	pjesa e parë (f)	[pjésa ɛ párə]
half-time	pushim (m)	[puʃím]

goal	gol (m)	[gol]
goalkeeper	portier (m)	[portiér]
goalpost	shtyllë (f)	[ʃtýɫə]
crossbar	traversa (f)	[travérsa]
net	rrjetë (f)	[rjétə]
to concede a goal	pësoj gol	[pəsój gol]

ball	top (m)	[top]
pass	pas (m)	[pas]
kick	goditje (f)	[godítjɛ]
to kick (~ the ball)	godas	[godás]
free kick (direct ~)	goditje e lirë (f)	[godítjɛ ɛ lírə]
corner kick	goditje nga këndi (f)	[godítjɛ ŋa kəndi]

attack	sulm (m)	[sulm]
counterattack	kundërsulm (m)	[kundərsúlm]
combination	kombinim (m)	[kombiním]

referee	arbitër (m)	[arbítər]
to blow the whistle	i bie bilbilit	[i bíɛ bilbílit]
whistle (sound)	bilbil (m)	[bilbíl]
foul, misconduct	faull (m)	[faúɫ]
to commit a foul	faulloj	[fauɫój]
to send off	nxjerr nga loja	[ndzjér ŋa lója]

yellow card	karton i verdhë (m)	[kartón i vérðə]
red card	karton i kuq (m)	[kartón i kúc]
disqualification	diskualifikim (m)	[diskualifikím]
to disqualify (vt)	diskualifikoj	[diskualifikój]

penalty kick	goditje dënimi (f)	[godítjɛ dəními]
wall	mur (m)	[mur]
to score (vi, vt)	shënoj	[ʃənój]
goal (score)	gol (m)	[gol]
to score a goal	shënoj gol	[ʃənój gol]

substitution	zëvendësim (m)	[zəvɛndəsím]
to replace (a player)	zëvendësoj	[zəvɛndəsój]
rules	rregullat (pl)	[réguɫat]
tactics	taktikë (f)	[taktíkə]
stadium	stadium (m)	[stadiúm]
terrace	tribunë (f)	[tribúnə]

| fan, supporter | tifoz (m) | [tifóz] |
| to shout (vi) | bërtas | [bərtás] |

| scoreboard | tabela e rezultateve (f) | [tabéla ɛ rɛzultátɛvɛ] |
| score | rezultat (m) | [rɛzultát] |

| defeat | humbje (f) | [húmbjɛ] |
| to lose (not win) | humb | [húmb] |

| draw | barazim (m) | [barazím] |
| to draw (vi) | barazoj | [barazój] |

victory	fitore (f)	[fitórɛ]
to win (vi, vt)	fitoj	[fitój]
champion	kampion (m)	[kampión]
best (adj)	më i miri	[mə i míri]
to congratulate (vt)	përgëzoj	[pərgəzój]

commentator	komentues (m)	[komɛntúɛs]
to commentate (vt)	komentoj	[komɛntój]
broadcast	transmetim (m)	[transmɛtím]

137. Alpine skiing

skis	ski (pl)	[skí]
to ski (vi)	bëj ski	[bəj skí]
mountain-ski resort	resort malor për ski (m)	[rɛsórt malór pər skí]
ski lift	ashensor për ski (m)	[aʃɛnsór pər skí]

ski poles	heshta skish (pl)	[héʃta skíʃ]
slope	shpat (m)	[ʃpat]
slalom	slalom (m)	[slalóm]

138. Tennis. Golf

golf	golf (m)	[golf]
golf club	klub golfi (m)	[klúb gólfi]
golfer	golfist (m)	[golfíst]

hole	vrimë (f)	[vrímə]
club	shkop golfi (m)	[ʃkop gólfi]
golf trolley	karrocë golfi (f)	[karótsə gólfi]

| tennis | tenis (m) | [tɛnís] |
| tennis court | fushë tenisi (f) | [fúʃə tɛnísi] |

| serve | servim (m) | [sɛrvím] |
| to serve (vt) | servoj | [sɛrvój] |

racket	reket (m)	[rɛkét]
net	rrjetë (f)	[rjétə]
ball	top (m)	[top]

139. Chess

chess	shah (m)	[ʃah]
chessmen	figura shahu (pl)	[figúra ʃáhu]
chess player	shahist (m)	[ʃahíst]
chessboard	fushë shahu (f)	[fúʃə ʃáhu]
chessman	figurë shahu (f)	[figúrə ʃáhu]

| White (white pieces) | të bardhat (pl) | [tə bárðat] |
| Black (black pieces) | të zezat (pl) | [tə zézat] |

pawn	ushtar (m)	[uʃtár]
bishop	oficer (m)	[ofitsér]
knight	kalorës (m)	[kalórəs]
rook	top (m)	[top]
queen	mbretëreshë (f)	[mbrɛtəréʃə]
king	mbret (m)	[mbrét]

move	lëvizje (f)	[ləvízjɛ]
to move (vi, vt)	lëviz	[ləvíz]
to sacrifice (vt)	sakrifikoj	[sakrifikój]
castling	rokadë (f)	[rokádə]
check	shah (m)	[ʃah]
checkmate	shah mat (m)	[ʃah mat]

chess tournament	turne shahu (m)	[turné ʃáhu]
Grand Master	Mjeshtër i Madh (m)	[mjéʃtər i máð]
combination	kombinim (m)	[kombiním]
game (in chess)	lojë (f)	[lójə]
draughts	damë (f)	[dámə]

140. Boxing

boxing	boks (m)	[boks]
fight (bout)	ndeshje (f)	[ndéʃjɛ]
boxing match	ndeshje boksi (f)	[ndéʃjɛ bóksi]
round (in boxing)	raund (m)	[ráund]

| ring | ring (m) | [riŋ] |
| gong | gong (m) | [goŋ] |

| punch | goditje (f) | [godítjɛ] |
| knockdown | nokdaun (m) | [nokdáun] |

| knockout | nokaut (m) | [nokaút] |
| to knock out | hedh nokaut | [hɛð nokaút] |

| boxing glove | dorezë boksi (f) | [dorézə bóksi] |
| referee | arbitër (m) | [arbítər] |

lightweight	peshë e lehtë (f)	[péʃə ɛ léhtə]
middleweight	peshë e mesme (f)	[péʃə ɛ mésmɛ]
heavyweight	peshë e rëndë (f)	[péʃə ɛ rəndə]

141. Sports. Miscellaneous

Olympic Games	Lojërat Olimpike (pl)	[lójərat olimpíkɛ]
winner	fitues (m)	[fitúɛs]
to be winning	duke fituar	[dúkɛ fitúar]
to win (vi)	fitoj	[fitój]
leader	lider (m)	[lidér]
to lead (vi)	udhëheq	[uðəhéc]
first place	vendi i parë	[véndi i párə]
second place	vendi i dytë	[véndi i dýtə]
third place	vendi i tretë	[véndi i trétə]
medal	medalje (f)	[mɛdáljɛ]
trophy	trofe (f)	[trofé]
prize cup (trophy)	kupë (f)	[kúpə]
prize (in game)	çmim (m)	[tʃmím]
main prize	çmimi i parë (m)	[tʃmími i párə]
record	rekord (m)	[rɛkórd]
to set a record	vendos rekord	[vɛndós rɛkórd]
final	finale	[finálɛ]
final (adj)	finale	[finálɛ]
champion	kampion (m)	[kampión]
championship	kampionat (m)	[kampionát]
stadium	stadium (m)	[stadiúm]
terrace	tribunë (f)	[tribúnə]
fan, supporter	tifoz (m)	[tifóz]
opponent, rival	kundërshtar (m)	[kundərʃtár]
start (start line)	start (m)	[start]
finish line	cak (m)	[tsák]
defeat	humbje (f)	[húmbjɛ]
to lose (not win)	humb	[húmb]
referee	arbitër (m)	[arbítər]
jury (judges)	juri (f)	[jurí]
score	rezultat (m)	[rɛzultát]
draw	barazim (m)	[barazím]
to draw (vi)	barazoj	[barazój]
point	pikë (f)	[píkə]
result (final score)	rezultat (m)	[rɛzultát]
period	pjesë (f)	[pjésə]
half-time	pushim (m)	[puʃím]
doping	doping (m)	[dopíɲ]
to penalise (vt)	penalizoj	[pɛnalizój]
to disqualify (vt)	diskualifikoj	[diskualifikój]
apparatus	aparat (m)	[aparát]

javelin	hedhje e shtizës (f)	[héðjɛ ɛ ʃtízəs]
shot (metal ball)	gjyle (f)	[ɟýlɛ]
ball (snooker, etc.)	bile (f)	[bílɛ]

aim (target)	shënjestër (f)	[ʃənéstər]
target	shënjestër (f)	[ʃənéstər]
to shoot (vi)	qëlloj	[cəɫój]
accurate (~ shot)	e saktë	[ɛ sáktə]

trainer, coach	trajner (m)	[trajnér]
to train (sb)	stërvit	[stərvít]
to train (vi)	stërvitem	[stərvítɛm]
training	trajnim (m)	[trajním]

gym	palestër (f)	[paléstər]
exercise (physical)	ushtrime (f)	[uʃtrímɛ]
warm-up (athlete ~)	ngrohje (f)	[ŋróhjɛ]

Education

school	shkollë (f)	[ʃkótə]
headmaster	drejtor shkolle (m)	[drɛjtór ʃkótɛ]
student (m)	nxënës (m)	[ndzə́nəs]
student (f)	nxënëse (f)	[ndzə́nəsɛ]
schoolboy	nxënës (m)	[ndzə́nəs]
schoolgirl	nxënëse (f)	[ndzə́nəsɛ]
to teach (sb)	jap mësim	[jap məsím]
to learn (language, etc.)	mësoj	[məsój]
to learn by heart	mësoj përmendësh	[məsój pərméndəʃ]
to learn (~ to count, etc.)	mësoj	[məsój]
to be at school	jam në shkollë	[jam nə ʃkótə]
to go to school	shkoj në shkollë	[ʃkoj nə ʃkótə]
alphabet	alfabet (m)	[alfabét]
subject (at school)	lëndë (f)	[lə́ndə]
classroom	klasë (f)	[klásə]
lesson	mësim (m)	[məsím]
playtime, break	pushim (m)	[puʃím]
school bell	zile e shkollës (f)	[zílɛ ɛ ʃkótəs]
school desk	bankë e shkollës (f)	[bánkə ɛ ʃkótəs]
blackboard	tabelë e zezë (f)	[tabélə ɛ zézə]
mark	notë (f)	[nótə]
good mark	notë e mirë (f)	[nótə ɛ mírə]
bad mark	notë e keqe (f)	[nótə ɛ kécɛ]
to give a mark	vendos notë	[vɛndós nótə]
mistake, error	gabim (m)	[gabím]
to make mistakes	bëj gabime	[bəj gabímɛ]
to correct (an error)	korrigjoj	[koriɟój]
crib	kopje (f)	[kópjɛ]
homework	detyrë shtëpie (f)	[dɛtýrə ʃtəpíɛ]
exercise (in education)	ushtrim (m)	[uʃtrím]
to be present	jam prezent	[jam prɛzént]
to be absent	mungoj	[muŋój]
to miss school	mungoj në shkollë	[muŋój nə ʃkótə]
to punish (vt)	ndëshkoj	[ndəʃkój]
punishment	ndëshkim (m)	[ndəʃkím]
conduct (behaviour)	sjellje (f)	[sjétjɛ]

school report	**dëftesë** (f)	[dəftésə]
pencil	**laps** (m)	[láps]
rubber	**gomë** (f)	[gómə]
chalk	**shkumës** (m)	[ʃkúməs]
pencil case	**portofol lapsash** (m)	[portofól lápsaʃ]
schoolbag	**çantë shkolle** (f)	[tʃántə ʃkółɛ]
pen	**stilolaps** (m)	[stiloláps]
exercise book	**fletore** (f)	[flɛtórɛ]
textbook	**tekst mësimor** (m)	[tɛkst məsimór]
compasses	**kompas** (m)	[kompás]
to make technical drawings	**vizatoj**	[vizatój]
technical drawing	**vizatim teknik** (m)	[vizatím tɛkník]
poem	**poezi** (f)	[poɛzí]
by heart (adv)	**përmendësh**	[pərméndəʃ]
to learn by heart	**mësoj përmendësh**	[məsój pərméndəʃ]
school holidays	**pushimet e shkollës** (m)	[puʃímɛt ɛ ʃkółəs]
to be on holiday	**jam me pushime**	[jam mɛ puʃímɛ]
to spend holidays	**kaloj pushimet**	[kalój puʃímɛt]
test (at school)	**test** (m)	[tɛst]
essay (composition)	**ese** (f)	[ɛsé]
dictation	**diktim** (m)	[diktím]
exam (examination)	**provim** (m)	[provím]
to do an exam	**kam provim**	[kam provím]
experiment (e.g., chemistry ~)	**eksperiment** (m)	[ɛkspɛrimént]

143. College. University

academy	**akademi** (f)	[akadɛmí]
university	**universitet** (m)	[univɛrsitét]
faculty (e.g., ~ of Medicine)	**fakultet** (m)	[fakultét]
student (masc.)	**student** (m)	[studént]
student (fem.)	**studente** (f)	[studéntɛ]
lecturer (teacher)	**pedagog** (m)	[pɛdagóg]
lecture hall, room	**auditor** (m)	[auditór]
graduate	**i diplomuar** (m)	[i diplomúar]
diploma	**diplomë** (f)	[diplómə]
dissertation	**disertacion** (m)	[disɛrtatsión]
study (report)	**studim** (m)	[studím]
laboratory	**laborator** (m)	[laboratór]
lecture	**leksion** (m)	[lɛksión]
coursemate	**shok kursi** (m)	[ʃok kúrsi]
scholarship, bursary	**bursë** (f)	[búrsə]
academic degree	**diplomë akademike** (f)	[diplómə akadɛmíkɛ]

144. Sciences. Disciplines

mathematics	matematikë (f)	[matɛmatíkə]
algebra	algjebër (f)	[alɟébər]
geometry	gjeometri (f)	[ɟɛomɛtrí]

astronomy	astronomi (f)	[astronomí]
biology	biologji (f)	[biolloɟí]
geography	gjeografi (f)	[ɟɛografí]
geology	gjeologji (f)	[ɟɛoloɟí]
history	histori (f)	[historí]

medicine	mjekësi (f)	[mjɛkəsí]
pedagogy	pedagogji (f)	[pɛdagoɟí]
law	drejtësi (f)	[drɛjtəsí]

physics	fizikë (f)	[fizíkə]
chemistry	kimi (f)	[kimí]
philosophy	filozofi (f)	[filozofí]
psychology	psikologji (f)	[psikoloɟí]

145. Writing system. Orthography

grammar	gramatikë (f)	[gramatíkə]
vocabulary	fjalor (m)	[fjalór]
phonetics	fonetikë (f)	[fonɛtíkə]

noun	emër (m)	[émər]
adjective	mbiemër (m)	[mbiémər]
verb	folje (f)	[fóljɛ]
adverb	ndajfolje (f)	[ndajfóljɛ]

pronoun	përemër (m)	[pərémər]
interjection	pasthirrmë (f)	[pasθírrmə]
preposition	parafjalë (f)	[parafjálə]

root	rrënjë (f)	[réɲə]
ending	fundore (f)	[fundórɛ]
prefix	parashtesë (f)	[paraʃtésə]
syllable	rrokje (f)	[rókjɛ]
suffix	prapashtesë (f)	[prapaʃtésə]

| stress mark | theks (m) | [θɛks] |
| apostrophe | apostrof (m) | [apostróf] |

full stop	pikë (f)	[píkə]
comma	presje (f)	[présjɛ]
semicolon	pikëpresje (f)	[pikəprésjɛ]
colon	dy pika (f)	[dy píka]
ellipsis	tre pika (f)	[trɛ píka]

| question mark | pikëpyetje (f) | [pikəpýɛtjɛ] |
| exclamation mark | pikëçuditje (f) | [pikətʃudítjɛ] |

inverted commas	thonjëza (f)	[θóɲəza]
in inverted commas	në thonjëza	[nə θóɲəza]
parenthesis	kllapa (f)	[kɫápa]
in parenthesis	brenda kllapave	[brénda kɫápavɛ]

hyphen	vizë ndarëse (f)	[vízə ndárəsɛ]
dash	vizë (f)	[vízə]
space (between words)	hapësirë (f)	[hapəsírə]

| letter | shkronjë (f) | [ʃkróɲə] |
| capital letter | shkronjë e madhe (f) | [ʃkróɲə ɛ máðɛ] |

| vowel (n) | zanore (f) | [zanórɛ] |
| consonant (n) | bashkëtingëllore (f) | [baʃkətiɲəɫórɛ] |

sentence	fjali (f)	[fjalí]
subject	kryefjalë (f)	[kryɛfjálə]
predicate	kallëzues (m)	[kaɫəzúɛs]

line	rresht (m)	[réʃt]
on a new line	rresht i ri	[réʃt i rí]
paragraph	paragraf (m)	[paragráf]

word	fjalë (f)	[fjálə]
group of words	grup fjalësh (m)	[grup fjáləʃ]
expression	shprehje (f)	[ʃpréhjɛ]
synonym	sinonim (m)	[sinoním]
antonym	antonim (m)	[antoním]

rule	rregull (m)	[réguɫ]
exception	përjashtim (m)	[pərjaʃtím]
correct (adj)	saktë	[sáktə]

conjugation	lakim (m)	[lakím]
declension	rasë	[rásə]
nominal case	rasë emërore (f)	[rásə ɛmərórɛ]
question	pyetje (f)	[pýɛtjɛ]
to underline (vt)	nënvijëzoj	[nənvijəzój]
dotted line	vijë me ndërprerje (f)	[víjə mɛ ndərprérjɛ]

146. Foreign languages

language	gjuhë (f)	[ɟúhə]
foreign (adj)	huaj	[húaj]
foreign language	gjuhë e huaj (f)	[ɟúhə ɛ húaj]
to study (vt)	studioj	[studiój]
to learn (language, etc.)	mësoj	[məsój]

to read (vi, vt)	lexoj	[lɛdzój]
to speak (vi, vt)	flas	[flas]
to understand (vt)	kuptoj	[kuptój]
to write (vt)	shkruaj	[ʃkrúaj]
fast (adv)	shpejt	[ʃpɛjt]
slowly (adv)	ngadalë	[ŋadálə]

fluently (adv)	rrjedhshëm	[rjéðʃəm]
rules	rregullat (pl)	[régułat]
grammar	gramatikë (f)	[gramatíkə]
vocabulary	fjalor (m)	[fjalór]
phonetics	fonetikë (f)	[fonɛtíkə]

textbook	tekst mësimor (m)	[tɛkst məsimór]
dictionary	fjalor (m)	[fjalór]
teach-yourself book	libër i mësimit autodidakt (m)	[líbər i məsímit autodidákt]
phrasebook	libër frazeologjik (m)	[líbər frazɛoloɟík]

cassette, tape	kasetë (f)	[kasétə]
videotape	videokasetë (f)	[vidɛokasétə]
CD, compact disc	CD (f)	[tsɛdé]
DVD	DVD (m)	[dividí]

alphabet	alfabet (m)	[alfabét]
to spell (vt)	gërmëzoj	[gərməzój]
pronunciation	shqiptim (m)	[ʃciptím]

accent	aksent (m)	[aksént]
with an accent	me aksent	[mɛ aksént]
without an accent	pa aksent	[pa aksént]

word	fjalë (f)	[fjálə]
meaning	kuptim (m)	[kuptím]

course (e.g. a French ~)	kurs (m)	[kurs]
to sign up	regjistrohem	[rɛɟistróhɛm]
teacher	mësues (m)	[məsúɛs]

translation (process)	përkthim (m)	[pərkθím]
translation (text, etc.)	përkthim (m)	[pərkθím]
translator	përkthyes (m)	[pərkθýɛs]
interpreter	përkthyes (m)	[pərkθýɛs]

polyglot	poliglot (m)	[poliglót]
memory	kujtesë (f)	[kujtésə]

147. Fairy tale characters

Father Christmas	Santa Klaus (m)	[sánta kláus]
Cinderella	Hirushja (f)	[hirúʃja]
mermaid	sirenë (f)	[sirénə]
Neptune	Neptuni (m)	[nɛptúni]

magician, wizard	magjistar (m)	[maɟistár]
fairy	zanë (f)	[zánə]
magic (adj)	magjike	[maɟíkɛ]
magic wand	shkop magjik (m)	[ʃkop maɟík]

fairy tale	përrallë (f)	[pəráłə]
miracle	mrekulli (f)	[mrɛkułí]

129

dwarf	xhuxh (m)	[dʒudʒ]
to turn into ...	shndërrohem ...	[ʃndəróhɛm ...]

ghost	fantazmë (f)	[fantázmə]
phantom	fantazmë (f)	[fantázmə]
monster	bishë (f)	[bíʃə]
dragon	dragua (m)	[dragúa]
giant	gjigant (m)	[ɟigánt]

148. Zodiac Signs

Aries	Dashi (m)	[dáʃi]
Taurus	Demi (m)	[démi]
Gemini	Binjakët (pl)	[biɲákət]
Cancer	Gaforrja (f)	[gafórja]
Leo	Luani (m)	[luáni]
Virgo	Virgjëresha (f)	[virɟəréʃa]

Libra	Peshorja (f)	[pɛʃórja]
Scorpio	Akrepi (m)	[akrépi]
Sagittarius	Shigjetari (m)	[ʃiɟɛtári]
Capricorn	Bricjapi (m)	[britsjápi]
Aquarius	Ujori (m)	[ujóri]
Pisces	Peshqit (pl)	[péʃcit]

character	karakter (m)	[karaktér]
character traits	tipare të karakterit (pl)	[tipárɛ tə karaktérit]
behaviour	sjellje (f)	[sjéɬjɛ]
to tell fortunes	parashikoj fatin	[paraʃikój fátin]
fortune-teller	lexuese e fatit (f)	[lɛdzúɛsɛ ɛ fátit]
horoscope	horoskop (m)	[horoskóp]

Arts

theatre	teatër (m)	[tɛátər]
opera	operë (f)	[opérə]
operetta	operetë (f)	[opɛrétə]
ballet	balet (m)	[balét]

theatre poster	afishe teatri (f)	[afíʃɛ tɛátri]
theatre company	trupë teatrale (f)	[trúpə tɛatrálɛ]
tour	turne (f)	[turné]
to be on tour	jam në turne	[jam nə turné]
to rehearse (vi, vt)	bëj prova	[bəj próva]
rehearsal	provë (f)	[próvə]
repertoire	repertor (m)	[rɛpɛrtór]

performance	shfaqje (f)	[ʃfácjɛ]
theatrical show	shfaqje teatrale (f)	[ʃfácjɛ tɛatrálɛ]
play	dramë (f)	[drámə]

ticket	biletë (f)	[bilétə]
booking office	zyrë e shitjeve të biletave (f)	[zýrə ɛ ʃítjɛvɛ tə bilétavɛ]
lobby, foyer	holl (m)	[hoɫ]
coat check (cloakroom)	dhoma e xhaketave (f)	[ðóma ɛ dʒakétavɛ]
cloakroom ticket	numri i xhaketës (m)	[númri i dʒakétəs]
binoculars	dylbi (f)	[dylbí]
usher	portier (m)	[portiér]

stalls (orchestra seats)	plato (f)	[plató]
balcony	ballkon (m)	[baɫkón]
dress circle	galeria e parë (f)	[galɛría ɛ párə]
box	lozhë (f)	[lóʒə]
row	rresht (m)	[réʃt]
seat	karrige (f)	[karígɛ]

audience	publiku (m)	[publíku]
spectator	spektator (m)	[spɛktatór]
to clap (vi, vt)	duartrokas	[duartrokás]
applause	duartrokitje (f)	[duartrokítjɛ]
ovation	brohoritje (f)	[brohorítjɛ]

stage	skenë (f)	[skénə]
curtain	perde (f)	[pérdɛ]
scenery	skenografi (f)	[skɛnografí]
backstage	prapaskenë (f)	[prapaskénə]

scene (e.g. the last ~)	skenë (f)	[skénə]
act	akt (m)	[ákt]
interval	pushim (m)	[puʃím]

150. Cinema

actor	aktor (m)	[aktór]
actress	aktore (f)	[aktórɛ]
cinema (industry)	kinema (f)	[kinɛmá]
film	film (m)	[film]
episode	episod (m)	[ɛpisód]
detective film	triller (m)	[tritér]
action film	aksion (m)	[aksión]
adventure film	aventurë (f)	[avɛntúrə]
science fiction film	fanta-shkencë (f)	[fánta-ʃkéntsə]
horror film	film horror (m)	[fílm horór]
comedy film	komedi (f)	[komɛdí]
melodrama	melodramë (f)	[mɛlodrámə]
drama	dramë (f)	[drámə]
fictional film	film fiktiv (m)	[fílm fiktív]
documentary	dokumentar (m)	[dokumɛntár]
cartoon	film vizatimor (m)	[fílm vizatimór]
silent films	filma pa zë (m)	[fílma pa zə]
role (part)	rol (m)	[rol]
leading role	rol kryesor (m)	[rol kryɛsór]
to play (vi, vt)	luaj	[lúaj]
film star	yll kinemaje (m)	[yɫ kinɛmájɛ]
well-known (adj)	i njohur	[i ɲóhur]
famous (adj)	i famshëm	[i fámʃəm]
popular (adj)	popullor	[popuɫór]
script (screenplay)	skenar (m)	[skɛnár]
scriptwriter	skenarist (m)	[skɛnaríst]
film director	regjisor (m)	[rɛɟisór]
producer	producent (m)	[produtsént]
assistant	ndihmës (m)	[ndíhməs]
cameraman	kameraman (m)	[kamɛramán]
stuntman	dubla (f)	[dúbla]
double (body double)	dubla (f)	[dúbla]
to shoot a film	xhiroj film	[dʒirój film]
audition, screen test	provë (f)	[próvə]
shooting	xhirim (m)	[dʒirím]
film crew	ekip kinematografik (m)	[ɛkíp kinɛmatografík]
film set	set kinematografik (m)	[sɛt kinɛmatografík]
camera	kamerë (f)	[kamérə]
cinema	kinema (f)	[kinɛmá]
screen (e.g. big ~)	ekran (m)	[ɛkrán]
to show a film	shfaq film	[ʃfac film]
soundtrack	muzikë e filmit (f)	[muzíkə ɛ filmit]
special effects	efekte speciale (pl)	[ɛféktɛ spɛtsiálɛ]

subtitles	titra (pl)	[títra]
credits	lista e pjesëmarrësve (f)	[lísta ɛ pjɛsəmárəsvɛ]
translation	përkthim (m)	[pərkθím]

151. Painting

art	art (m)	[art]
fine arts	artet e bukura (pl)	[ártɛt ɛ búkura]
art gallery	galeri arti (f)	[galɛrí árti]
art exhibition	ekspozitë (f)	[ɛkspozítə]

painting (art)	pikturë (f)	[piktúrə]
graphic art	art grafik (m)	[árt grafík]
abstract art	art abstrakt (m)	[árt abstrákt]
impressionism	impresionizëm (m)	[imprɛsionízəm]

picture (painting)	pikturë (f)	[piktúrə]
drawing	vizatim (m)	[vizatím]
poster	poster (m)	[postér]

illustration (picture)	ilustrim (m)	[ilustrím]
miniature	miniaturë (f)	[miniatúrə]
copy (of painting, etc.)	kopje (f)	[kópjɛ]
reproduction	riprodhim (m)	[riproðím]

mosaic	mozaik (m)	[mozaík]
stained glass window	pikturë në dritare (f)	[piktúrə nə dritárɛ]
fresco	afresk (m)	[afrésk]
engraving	gravurë (f)	[gravúrə]

bust (sculpture)	bust (m)	[búst]
sculpture	skulpturë (f)	[skulptúrə]
statue	statujë (f)	[statújə]
plaster of Paris	allçi (f)	[aɫtʃí]
plaster (as adj)	me allçi	[mɛ aɫtʃí]

portrait	portret (m)	[portrét]
self-portrait	autoportret (m)	[autoportrét]
landscape painting	peizazh (m)	[pɛizáʒ]
still life	natyrë e qetë (f)	[natýrə ɛ cétə]
caricature	karikaturë (f)	[karikatúrə]
sketch	skicë (f)	[skítsə]

paint	bojë (f)	[bójə]
watercolor paint	bojë uji (f)	[bójə úji]
oil (paint)	bojë vaji (f)	[bójə váji]
pencil	laps (m)	[láps]
Indian ink	bojë stilografi (f)	[bójə stilográfi]
charcoal	karbon (m)	[karbón]

to draw (vi, vt)	vizatoj	[vizatój]
to paint (vi, vt)	pikturoj	[pikturój]
to pose (vi)	pozoj	[pozój]
artist's model (masc.)	model (m)	[modél]

artist's model (fem.)	modele (f)	[modélɛ]
artist (painter)	piktor (m)	[piktór]
work of art	vepër arti (f)	[vépər árti]
masterpiece	kryevepër (f)	[kryɛvépər]
studio (artist's workroom)	studio (f)	[stúdio]

canvas (cloth)	kanavacë (f)	[kanavátsə]
easel	këmbalec (m)	[kəmbaléts]
palette	paletë (f)	[palétə]

frame (picture ~, etc.)	kornizë (f)	[kornízə]
restoration	restaurim (m)	[rɛstaurím]
to restore (vt)	restauroj	[rɛstaurój]

152. Literature & Poetry

literature	letërsi (f)	[lɛtərsí]
author (writer)	autor (m)	[autór]
pseudonym	pseudonim (m)	[psɛudoním]

book	libër (m)	[líbər]
volume	vëllim (m)	[vəɬím]
table of contents	tabela e përmbajtjes (f)	[tabéla ɛ pərmbájtjɛs]
page	faqe (f)	[fácɛ]
main character	personazhi kryesor (m)	[pɛrsonáʒi kryɛsór]
autograph	autograf (m)	[autográf]

short story	tregim i shkurtër (m)	[trɛgím i ʃkúrtər]
story (novella)	novelë (f)	[novélə]
novel	roman (m)	[román]
work (writing)	vepër (m)	[vépər]
fable	fabula (f)	[fábula]
detective novel	roman policesk (m)	[román politsésk]

poem (verse)	vjershë (f)	[vjérʃə]
poetry	poezi (f)	[poɛzí]
poem (epic, ballad)	poemë (f)	[poémə]
poet	poet (m)	[poét]

fiction	trillim (m)	[triɬím]
science fiction	fanta-shkencë (f)	[fánta-ʃkéntsə]
adventures	aventurë (f)	[avɛntúrə]
educational literature	letërsi edukative (f)	[lɛtərsí ɛdukatívɛ]
children's literature	letërsi për fëmijë (f)	[lɛtərsí pər fəmíjə]

153. Circus

circus	cirk (m)	[tsírk]
travelling circus	cirk udhëtues (m)	[tsírk uðətúɛs]
programme	program (m)	[prográm]
performance	shfaqje (f)	[ʃfácjɛ]
act (circus ~)	akt (m)	[ákt]

circus ring	arenë cirku (f)	[arénə tsírku]
pantomime (act)	pantomimë (f)	[pantomímə]
clown	kloun (m)	[kloún]

acrobat	akrobat (m)	[akrobát]
acrobatics	akrobaci (f)	[akrobatsí]
gymnast	gjimnast (m)	[ɟimnást]
acrobatic gymnastics	gjimnastikë (f)	[ɟimnastíkə]
somersault	salto (f)	[sálto]

strongman	atlet (m)	[atlét]
tamer (e.g., lion ~)	zbutës (m)	[zbútəs]
rider (circus horse ~)	kalorës (m)	[kalórəs]
assistant	ndihmës (m)	[ndíhməs]

stunt	akrobaci (f)	[akrobatsí]
magic trick	truk magjik (m)	[truk maɟík]
conjurer, magician	magjistar (m)	[maɟistár]

juggler	zhongler (m)	[ʒoŋlér]
to juggle (vi, vt)	luaj	[lúaj]
animal trainer	zbutës kafshësh (m)	[zbútəs káffəʃ]
animal training	zbutje kafshësh (f)	[zbútjɛ káffəʃ]
to train (animals)	stërvit	[stərvít]

154. Music. Pop music

music	muzikë (f)	[muzíkə]
musician	muzikant (m)	[muzikánt]
musical instrument	instrument muzikor (m)	[instrumént muzikór]
to play ...	i bie ...	[i bíɛ ...]

guitar	kitarë (f)	[kitárə]
violin	violinë (f)	[violínə]
cello	violonçel (m)	[violontʃél]
double bass	kontrabas (m)	[kontrabás]
harp	lira (f)	[líra]

piano	piano (f)	[piáno]
grand piano	pianoforte (f)	[pianofórtɛ]
organ	organo (f)	[orgáno]

wind instruments	instrumente frymore (pl)	[instrumséntɛ frymórɛ]
oboe	oboe (f)	[obóɛ]
saxophone	saksofon (m)	[saksofón]
clarinet	klarinetë (f)	[klarinétə]
flute	flaut (m)	[flaút]
trumpet	trombë (f)	[trómbə]

| accordion | fizarmonikë (f) | [fizarmoníkə] |
| drum | daulle (f) | [daúɫɛ] |

| duo | duet (m) | [duét] |
| trio | trio (f) | [trío] |

quartet	kuartet (m)	[kuartét]
choir	kor (m)	[kor]
orchestra	orkestër (f)	[orkéstər]

pop music	muzikë pop (f)	[muzíkə pop]
rock music	muzikë rok (m)	[muzíkə rok]
rock group	grup rok (m)	[grup rók]
jazz	xhaz (m)	[dʒaz]

| idol | idhull (m) | [íðuɫ] |
| admirer, fan | admirues (m) | [admirúɛs] |

concert	koncert (m)	[kontsért]
symphony	simfoni (f)	[simfoní]
composition	kompozicion (m)	[kompozitsión]
to compose (write)	kompozoj	[kompozój]

singing (n)	këndim (m)	[kəndím]
song	këngë (f)	[kéŋə]
tune (melody)	melodi (f)	[mɛlodí]
rhythm	ritëm (m)	[rítəm]
blues	bluz (m)	[blúz]

sheet music	partiturë (f)	[partitúrə]
baton	shkopi i dirigjimit (m)	[ʃkopi i diriɟímit]
bow	hark (m)	[hárk]
string	tel (m)	[tɛl]
case (e.g. guitar ~)	kuti (f)	[kutí]

Rest. Entertainment. Travel

155. Trip. Travel

tourism, travel	**turizëm** (m)	[turízəm]
tourist	**turist** (m)	[turíst]
trip, voyage	**udhëtim** (m)	[uðətím]
adventure	**aventurë** (f)	[avɛntúrə]
trip, journey	**udhëtim** (m)	[uðətím]
holiday	**pushim** (m)	[puʃím]
to be on holiday	**jam me pushime**	[jam mɛ puʃímɛ]
rest	**pushim** (m)	[puʃím]
train	**tren** (m)	[trɛn]
by train	**me tren**	[mɛ trén]
aeroplane	**avion** (m)	[avión]
by aeroplane	**me avion**	[mɛ avión]
by car	**me makinë**	[mɛ makínə]
by ship	**me anije**	[mɛ aníjɛ]
luggage	**bagazh** (m)	[bagáʒ]
suitcase	**valixhe** (f)	[valídʒɛ]
luggage trolley	**karrocë bagazhesh** (f)	[karótsə bagáʒɛʃ]
passport	**pasaportë** (f)	[pasapórtə]
visa	**vizë** (f)	[vízə]
ticket	**biletë** (f)	[bilétə]
air ticket	**biletë avioni** (f)	[bilétə avióni]
guidebook	**guidë turistike** (f)	[guídə turistíkɛ]
map (tourist ~)	**hartë** (f)	[hártə]
area (rural ~)	**zonë** (f)	[zónə]
place, site	**vend** (m)	[vɛnd]
exotica (n)	**ekzotikë** (f)	[ɛkzotíkə]
exotic (adj)	**ekzotik**	[ɛkzotík]
amazing (adj)	**mahnitëse**	[mahnítəsɛ]
group	**grup** (m)	[grup]
excursion, sightseeing tour	**ekskursion** (m)	[ɛkskursión]
guide (person)	**udhërrëfyes** (m)	[uðərəfýɛs]

156. Hotel

hotel	**hotel** (m)	[hotél]
motel	**motel** (m)	[motél]
three-star (~ hotel)	**me tre yje**	[mɛ trɛ ýjɛ]

five-star	me pesë yje	[mɛ pésə ýjɛ]
to stay (in a hotel, etc.)	qëndroj	[cəndrój]
room	dhomë (f)	[ðómə]
single room	dhomë teke (f)	[ðómə tékɛ]
double room	dhomë dyshe (f)	[ðómə dýʃɛ]
to book a room	rezervoj një dhomë	[rɛzɛrvój ɲə ðómə]
half board	gjysmë-pension (m)	[ɟýsmə-pɛnsión]
full board	pension i plotë (m)	[pɛnsión i plótə]
with bath	me banjo	[mɛ báɲo]
with shower	me dush	[mɛ dúʃ]
satellite television	televizor satelitor (m)	[tɛlɛvizór satɛlitór]
air-conditioner	kondicioner (m)	[konditsionér]
towel	peshqir (m)	[pɛʃcír]
key	çelës (m)	[tʃéləs]
administrator	administrator (m)	[administratór]
chambermaid	pastruese (f)	[pastrúɛsɛ]
porter	portier (m)	[portiér]
doorman	portier (m)	[portiér]
restaurant	restorant (m)	[rɛstoránt]
pub, bar	pab (m), pijetore (f)	[pab], [pijɛtórɛ]
breakfast	mëngjes (m)	[mənɟés]
dinner	darkë (f)	[dárkə]
buffet	bufe (f)	[bufé]
lobby	holl (m)	[hoɫ]
lift	ashensor (m)	[aʃɛnsór]
DO NOT DISTURB	MOS SHQETËSONI	[mos ʃcɛtəsóni]
NO SMOKING	NDALOHET DUHANI	[ndalóhɛt duháni]

157. Books. Reading

book	libër (m)	[líbər]
author	autor (m)	[autór]
writer	shkrimtar (m)	[ʃkrimtár]
to write (~ a book)	shkruaj	[ʃkrúaj]
reader	lexues (m)	[lɛdzúɛs]
to read (vi, vt)	lexoj	[lɛdzój]
reading (activity)	lexim (m)	[lɛdzím]
silently (to oneself)	pa zë	[pa zə]
aloud (adv)	me zë	[mɛ zə]
to publish (vt)	botoj	[botój]
publishing (process)	botim (m)	[botím]
publisher	botues (m)	[botúɛs]
publishing house	shtëpi botuese (f)	[ʃtəpí botúɛsɛ]
to come out (be released)	botohet	[botóhɛt]

| release (of a book) | botim (m) | [botím] |
| print run | edicion (m) | [ɛditsión] |

| bookshop | librari (f) | [librarí] |
| library | bibliotekë (f) | [bibliotékə] |

story (novella)	novelë (f)	[novélə]
short story	tregim i shkurtër (m)	[trɛgím i ʃkúrtər]
novel	roman (m)	[román]
detective novel	roman policesk (m)	[román politsésk]

memoirs	kujtime (pl)	[kujtímɛ]
legend	legjendë (f)	[lɛɟéndə]
myth	mit (m)	[mit]

poetry, poems	poezi (f)	[poɛzí]
autobiography	autobiografi (f)	[autobiografí]
selected works	vepra të zgjedhura (f)	[vépra tə zɟéðura]
science fiction	fanta-shkencë (f)	[fánta-ʃkéntsə]

title	titull (m)	[títuɫ]
introduction	hyrje (f)	[hýrjɛ]
title page	faqe e titullit (f)	[fácɛ ɛ títuɫit]

chapter	kreu (m)	[kréu]
extract	ekstrakt (m)	[ɛkstrákt]
episode	episod (m)	[ɛpisód]

plot (storyline)	fabul (f)	[fábul]
contents	përmbajtje (f)	[pərmbájtjɛ]
table of contents	tabela e përmbajtjes (f)	[tabéla ɛ pərmbájtjɛs]
main character	personazhi kryesor (m)	[pɛrsonáʒi kryɛsór]

volume	vëllim (m)	[vəɫím]
cover	kopertinë (f)	[kopɛrtínə]
binding	libërlidhje (f)	[libərlíðjɛ]
bookmark	shënjim (m)	[ʃəním]

page	faqe (f)	[fácɛ]
to page through	kaloj faqet	[kalój fácɛt]
margins	margjinat (pl)	[marɟínat]
annotation	shënim (m)	[ʃəním]
(marginal note, etc.)		
footnote	fusnotë (f)	[fusnótə]

text	tekst (m)	[tɛkst]
type, fount	lloji i shkrimit (m)	[ɫóji i ʃkrímit]
misprint, typo	gabim ortografik (m)	[gabím ortografík]

translation	përkthim (m)	[pərkθím]
to translate (vt)	përkthej	[pərkθéj]
original (n)	origjinal (m)	[oriɟinál]

famous (adj)	i famshëm	[i fámʃəm]
unknown (not famous)	i panjohur	[i paɲóhur]
interesting (adj)	interesant	[intɛrɛsánt]

bestseller	libër më i shitur (m)	[líbər mə i ʃítur]
dictionary	fjalor (m)	[fjalór]
textbook	tekst mësimor (m)	[tɛkst məsimór]
encyclopedia	enciklopedi (f)	[ɛntsiklopɛdí]

158. Hunting. Fishing

hunting	gjueti (f)	[ɟuɛtí]
to hunt (vi, vt)	dal për gjah	[dál pər ɟáh]
hunter	gjahtar (m)	[ɟahtár]
to shoot (vi)	qëlloj	[cəɫój]
rifle	pushkë (f)	[púʃkə]
bullet (shell)	fishek (m)	[fiʃék]
shot (lead balls)	plumb (m)	[plúmb]
steel trap	grackë (f)	[grátskə]
snare (for birds, etc.)	kurth (m)	[kurθ]
to fall into the steel trap	bie në grackë	[bíɛ nə grátskə]
to lay a steel trap	ngre grackë	[ŋré grátskə]
poacher	gjahtar i jashtëligjshëm (m)	[ɟahtár i jaʃtəlíɟʃəm]
game (in hunting)	gjah (m)	[ɟáh]
hound dog	zagar (m)	[zagár]
safari	safari (m)	[safári]
mounted animal	kafshë e balsamosur (f)	[káfʃə ɛ balsamósur]
fisherman	peshkatar (m)	[pɛʃkatár]
fishing (angling)	peshkim (m)	[pɛʃkím]
to fish (vi)	peshkoj	[pɛʃkój]
fishing rod	kallam peshkimi (m)	[kaɫám pɛʃkími]
fishing line	tojë peshkimi (f)	[tójə pɛʃkími]
hook	grep (m)	[grép]
float	tapë (f)	[tápə]
bait	karrem (m)	[karém]
to cast a line	hedh grepin	[hɛð grépin]
to bite (ab. fish)	bie në grep	[bíɛ nə grép]
catch (of fish)	kapje peshku (f)	[kápjɛ péʃku]
ice-hole	vrimë në akull (f)	[vrímə nə ákuɫ]
fishing net	rrjetë peshkimi (f)	[rjétə pɛʃkími]
boat	varkë (f)	[várkə]
to net (to fish with a net)	peshkoj me rrjeta	[pɛʃkój mɛ rjéta]
to cast[throw] the net	hedh rrjetat	[hɛð rjétat]
to haul the net in	tërheq rrjetat	[tərhéc rjétat]
to fall into the net	bie në rrjetë	[bíɛ nə rjétə]
whaler (person)	gjuetar balenash (m)	[ɟuɛtár balénaʃ]
whaleboat	balenagjuajtëse (f)	[balɛnaɟúajtəsɛ]
harpoon	fuzhnjë (f)	[fúʒɲə]

159. Games. Billiards

billiards	bilardo (f)	[bilárdo]
billiard room, hall	sallë bilardosh (f)	[sálə bilárdoʃ]
ball (snooker, etc.)	bile (f)	[bílɛ]
to pocket a ball	fus në vrimë	[fús nə vrímə]
cue	stekë (f)	[stékə]
pocket	xhep (m), vrimë (f)	[dʒɛp], [vrímə]

160. Games. Playing cards

diamonds	karo (f)	[káro]
spades	maç (m)	[matʃ]
hearts	kupë (f)	[kúpə]
clubs	spathi (m)	[spáθi]
ace	as (m)	[ás]
king	mbret (m)	[mbrét]
queen	mbretëreshë (f)	[mbrɛtəréʃə]
jack, knave	fant (m)	[fant]
playing card	letër (f)	[létər]
cards	letrat (pl)	[létrat]
trump	letër e fortë (f)	[létər ɛ fórtə]
pack of cards	set letrash (m)	[sɛt létraʃ]
point	pikë (f)	[píkə]
to deal (vi, vt)	ndaj	[ndáj]
to shuffle (cards)	përziej	[pərzíɛj]
lead, turn (n)	radha (f)	[ráða]
cardsharp	mashtrues (m)	[maʃtrúɛs]

161. Casino. Roulette

casino	kazino (f)	[kazíno]
roulette (game)	ruletë (f)	[rulétə]
bet	bast (m)	[bast]
to place bets	vë bast	[və bast]
red	e kuqe (f)	[ɛ kúcɛ]
black	e zezë (f)	[ɛ zézə]
to bet on red	vë bast në të kuqe	[və bast nə tə kúcɛ]
to bet on black	vë bast në të zezë	[və bast nə tə zézə]
croupier (dealer)	krupier (m)	[krupiér]
to spin the wheel	rrotulloj ruletën	[rotuɫój rulétən]
rules (~ of the game)	rregullat (pl)	[réguɫat]
chip	fishe (f)	[fíʃɛ]
to win (vi, vt)	fitoj	[fitój]
win (winnings)	fitim (m)	[fitím]

to lose (~ 100 dollars)	humb	[húmb]
loss (losses)	humbje (f)	[húmbjɛ]

player	lojtar (m)	[lojtár]
blackjack (card game)	blackjack (m)	[blatskjátsk]
craps (dice game)	lojë me zare (f)	[lójə mɛ zárɛ]
dice (a pair of ~)	zare (f)	[zárɛ]
fruit machine	makinë e lojërave të fatit (f)	[makínə ɛ lojərávɛ tə fátit]

162. Rest. Games. Miscellaneous

to stroll (vi, vt)	shëtitem	[ʃətítɛm]
stroll (leisurely walk)	shëtitje (f)	[ʃətítjɛ]
car ride	xhiro me makinë (f)	[dʒíro mɛ makínə]
adventure	aventurë (f)	[avɛntúrə]
picnic	piknik (m)	[pikník]

game (chess, etc.)	lojë (f)	[lójə]
player	lojtar (m)	[lojtár]
game (one ~ of chess)	një lojë (f)	[ɲə lójə]

collector (e.g. philatelist)	koleksionist (m)	[kolɛksioníst]
to collect (stamps, etc.)	koleksionoj	[kolɛksionój]
collection	koleksion (m)	[kolɛksión]

crossword puzzle	fjalëkryq (m)	[fjaləkrýc]
racecourse (hippodrome)	hipodrom (m)	[hipodróm]
disco (discotheque)	disko (f)	[dísko]

sauna	sauna (f)	[saúna]
lottery	lotari (f)	[lotarí]

camping trip	kamping (m)	[kampíŋ]
camp	kamp (m)	[kamp]
tent (for camping)	çadër kampingu (f)	[tʃádər kampíŋu]
compass	kompas (m)	[kompás]
camper	kampinist (m)	[kampiníst]

to watch (film, etc.)	shikoj	[ʃikój]
viewer	teleshikues (m)	[tɛlɛʃikúɛs]
TV show (TV program)	program televiziv (m)	[prográm tɛlɛvizív]

163. Photography

camera (photo)	aparat fotografik (m)	[aparát fotografík]
photo, picture	foto (f)	[fóto]

photographer	fotograf (m)	[fotográf]
photo studio	studio fotografike (f)	[stúdio fotografíkɛ]
photo album	album fotografik (m)	[albúm fotografík]
camera lens	objektiv (m)	[objɛktív]
telephoto lens	teleobjektiv (m)	[tɛlɛobjɛktív]

| filter | filtër (m) | [fíltər] |
| lens | lente (f) | [léntɛ] |

optics (high-quality ~)	optikë (f)	[optíkə]
diaphragm (aperture)	diafragma (f)	[diafrágma]
exposure time (shutter speed)	koha e ekspozimit (f)	[kóha ɛ ɛkspozímit]
viewfinder	tregues i kuadrit (m)	[trɛgúɛs i kuádrit]

digital camera	kamerë digjitale (f)	[kamérə diɟitálɛ]
tripod	tripod (m)	[tripód]
flash	blic (m)	[blits]

to photograph (vt)	fotografoj	[fotografój]
to take pictures	bëj foto	[bəj fóto]
to have one's picture taken	bëj fotografi	[bəj fotografí]

focus	fokus (m)	[fokús]
to focus	fokusoj	[fokusój]
sharp, in focus (adj)	i qartë	[i cártə]
sharpness	qartësi (f)	[cartəsí]

| contrast | kontrast (m) | [kontrást] |
| contrast (as adj) | me kontrast | [mɛ kontrást] |

picture (photo)	foto (f)	[fóto]
negative (n)	negativ (m)	[nɛgatív]
film (a roll of ~)	film negativash (m)	[fílm nɛgatívaʃ]
frame (still)	imazh (m)	[imáʒ]
to print (photos)	printoj	[printój]

164. Beach. Swimming

beach	plazh (m)	[plaʒ]
sand	rërë (f)	[rérə]
deserted (beach)	plazh i shkretë	[plaʒ i ʃkrétə]

suntan	nxirje nga dielli (f)	[ndzírjɛ ŋa díɛɫi]
to get a tan	nxihem	[ndzíhɛm]
tanned (adj)	i nxirë	[i ndzírə]
sunscreen	krem dielli (f)	[krɛm díɛɫi]

bikini	bikini (m)	[bikíni]
swimsuit, bikini	rrobë banje (f)	[róbə báɲɛ]
swim trunks	mbathje banjo (f)	[mbáθjɛ báɲo]

swimming pool	pishinë (f)	[piʃínə]
to swim (vi)	notoj	[notój]
shower	dush (m)	[duʃ]
to change (one's clothes)	ndërroj	[ndərój]
towel	peshqir (m)	[pɛʃcír]

| boat | varkë (f) | [várkə] |
| motorboat | skaf (m) | [skaf] |

water ski	ski ujor (m)	[ski ujór]
pedalo	varkë me pedale (f)	[várkə mɛ pɛdálɛ]
surfing	surf (m)	[surf]
surfer	surfist (m)	[surfíst]

scuba set	komplet për skuba (f)	[komplét pər skúba]
flippers (swim fins)	këmbale noti (pl)	[kəmbálɛ nóti]
mask (diving ~)	maskë (f)	[máskə]
diver	zhytës (m)	[ʒýtəs]
to dive (vi)	zhytem	[ʒýtɛm]
underwater (adv)	nën ujë	[nən újə]

beach umbrella	çadër plazhi (f)	[tʃádər pláʒi]
beach chair (sun lounger)	shezlong (m)	[ʃɛzlóŋ]
sunglasses	syze dielli (f)	[sýzɛ diéɬi]
air mattress	dyshek me ajër (m)	[dyʃék mɛ ájər]

| to play (amuse oneself) | loz | [loz] |
| to go for a swim | notoj | [notój] |

beach ball	top plazhi (m)	[top pláʒi]
to inflate (vt)	fryj	[fryj]
inflatable, air (adj)	që fryhet	[cə frýhɛt]

wave	dallgë (f)	[dáɬgə]
buoy (line of ~s)	tapë (f)	[tápə]
to drown (ab. person)	mbytem	[mbýtɛm]

to save, to rescue	shpëtoj	[ʃpətój]
life jacket	jelek shpëtimi (m)	[jɛlék ʃpətími]
to observe, to watch	vëzhgoj	[vəʒgój]
lifeguard	rojë bregdetare (m)	[rójə brɛgdɛtárɛ]

TECHNICAL EQUIPMENT. TRANSPORT

Technical equipment

165. Computer

computer	kompjuter (m)	[kompjutér]
notebook, laptop	laptop (m)	[laptóp]
to turn on	ndez	[ndɛz]
to turn off	fik	[fik]
keyboard	tastiera (f)	[tastiéra]
key	çelës (m)	[tʃéləs]
mouse	maus (m)	[máus]
mouse mat	shtroje e mausit (f)	[ʃtrójɛ ɛ máusit]
button	buton (m)	[butón]
cursor	kursor (m)	[kursór]
monitor	monitor (m)	[monitór]
screen	ekran (m)	[ɛkrán]
hard disk	hard disk (m)	[hárd dísk]
hard disk capacity	kapaciteti i hard diskut (m)	[kapatsitéti i hárd dískut]
memory	memorie (f)	[mɛmóriɛ]
random access memory	memorie operative (f)	[mɛmóriɛ opɛratívɛ]
file	skedë (f)	[skédə]
folder	dosje (f)	[dósjɛ]
to open (vt)	hap	[hap]
to close (vt)	mbyll	[mbyɫ]
to save (vt)	ruaj	[rúaj]
to delete (vt)	fshij	[fʃíj]
to copy (vt)	kopjoj	[kopjój]
to sort (vt)	sistemoj	[sistɛmój]
to transfer (copy)	transferoj	[transfɛrój]
programme	program (m)	[prográm]
software	softuer (f)	[softuér]
programmer	programues (m)	[programúɛs]
to program (vt)	programoj	[programój]
hacker	haker (m)	[hakér]
password	fjalëkalim (m)	[fjaləkalím]
virus	virus (m)	[virús]
to find, to detect	zbuloj	[zbulój]
byte	bajt (m)	[bájt]

megabyte	megabajt (m)	[mɛgabájt]
data	të dhënat (pl)	[tə ðə́nat]
database	databazë (f)	[databázə]

cable (USB, etc.)	kabllo (f)	[kábɫo]
to disconnect (vt)	shkëpus	[ʃkəpús]
to connect (sth to sth)	lidh	[liɗ]

166. Internet. E-mail

Internet	internet (m)	[intɛrnét]
browser	shfletues (m)	[ʃflɛtúɛs]
search engine	makineri kërkimi (f)	[makinɛrí kərkími]
provider	ofrues (m)	[ofrúɛs]

webmaster	uebmaster (m)	[uɛbmástɛr]
website	ueb-faqe (f)	[uéb-fácɛ]
web page	ueb-faqe (f)	[uéb-fácɛ]

| address (e-mail ~) | adresë (f) | [adrésə] |
| address book | libërth adresash (m) | [líbərθ adrésaʃ] |

postbox	kuti postare (f)	[kutí postárɛ]
post	postë (f)	[póstə]
full (adj)	i mbushur	[i mbúʃur]

message	mesazh (m)	[mɛsáʒ]
incoming messages	mesazhe të ardhura (pl)	[mɛsáʒɛ tə árðura]
outgoing messages	mesazhe të dërguara (pl)	[mɛsáʒɛ tə dərgúara]

sender	dërguesi (m)	[dərgúɛsi]
to send (vt)	dërgoj	[dərgój]
sending (of mail)	dërgesë (f)	[dərgésə]

| receiver | pranues (m) | [pranúɛs] |
| to receive (vt) | pranoj | [pranój] |

| correspondence | korrespondencë (f) | [korɛspondéntsə] |
| to correspond (vi) | komunikim | [komunikím] |

file	skedë (f)	[skédə]
to download (vt)	shkarkoj	[ʃkarkój]
to create (vt)	krijoj	[krijój]
to delete (vt)	fshij	[fʃíj]
deleted (adj)	e fshirë	[ɛ fʃírə]

connection (ADSL, etc.)	lidhje (f)	[líðjɛ]
speed	shpejtësi (f)	[ʃpɛjtəsí]
modem	modem (m)	[modém]
access	hyrje (f)	[hýrjɛ]
port (e.g. input ~)	port (m)	[port]

| connection (make a ~) | lidhje (f) | [líðjɛ] |
| to connect to ... (vi) | lidhem me ... | [líðɛm mɛ ...] |

| to select (vt) | përzgjedh | [pərzɟéð] |
| to search (for ...) | kërkoj ... | [kərkój ...] |

167. Electricity

electricity	elektricitet (m)	[ɛlɛktritsitét]
electric, electrical (adj)	elektrik	[ɛlɛktrík]
electric power station	hidrocentral (m)	[hidrotsɛntrál]
energy	energji (f)	[ɛnɛɲí]
electric power	energji elektrike (f)	[ɛnɛɲí ɛlɛktríkɛ]

light bulb	poç (m)	[potʃ]
torch	llambë dore (f)	[ɬámbə dórɛ]
street light	llambë rruge (f)	[ɬámbə rúgɛ]

light	dritë (f)	[drítə]
to turn on	ndez	[ndɛz]
to turn off	fik	[fik]
to turn off the light	fik dritën	[fík drítən]

to burn out (vi)	digjet	[díɟɛt]
short circuit	qark i shkurtër (m)	[cark i ʃkúrtər]
broken wire	tel i prishur (m)	[tɛl i príʃur]
contact (electrical ~)	kontakt (m)	[kontákt]

light switch	çelës drite (m)	[tʃélǝs drítɛ]
socket outlet	prizë (f)	[prízə]
plug	spinë (f)	[spínə]
extension lead	zgjatues (m)	[zɟatúɛs]

fuse	siguresë (f)	[sigurésə]
cable, wire	kabllo (f)	[kábɬo]
wiring	rrjet elektrik (m)	[rjét ɛlɛktrík]

ampere	amper (m)	[ampér]
amperage	amperazh (f)	[ampɛráʒ]
volt	volt (m)	[volt]
voltage	voltazh (m)	[voltáʒ]

| electrical device | aparat elektrik (m) | [aparát ɛlɛktrík] |
| indicator | indikator (m) | [indikatór] |

electrician	elektricist (m)	[ɛlɛktritsíst]
to solder (vt)	saldoj	[saldój]
soldering iron	pajisje saldimi (f)	[pajísjɛ saldími]
electric current	korrent elektrik (m)	[korént ɛlɛktrík]

168. Tools

tool, instrument	vegël (f)	[végəl]
tools	vegla (pl)	[végla]
equipment (factory ~)	pajisje (f)	[pajísjɛ]

hammer	çekiç (m)	[tʃɛkítʃ]
screwdriver	kaçavidë (f)	[katʃavídə]
axe	sëpatë (f)	[səpátə]

saw	sharrë (f)	[ʃárə]
to saw (vt)	sharroj	[ʃarój]
plane (tool)	zdrukthues (m)	[zdrukθúɛs]
to plane (vt)	zdrukthoj	[zdrukθój]
soldering iron	pajisje saldimi (f)	[pajísjɛ saldími]
to solder (vt)	saldoj	[saldój]

file (tool)	limë (f)	[límə]
carpenter pincers	darë (f)	[dárə]
combination pliers	pinca (f)	[píntsa]
chisel	daltë (f)	[dáltə]

drill bit	turjelë (f)	[turjélə]
electric drill	shpuese elektrike (f)	[ʃpúɛsɛ ɛlɛktríkɛ]
to drill (vi, vt)	shpoj	[ʃpoj]

knife	thikë (f)	[θíkə]
pocket knife	thikë xhepi (f)	[θíkə dʒépi]
blade	teh (m)	[tɛh]

sharp (blade, etc.)	i mprehtë	[i mpréhtə]
dull, blunt (adj)	i topitur	[i topítur]
to get blunt (dull)	bëhet e topitur	[béhɛt ɛ topítur]
to sharpen (vt)	mpreh	[mpréh]

bolt	vidë (f)	[vídə]
nut	dado (f)	[dádo]
thread (of a screw)	filetë e vidhës (f)	[filétə ɛ víðəs]
wood screw	vidhë druri (f)	[víðə drúri]

nail	gozhdë (f)	[góʒdə]
nailhead	kokë gozhde (f)	[kókə góʒdɛ]

ruler (for measuring)	vizore (f)	[vizórɛ]
tape measure	metër (m)	[métər]
spirit level	nivelizues (m)	[nivɛlizúɛs]
magnifying glass	lente zmadhuese (f)	[léntɛ zmaðúɛsɛ]

measuring instrument	mjet matës (m)	[mjét mátəs]
to measure (vt)	mas	[mas]
scale (temperature ~, etc.)	gradë (f)	[grádə]
readings	matjet (pl)	[mátjɛt]

compressor	kompresor (m)	[komprɛsór]
microscope	mikroskop (m)	[mikroskóp]

pump (e.g. water ~)	pompë (f)	[pómpə]
robot	robot (m)	[robót]
laser	laser (m)	[lasér]

spanner	çelës (m)	[tʃéləs]
adhesive tape	shirit ngjitës (m)	[ʃirít ɲítəs]

glue	ngjitës (m)	[nɟítəs]
sandpaper	letër smeril (f)	[létər smɛríl]
spring	sustë (f)	[sústə]
magnet	magnet (m)	[magnét]
gloves	dorëza (pl)	[dórəza]

rope	litar (m)	[litár]
cord	kordon (m)	[kordón]
wire (e.g. telephone ~)	tel (m)	[tɛl]
cable	kabllo (f)	[kábɫo]

sledgehammer	çekan i rëndë (m)	[tʃɛkán i rəndə]
prybar	levë (f)	[lévə]
ladder	shkallë (f)	[ʃkáɫə]
stepladder	shkallëz (f)	[ʃkáɫəz]

to screw (tighten)	vidhos	[viðós]
to unscrew (lid, filter, etc.)	zhvidhos	[ʒviðós]
to tighten (e.g. with a clamp)	shtrëngoj	[ʃtrəŋój]
to glue, to stick	ngjes	[nɟés]
to cut (vt)	pres	[prɛs]

malfunction (fault)	avari (f)	[avarí]
repair (mending)	riparim (m)	[riparím]
to repair, to fix (vt)	riparoj	[riparój]
to adjust (machine, etc.)	rregulloj	[rɛguɫój]

to check (to examine)	kontrolloj	[kontroɫój]
checking	kontroll (m)	[kontróɫ]
readings	matjet (pl)	[mátjɛt]

| reliable, solid (machine) | e sigurt | [ɛ sígurt] |
| complex (adj) | komplekse | [kompléksɛ] |

to rust (get rusted)	ndryshket	[ndrýʃkɛt]
rusty (adj)	e ndryshkur	[ɛ ndrýʃkur]
rust	ndryshk (m)	[ndrýʃk]

Transport

169. Aeroplane

aeroplane	avion (m)	[avión]
air ticket	biletë avioni (f)	[bilétə avióni]
airline	kompani ajrore (f)	[kompaní ajrórɛ]
airport	aeroport (m)	[aɛropórt]
supersonic (adj)	supersonik	[supɛrsoník]
captain	kapiten (m)	[kapitén]
crew	ekip (m)	[ɛkíp]
pilot	pilot (m)	[pilót]
stewardess	stjuardesë (f)	[stjuardésə]
navigator	navigues (m)	[navigúɛs]
wings	krahë (pl)	[kráhə]
tail	bisht (m)	[biʃt]
cockpit	kabinë (f)	[kabínə]
engine	motor (m)	[motór]
undercarriage (landing gear)	karrel (m)	[karél]
turbine	turbinë (f)	[turbínə]
propeller	helikë (f)	[hɛlíkə]
black box	kuti e zezë (f)	[kutí ɛ zézə]
yoke (control column)	timon (m)	[timón]
fuel	karburant (m)	[karburánt]
safety card	udhëzime sigurie (pl)	[uðəzímɛ siguríɛ]
oxygen mask	maskë oksigjeni (f)	[máskə oksiɟéni]
uniform	uniformë (f)	[unifórmə]
lifejacket	jelek shpëtimi (m)	[jɛlék ʃpətími]
parachute	parashutë (f)	[paraʃútə]
takeoff	ngritje (f)	[ŋrítjɛ]
to take off (vi)	fluturon	[fluturón]
runway	pista e fluturimit (f)	[písta ɛ fluturímit]
visibility	shikueshmëri (f)	[ʃikuɛʃmərí]
flight (act of flying)	fluturim (m)	[fluturím]
altitude	lartësi (f)	[lartəsí]
air pocket	xhep ajri (m)	[dʒɛp ájri]
seat	karrige (f)	[karígɛ]
headphones	kufje (f)	[kúfjɛ]
folding tray (tray table)	tabaka (f)	[tabaká]
airplane window	dritare avioni (f)	[dritárɛ avióni]
aisle	korridor (m)	[koridór]

170. Train

train	tren (m)	[trɛn]
commuter train	tren elektrik (m)	[trɛn ɛlɛktrík]
express train	tren ekspres (m)	[trɛn ɛksprés]
diesel locomotive	lokomotivë me naftë (f)	[lokomótivə mɛ náftə]
steam locomotive	lokomotivë me avull (f)	[lokomótivə mɛ ávuɫ]

coach, carriage	vagon (m)	[vagón]
buffet car	vagon restorant (m)	[vagón rɛstoránt]

rails	shina (pl)	[ʃína]
railway	hekurudhë (f)	[hɛkurúðə]
sleeper (track support)	traversë (f)	[travérsə]

platform (railway ~)	platformë (f)	[platfórmə]
platform (~ 1, 2, etc.)	binar (m)	[binár]
semaphore	semafor (m)	[sɛmafór]
station	stacion (m)	[statsión]

train driver	makinist (m)	[makiníst]
porter (of luggage)	portier (m)	[portiér]
carriage attendant	konduktor (m)	[konduktór]
passenger	pasagjer (m)	[pasaɟér]
ticket inspector	konduktor (m)	[konduktór]

corridor (in train)	korridor (m)	[koridór]
emergency brake	frena urgjence (f)	[fréna urɟéntsɛ]

compartment	ndarje (f)	[ndárjɛ]
berth	kat (m)	[kat]
upper berth	kati i sipërm (m)	[káti i sípərm]
lower berth	kati i poshtëm (m)	[káti i póʃtəm]
bed linen, bedding	shtroje shtrati (pl)	[ʃtrójɛ ʃtráti]

ticket	biletë (f)	[bilétə]
timetable	orar (m)	[orár]
information display	tabelë e informatave (f)	[tabélə ɛ informátavɛ]

to leave, to depart	niset	[nísɛt]
departure (of a train)	nisje (f)	[nísjɛ]
to arrive (ab. train)	arrij	[aríj]
arrival	arritje (f)	[arítjɛ]

to arrive by train	arrij me tren	[aríj mɛ trɛn]
to get on the train	hip në tren	[hip nə trén]
to get off the train	zbres nga treni	[zbrɛs ŋa tréni]

train crash	aksident hekurudhor (m)	[aksidént hɛkuruðór]
to derail (vi)	del nga shinat	[dɛl ŋa ʃínat]

steam locomotive	lokomotivë me avull (f)	[lokomótivə mɛ ávuɫ]
stoker, fireman	mbikëqyrës i zjarrit (m)	[mbikəcýrəs i zjárit]
firebox	furrë (f)	[fúrə]
coal	qymyr (m)	[cymýr]

171. Ship

ship	anije (f)	[aníjɛ]
vessel	mjet lundrues (m)	[mjét lundrúɛs]
steamship	anije me avull (f)	[aníjɛ mɛ ávuɫ]
riverboat	anije lumi (f)	[aníjɛ lúmi]
cruise ship	krocierë (f)	[krotsiérə]
cruiser	anije luftarake (f)	[aníjɛ luftarákɛ]
yacht	jaht (m)	[jáht]
tugboat	anije rimorkiuese (f)	[aníjɛ rimorkiúɛsɛ]
barge	anije transportuese (f)	[aníjɛ transportúɛsɛ]
ferry	traget (m)	[tragét]
sailing ship	anije me vela (f)	[aníjɛ mɛ véla]
brigantine	brigantinë (f)	[brigantínə]
ice breaker	akullthyese (f)	[akuɫθýɛsɛ]
submarine	nëndetëse (f)	[nəndétəsɛ]
boat (flat-bottomed ~)	barkë (f)	[bárkə]
dinghy (lifeboat)	gomone (f)	[gomónɛ]
lifeboat	varkë shpëtimi (f)	[várkə ʃpətími]
motorboat	skaf (m)	[skaf]
captain	kapiten (m)	[kapitén]
seaman	marinar (m)	[marinár]
sailor	marinar (m)	[marinár]
crew	ekip (m)	[ɛkíp]
boatswain	kryemarinar (m)	[kryɛmarinár]
ship's boy	djali i anijes (m)	[djáli i aníjɛs]
cook	kuzhinier (m)	[kuʒiniér]
ship's doctor	doktori i anijes (m)	[doktóri i aníjɛs]
deck	kuverta (f)	[kuvérta]
mast	direk (m)	[dirék]
sail	vela (f)	[véla]
hold	bagazh (m)	[bagáʒ]
bow (prow)	harku sipëror (m)	[hárku sipərór]
stern	pjesa e pasme (f)	[pjésa ɛ pásmɛ]
oar	rrem (m)	[rɛm]
screw propeller	helikë (f)	[hɛlíkə]
cabin	kabinë (f)	[kabínə]
wardroom	zyrë e oficerëve (m)	[zýrə ɛ ofitsérəvɛ]
engine room	salla e motorit (m)	[sáɫa ɛ motórit]
bridge	urë komanduese (f)	[úrə komandúɛsɛ]
radio room	kabina radiotelegrafike (f)	[kabína radiotɛlɛgrafíkɛ]
wave (radio)	valë (f)	[válə]
logbook	libri i shënimeve (m)	[líbri i ʃənímɛvɛ]
spyglass	dylbi (f)	[dylbí]
bell	këmbanë (f)	[kəmbánə]

flag	flamur (m)	[flamúr]
hawser (mooring ~)	pallamar (m)	[paɫamár]
knot (bowline, etc.)	nyjë (f)	[nýjə]

| deckrails | parmakë (pl) | [parmákə] |
| gangway | shkallë (f) | [ʃkáɫə] |

anchor	spirancë (f)	[spirántsə]
to weigh anchor	ngre spirancën	[ŋré spirántsən]
to drop anchor	hedh spirancën	[hɛð spirántsən]
anchor chain	zinxhir i spirancës (m)	[zindʒír i spirántsəs]

port (harbour)	port (m)	[port]
quay, wharf	skelë (f)	[skélə]
to berth (moor)	ankoroj	[ankorój]
to cast off	niset	[nísɛt]

trip, voyage	udhëtim (m)	[uðətím]
cruise (sea trip)	udhëtim me krocierë (f)	[uðətím mɛ krotsiérə]
course (route)	kursi i udhëtimit (m)	[kúrsi i uðətímit]
route (itinerary)	itinerar (m)	[itinɛrár]

fairway (safe water channel)	ujëra të lundrueshme (f)	[újəra tə lundrúɛʃmɛ]
shallows	cekëtinë (f)	[tsɛkətínə]
to run aground	bllokohet në rërë	[bɫokóhɛt nə rərə]

storm	stuhi (f)	[stuhí]
signal	sinjal (m)	[siɲál]
to sink (vi)	fundoset	[fundósɛt]
Man overboard!	Njeri në det!	[ɲɛrí nə dɛt!]
SOS (distress signal)	SOS (m)	[sos]
ring buoy	bovë shpëtuese (f)	[bóvə ʃpətúɛsɛ]

172. Airport

airport	aeroport (m)	[aɛropórt]
aeroplane	avion (m)	[avión]
airline	kompani ajrore (f)	[kompaní ajrórɛ]
air traffic controller	kontroll i trafikut ajror (m)	[kontróɫ i trafíkut ajrór]

departure	nisje (f)	[nísjɛ]
arrival	arritje (f)	[arítjɛ]
to arrive (by plane)	arrij me avion	[aríj mɛ avión]

| departure time | nisja (f) | [nísja] |
| arrival time | arritja (f) | [arítja] |

| to be delayed | vonesë | [vonésə] |
| flight delay | vonesë avioni (f) | [vonésə avióni] |

information board	ekrani i informacioneve (m)	[ɛkráni i informatsiónɛvɛ]
information	informacion (m)	[informatsión]
to announce (vt)	njoftoj	[ɲoftój]
flight (e.g. next ~)	fluturim (m)	[fluturím]

| customs | doganë (f) | [dogánə] |
| customs officer | doganier (m) | [doganiér] |

customs declaration	deklarim doganor (m)	[dɛklarím doganór]
to fill in (vt)	plotësoj	[plotəsój]
to fill in the declaration	plotësoj deklaratën	[plotəsój dɛklarátən]
passport control	kontroll pasaportash (m)	[kontróɫ pasapórtaʃ]

luggage	bagazh (m)	[bagáʒ]
hand luggage	bagazh dore (m)	[bagáʒ dórɛ]
luggage trolley	karrocë bagazhesh (f)	[karótsə bagáʒɛʃ]

landing	aterrim (m)	[atɛrím]
landing strip	pistë aterrimi (f)	[pístə atɛrími]
to land (vi)	aterroj	[atɛrój]
airstair (passenger stair)	shkallë avioni (f)	[ʃkáɫə avióni]

check-in	regjistrim (m)	[rɛɟistrím]
check-in counter	sportel regjistrimi (m)	[sportél rɛɟistrími]
to check-in (vi)	regjistrohem	[rɛɟistróhɛm]
boarding card	biletë e hyrjes (f)	[bilétə ɛ hýrjɛs]
departure gate	porta e nisjes (f)	[pórta ɛ nísjɛs]

transit	transit (m)	[transít]
to wait (vt)	pres	[prɛs]
departure lounge	salla e nisjes (f)	[sáɫa ɛ nísjɛs]
to see off	përcjell	[pərtsjéɫ]
to say goodbye	përshëndetem	[pərʃəndétɛm]

173. Bicycle. Motorcycle

bicycle	biçikletë (f)	[bitʃiklétə]
scooter	skuter (m)	[skutér]
motorbike	motoçikletë (f)	[mototʃiklétə]

to go by bicycle	shkoj me biçikletë	[ʃkoj mɛ bitʃiklétə]
handlebars	timon (m)	[timón]
pedal	pedale (f)	[pɛdálɛ]
brakes	frenat (pl)	[frénat]
bicycle seat (saddle)	shalë (f)	[ʃálə]

pump	pompë (f)	[pómpə]
pannier rack	mbajtëse (f)	[mbájtəsɛ]
front lamp	drita e përparme (f)	[dríta ɛ pərpármɛ]
helmet	helmetë (f)	[hɛlmétə]

wheel	rrotë (f)	[rótə]
mudguard	parafango (f)	[parafáŋo]
rim	rreth i jashtëm i rrotës (m)	[rɛθ i jáʃtəm i rótəs]
spoke	telat e diskut (m)	[télat ɛ dískut]

Cars

174. Types of cars

| car | makinë (f) | [makínə] |
| sports car | makinë sportive (f) | [makínə sportívɛ] |

limousine	limuzinë (f)	[limuzínə]
off-road vehicle	fuoristradë (f)	[fuoristrádə]
drophead coupé (convertible)	kabriolet (m)	[kabriolét]
minibus	furgon (m)	[furgón]

| ambulance | ambulancë (f) | [ambulántsə] |
| snowplough | borëpastruese (f) | [borəpastrúɛsɛ] |

lorry	kamion (m)	[kamión]
road tanker	autocisternë (f)	[autotsistérnə]
van (small truck)	furgon mallrash (m)	[furgón máɫraʃ]
tractor unit	kamionçinë (f)	[kamiontʃínə]
trailer	rimorkio (f)	[rimórkio]

| comfortable (adj) | i rehatshëm | [i rɛhátʃəm] |
| used (adj) | i përdorur | [i pərdórur] |

175. Cars. Bodywork

bonnet	kofano (f)	[kófano]
wing	parafango (f)	[parafáŋo]
roof	çati (f)	[tʃatí]

windscreen	xham i përparmë (m)	[dʒam i pərpármə]
rear-view mirror	pasqyrë për prapa (f)	[pascýrə pər prápa]
windscreen washer	larëse xhami (f)	[lárəsɛ dʒámi]
windscreen wipers	fshirëse xhami (f)	[fʃírəsɛ dʒámi]

side window	xham anësor (m)	[dʒam anəsór]
electric window	levë xhami (f)	[lévə dʒámi]
aerial	antenë (f)	[anténə]
sunroof	çati diellore (f)	[tʃatí diɛɫórɛ]

bumper	parakolp (m)	[parakólp]
boot	bagazh (m)	[bagáʒ]
roof luggage rack	bagazh mbi çati (m)	[bagáʒ mbi tʃatí]
door	derë (f)	[dérə]
door handle	doreza e derës (m)	[doréza ɛ dérəs]
door lock	kyç (m)	[kytʃ]
number plate	targë makine (f)	[tárgə makínɛ]
silencer	silenciator (m)	[silɛntsiatór]

petrol tank	serbator (m)	[sɛrbatór]
exhaust pipe	tub shkarkimi (m)	[tub ʃkarkími]
accelerator	gaz (m)	[gaz]
pedal	këmbëz (f)	[kémbəz]
accelerator pedal	pedal i gazit (m)	[pɛdál i gázit]
brake	freni (m)	[fréni]
brake pedal	pedal i frenave (m)	[pɛdál i frénavɛ]
to brake (use the brake)	frenoj	[frɛnój]
handbrake	freni i dorës (m)	[fréni i dórəs]
clutch	friksion (m)	[friksión]
clutch pedal	pedal i friksionit (m)	[pɛdál i friksiónit]
clutch disc	disk i friksionit (m)	[dísk i friksiónit]
shock absorber	amortizator (m)	[amortizatór]
wheel	rrotë (f)	[rótə]
spare tyre	gomë rezervë (f)	[gómə rɛzérvə]
tyre	gomë (f)	[gómə]
wheel cover (hubcap)	mbulesë gome (f)	[mbulésə gómɛ]
driving wheels	rrota makine (f)	[róta makínɛ]
front-wheel drive (as adj)	me rrotat e përparme	[mɛ rotat ɛ pərpármɛ]
rear-wheel drive (as adj)	me rrotat e pasme	[mɛ rótat ɛ pásmɛ]
all-wheel drive (as adj)	me të gjitha rrotat	[mɛ tə ɟíθa rótat]
gearbox	kutia e marsheve (f)	[kutía ɛ márʃɛvɛ]
automatic (adj)	automatik	[automatík]
mechanical (adj)	mekanik	[mɛkaník]
gear lever	levë e marshit (f)	[lévə ɛ márʃit]
headlamp	dritë e përparme (f)	[drítə ɛ pərpármɛ]
headlights	dritat e përparme (pl)	[drítat ɛ pərpármɛ]
dipped headlights	dritat e shkurtra (pl)	[drítat ɛ ʃkúrtra]
full headlights	dritat e gjata (pl)	[drítat ɛ ɟáta]
brake light	dritat e frenave (pl)	[drítat ɛ frénavɛ]
sidelights	dritat për parkim (pl)	[drítat pər parkím]
hazard lights	sinjal për urgjencë (m)	[siɲál pər uɟéntsə]
fog lights	drita mjegulle (pl)	[dríta mjéguɫɛ]
turn indicator	sinjali i kthesës (m)	[siɲáli i kθésəs]
reversing light	dritat e prapme (pl)	[drítat ɛ prápmɛ]

176. Cars. Passenger compartment

car interior	interier (m)	[intɛriér]
leather (as adj)	prej lëkure	[prɛj ləkúrɛ]
velour (as adj)	kadife	[kadífɛ]
upholstery	veshje (f)	[véʃjɛ]
instrument (gage)	instrument (m)	[instrumént]
dashboard	panel instrumentesh (m)	[panél instruméntɛʃ]

| speedometer | matës i shpejtësisë (m) | [mátəs i ʃpɛjtəsísə] |
| needle (pointer) | shigjetë (f) | [ʃiɟétə] |

mileometer	kilometrazh (m)	[kilomɛtráʒ]
indicator (sensor)	indikator (m)	[indikatór]
level	nivel (m)	[nivél]
warning light	dritë paralajmëruese (f)	[drítə paralajmərúɛsɛ]

steering wheel	timon (m)	[timón]
horn	bori (f)	[borí]
button	buton (m)	[butón]
switch	çelës drite (m)	[tʃéləs drítɛ]

seat	karrige (f)	[karígɛ]
backrest	shpinore (f)	[ʃpinórɛ]
headrest	mbështetësja e kokës (m)	[mbəʃtétəsja ɛ kókəs]
seat belt	rrip i sigurimit (m)	[rip i sigurímit]
to fasten the belt	lidh rripin e sigurimit	[lið rípin ɛ sigurímit]
adjustment (of seats)	rregulloj (m)	[rɛguɫój]

| airbag | jastëk ajri (m) | [jastək ájri] |
| air-conditioner | kondicioner (m) | [konditsionéɾ] |

radio	radio (f)	[rádio]
CD player	disk CD (m)	[dísk tsɛdé]
to turn on	ndez	[ndɛz]
aerial	antenë (f)	[anténə]
glove box	kroskot (m)	[kroskót]
ashtray	taketuke (f)	[takɛtúkɛ]

177. Cars. Engine

engine, motor	motor (m)	[motóɾ]
diesel (as adj)	me naftë	[mɛ náftə]
petrol (as adj)	me benzinë	[mɛ bɛnzínə]

engine volume	vëllim i motorit (m)	[vəɫím i motórit]
power	fuqi (f)	[fucí]
horsepower	kuaj-fuqi (f)	[kúaj-fucí]
piston	piston (m)	[pistón]
cylinder	cilindër (m)	[tsilíndər]
valve	valvulë (f)	[valvúlə]

injector	injektor (m)	[iɲɛktór]
generator (alternator)	gjenerator (m)	[ɟɛnɛratór]
carburettor	karburator (m)	[karburatór]
motor oil	vaj i motorit (m)	[vaj i motórit]

radiator	radiator (m)	[radiatór]
coolant	antifriz (m)	[antifríz]
cooling fan	ventilator (m)	[vɛntilatór]

| battery (accumulator) | bateri (f) | [batɛrí] |
| starter | motorino (f) | [motoríno] |

| ignition | kuadër ndezës (m) | [kuádər ndézəs] |
| sparking plug | kandelë (f) | [kandélə] |

terminal (battery ~)	morseta e baterisë (f)	[morséta ɛ batɛrísə]
positive terminal	kahu pozitiv (m)	[káhu pózitiv]
negative terminal	kahu negativ (m)	[káhu négativ]
fuse	siguresë (f)	[sigurésə]

air filter	filtri i ajrit (m)	[fíltri i ájrit]
oil filter	filtri i vajit (m)	[fíltri i vájit]
fuel filter	filtri i karburantit (m)	[fíltri i karburántit]

178. Cars. Crash. Repair

car crash	aksident (m)	[aksidént]
traffic accident	aksident rrugor (m)	[aksidént rúgor]
to crash (into the wall, etc.)	përplasem në mur	[pərplásɛm nə mur]
to get smashed up	aksident i rëndë	[aksidént i rəndə]
damage	dëm (m)	[dəm]
intact (unscathed)	pa dëmtime	[pa dəmtímɛ]

breakdown	avari (f)	[avarí]
to break down (vi)	prishet	[príʃet]
towrope	kabllo rimorkimi (f)	[kábɫo rimorkími]

puncture	shpim (m)	[ʃpim]
to have a puncture	shpohet	[ʃpóhɛt]
to pump up	fryj	[fryj]
pressure	presion (m)	[prɛsión]
to check (to examine)	kontrolloj	[kontroɫój]

repair	riparim (m)	[riparím]
garage (auto service shop)	auto servis (m)	[áuto sɛrvís]
spare part	pjesë këmbimi (f)	[pjésə kəmbími]
part	pjesë (f)	[pjésə]

bolt (with nut)	bulona (f)	[bulóna]
screw (fastener)	vida (f)	[vída]
nut	dado (f)	[dádo]
washer	rondelë (f)	[rondélə]
bearing (e.g. ball ~)	kushineta (f)	[kuʃinéta]

tube	tub (m)	[tub]
gasket (head ~)	rondelë (f)	[rondélə]
cable, wire	kabllo (f)	[kábɫo]

jack	krik (m)	[krik]
spanner	çelës (m)	[tʃéləs]
hammer	çekiç (m)	[tʃɛkítʃ]
pump	pompë (f)	[pómpə]
screwdriver	kaçavidë (f)	[katʃavídə]
fire extinguisher	bombolë kundër zjarrit (f)	[bombólə kúndər zjárit]
warning triangle	trekëndësh paralajmërues (m)	[trékəndəʃ paralajmərúɛs]

to stall (vi)	fiket	[fíkɛt]
stall (n)	fikje (f)	[fíkjɛ]
to be broken	prishet	[príʃɛt]

to overheat (vi)	nxehet	[ndzéhɛt]
to be clogged up	bllokohet	[bɫokóhɛt]
to freeze up (pipes, etc.)	ngrihet	[ŋríhɛt]
to burst (vi, ab. tube)	plas tubi	[plas túbi]

pressure	presion (m)	[prɛsión]
level	nivel (m)	[nivél]
slack (~ belt)	i lirshëm	[i lírʃəm]

dent	shtypje (f)	[ʃtýpjɛ]
knocking noise (engine)	zhurmë motori (f)	[ʒúrmə motóri]
crack	çarje (f)	[tʃárjɛ]
scratch	gërvishtje (f)	[gərvíʃtjɛ]

179. Cars. Road

road	rrugë (f)	[rúgə]
motorway	autostradë (f)	[autostrádə]
highway	autostradë (f)	[autostrádə]
direction (way)	drejtim (m)	[drɛjtím]
distance	largësi (f)	[largəsí]

bridge	urë (f)	[úrə]
car park	parking (m)	[parkíŋ]
square	shesh (m)	[ʃɛʃ]
road junction	kryqëzim rrugësh (m)	[krycəzím rúgəʃ]
tunnel	tunel (m)	[tunél]

petrol station	pikë karburanti (f)	[píkə karburánti]
car park	parking (m)	[parkíŋ]
petrol pump	pompë karburanti (f)	[pómpə karburánti]
auto repair shop	auto servis (m)	[áuto sɛrvís]
to fill up	furnizohem me gaz	[furnizóhɛm mɛ gáz]
fuel	karburant (m)	[karburánt]
jerrycan	bidon (m)	[bidón]

asphalt, tarmac	asfalt (m)	[asfált]
road markings	vijëzime të rrugës (pl)	[vijəzímɛ tə rúgəs]
kerb	bordurë (f)	[bordúrə]
crash barrier	parmakë të sigurisë (pl)	[parmákə tə sigurísə]
ditch	kanal (m)	[kanál]
roadside (shoulder)	shpatull rrugore (f)	[ʃpátuɫ rugórɛ]
lamppost	shtyllë dritash (f)	[ʃtýɫə drítaʃ]

to drive (a car)	ngas	[ŋas]
to turn (e.g., ~ left)	kthej	[kθɛj]
to make a U-turn	marr kthesë U	[mar kθésə u]
reverse (~ gear)	marsh prapa (m)	[marʃ prápa]
to honk (vi)	i bie borisë	[i bíɛ borísə]
honk (sound)	tyt (m)	[tyt]

to get stuck (in the mud, etc.)	ngec në baltë	[ŋɛts nə báltə]
to spin the wheels	xhiroj gomat	[dʒirój gómat]
to cut, to turn off (vt)	fik	[fik]

speed	shpejtësi (f)	[ʃpɛjtəsí]
to exceed the speed limit	kaloj minimumin e shpejtësisë	[kalój minimúmin ɛ ʃpɛjtəsísə]
to give a ticket	vë gjobë	[və ɟóbə]
traffic lights	semafor (m)	[sɛmafór]
driving licence	patentë shoferi (f)	[paténtə ʃoféri]

level crossing	kalim hekurudhor (m)	[kalím hɛkuruðór]
crossroads	kryqëzim (m)	[krycəzím]
zebra crossing	kalim për këmbësorë (m)	[kalím pər kəmbəsórə]
bend, curve	kthesë (f)	[kθésə]
pedestrian precinct	zonë këmbësorësh (f)	[zónə kəmbəsórəʃ]

180. Signs

Highway Code	rregullat e trafikut rrugor (pl)	[régułat ɛ trafíkut rugór]
road sign (traffic sign)	shenjë trafiku (f)	[ʃéɲə trafíku]
overtaking	tejkalim	[tɛjkalím]
curve	kthesë	[kθésə]
U-turn	kthesë U	[kθésə u]
roundabout	rrethrrotullim	[rɛθrotułím]

No entry	Ndalohet hyrja	[ndalóhɛt hýrja]
All vehicles prohibited	Ndalohen automjetet	[ndalóhɛn automjétɛt]
No overtaking	Ndalohet tejkalimi	[ndalóhɛt tɛjkalími]
No parking	Ndalohet parkimi	[ndalóhɛt parkími]
No stopping	Ndalohet qëndrimi	[ndalóhɛt cəndrími]

dangerous curve	kthesë e rrezikshme	[kθésə ɛ rɛzíkʃmɛ]
steep descent	pjerrësi e fortë	[pjɛrəsí ɛ fórtə]
one-way traffic	rrugë me një drejtim	[rúgə mɛ ɲə drɛjtím]
zebra crossing	kalim për këmbësorë (m)	[kalím pər kəmbəsórə]
slippery road	rrugë e rrëshqitshme	[rúgə ɛ rəʃcítʃmɛ]
GIVE WAY	HAP UDHËN	[hap úðən]

PEOPLE. LIFE EVENTS

181. Holidays. Event

celebration, holiday	festë (f)	[féstə]
national day	festë kombëtare (f)	[féstə kombətárɛ]
public holiday	festë publike (f)	[féstə publíkɛ]
to commemorate (vt)	festoj	[fɛstój]

event (happening)	ceremoni (f)	[tsɛrɛmoní]
event (organized activity)	eveniment (m)	[ɛvɛnimént]
banquet (party)	banket (m)	[bankét]
reception (formal party)	pritje (f)	[prítjɛ]
feast	aheng (m)	[ahéŋ]

anniversary	përvjetor (m)	[pərvjɛtór]
jubilee	jubile (m)	[jubilé]
to celebrate (vt)	festoj	[fɛstój]

New Year	Viti i Ri (m)	[víti i rí]
Happy New Year!	Gëzuar Vitin e Ri!	[gəzúar vítin ɛ rí!]
Father Christmas	Santa Klaus (m)	[sánta kláus]

Christmas	Krishtlindje (f)	[kriʃtlíndjɛ]
Merry Christmas!	Gëzuar Krishtlindjen!	[gəzúar kriʃtlíndjɛn!]
Christmas tree	péma e Krishtlindjes (f)	[péma ɛ kriʃtlíndjɛs]
fireworks (fireworks show)	fishekzjarrë (m)	[fiʃɛkzjárə]

wedding	dasmë (f)	[dásmə]
groom	dhëndër (m)	[ðéndər]
bride	nuse (f)	[núsɛ]

| to invite (vt) | ftoj | [ftoj] |
| invitation card | ftesë (f) | [ftésə] |

guest	mysafir (m)	[mysafír]
to visit (~ your parents, etc.)	vizitoj	[vizitój]
to meet the guests	takoj të ftuarit	[takój tə ftúarit]

gift, present	dhuratë (f)	[ðurátə]
to give (sth as present)	dhuroj	[ðurój]
to receive gifts	marr dhurata	[mar ðuráta]
bouquet (of flowers)	buqetë (f)	[bucétə]

| congratulations | urime (f) | [urímɛ] |
| to congratulate (vt) | përgëzoj | [pərgəzój] |

greetings card	kartolinë (f)	[kartolínə]
to send a postcard	dërgoj kartolinë	[dərgój kartolínə]
to get a postcard	marr kartolinë	[mar kartolínə]

toast	dolli (f)	[doɫí]
to offer (a drink, etc.)	qeras	[cɛrás]
champagne	shampanjë (f)	[ʃampáɲə]

to enjoy oneself	kënaqem	[kənácɛm]
merriment (gaiety)	gëzim (m)	[gəzím]
joy (emotion)	gëzim (m)	[gəzím]

| dance | vallëzim (m) | [vaɫəzím] |
| to dance (vi, vt) | vallëzoj | [vaɫəzój] |

| waltz | vals (m) | [vals] |
| tango | tango (f) | [táŋo] |

182. Funerals. Burial

cemetery	varreza (f)	[varéza]
grave, tomb	varr (m)	[var]
cross	kryq (m)	[kryc]
gravestone	gur varri (m)	[gur vári]
fence	gardh (m)	[garð]
chapel	kishëz (m)	[kíʃəz]

death	vdekje (f)	[vdékjɛ]
to die (vi)	vdes	[vdɛs]
the deceased	i vdekuri (m)	[i vdékuri]
mourning	zi (f)	[zi]

to bury (vt)	varros	[varós]
undertakers	agjenci funeralesh (f)	[aɟɛntsí funɛrálɛʃ]
funeral	funeral (m)	[funɛrál]

wreath	kurorë (f)	[kurórə]
coffin	arkivol (m)	[arkivól]
hearse	makinë funebre (f)	[makínə funébrɛ]
shroud	qefin (m)	[cɛfín]

funeral procession	kortezh (m)	[kortéʒ]
funerary urn	urnë (f)	[úrnə]
crematorium	kremator (m)	[krɛmatór]

obituary	përkujtim (m)	[pərkujtím]
to cry (weep)	qaj	[caj]
to sob (vi)	qaj me dënesë	[caj mɛ dənésə]

183. War. Soldiers

platoon	togë (f)	[tógə]
company	kompani (f)	[kompaní]
regiment	regjiment (m)	[rɛɟimént]
army	ushtri (f)	[uʃtrí]
division	divizion (m)	[divizión]

| section, squad | skuadër (f) | [skuádər] |
| host (army) | armatë (f) | [armátə] |

| soldier | ushtar (m) | [uʃtár] |
| officer | oficer (m) | [ofitsér] |

private	ushtar (m)	[uʃtár]
sergeant	rreshter (m)	[rɛʃtér]
lieutenant	toger (m)	[togér]
captain	kapiten (m)	[kapitén]
major	major (m)	[majór]
colonel	kolonel (m)	[kolonél]
general	gjeneral (m)	[ɟɛnɛrál]

sailor	marinar (m)	[marinár]
captain	kapiten (m)	[kapitén]
boatswain	kryemarinar (m)	[kryɛmarinár]
artilleryman	artiljer (m)	[artiljér]
paratrooper	parashutist (m)	[paraʃutíst]
pilot	pilot (m)	[pilót]
navigator	navigues (m)	[navigúɛs]
mechanic	mekanik (m)	[mɛkaník]

pioneer (sapper)	xhenier (m)	[dʒɛniér]
parachutist	parashutist (m)	[paraʃutíst]
reconnaissance scout	agjent zbulimi (m)	[aɟént zbulími]
sniper	snajper (m)	[snajpér]

patrol (group)	patrullë (f)	[patrúɫə]
to patrol (vt)	patrulloj	[patruɫój]
sentry, guard	rojë (f)	[rójə]
warrior	luftëtar (m)	[luftətár]
patriot	patriot (m)	[patriót]
hero	hero (m)	[hɛró]
heroine	heroinë (f)	[hɛroínə]

| traitor | tradhtar (m) | [traðtár] |
| to betray (vt) | tradhtoj | [traðtój] |

| deserter | dezertues (m) | [dɛzɛrtúɛs] |
| to desert (vi) | dezertoj | [dɛzɛrtój] |

mercenary	mercenar (m)	[mɛrtsɛnár]
recruit	rekrut (m)	[rɛkrút]
volunteer	vullnetar (m)	[vuɫnɛtár]

dead (n)	vdekur (m)	[vdékur]
wounded (n)	i plagosur (m)	[i plagósur]
prisoner of war	rob lufte (m)	[rob lúftɛ]

184. War. Military actions. Part 1

| war | luftë (f) | [lúftə] |
| to be at war | në luftë | [nə lúftə] |

civil war	**luftë civile** (f)	[lúftə tsivílɛ]
treacherously (adv)	**pabesisht**	[pabɛsíʃt]
declaration of war	**shpallje lufte** (f)	[ʃpátjɛ lúftɛ]
to declare (~ war)	**shpall**	[ʃpałt]
aggression	**agresion** (m)	[agrɛsión]
to attack (invade)	**sulmoj**	[sulmój]
to invade (vt)	**pushtoj**	[puʃtój]
invader	**pushtues** (m)	[puʃtúɛs]
conqueror	**pushtues** (m)	[puʃtúɛs]
defence	**mbrojtje** (f)	[mbrójtjɛ]
to defend (a country, etc.)	**mbroj**	[mbrój]
to defend (against ...)	**mbrohem**	[mbróhɛm]
enemy	**armik** (m)	[armík]
foe, adversary	**kundërshtar** (m)	[kundərʃtár]
enemy (as adj)	**armike**	[armíkɛ]
strategy	**strategji** (f)	[stratɛʝí]
tactics	**taktikë** (f)	[taktíkə]
order	**urdhër** (m)	[úrðər]
command (order)	**komandë** (f)	[komándə]
to order (vt)	**urdhëroj**	[urðərój]
mission	**mision** (m)	[misión]
secret (adj)	**sekret**	[sɛkrét]
battle, combat	**betejë** (f)	[bɛtéjə]
combat	**luftim** (m)	[luftím]
attack	**sulm** (m)	[sulm]
charge (assault)	**sulm** (m)	[sulm]
to storm (vt)	**sulmoj**	[sulmój]
siege (to be under ~)	**nën rrethim** (m)	[nən rɛθím]
offensive (n)	**sulm** (m)	[sulm]
to go on the offensive	**kaloj në sulm**	[kalój nə súlm]
retreat	**tërheqje** (f)	[tərhécjɛ]
to retreat (vi)	**tërhiqem**	[tərhícɛm]
encirclement	**rrethim** (m)	[rɛθím]
to encircle (vt)	**rrethoj**	[rɛθój]
bombing (by aircraft)	**bombardim** (m)	[bombardím]
to drop a bomb	**hedh bombë**	[hɛð bómbə]
to bomb (vt)	**bombardoj**	[bombardój]
explosion	**shpërthim** (m)	[ʃpərθím]
shot	**e shtënë** (f)	[ɛ ʃténə]
to fire (~ a shot)	**qëlloj**	[cətój]
firing (burst of ~)	**të shtëna** (pl)	[tə ʃténa]
to aim (to point a weapon)	**vë në shënjestër**	[və nə ʃəɲéstər]
to point (a gun)	**drejtoj armën**	[drɛjtój ármən]

to hit (the target)	qëlloj	[cətój]
to sink (~ a ship)	fundos	[fundós]
hole (in a ship)	vrimë (f)	[vrímə]
to founder, to sink (vi)	fundoset	[fundósɛt]

front (war ~)	front (m)	[front]
evacuation	evakuim (m)	[ɛvakuím]
to evacuate (vt)	evakuoj	[ɛvakuój]

trench	llogore (f)	[ɫogórɛ]
barbed wire	tel me gjemba (m)	[tɛl mɛ ɟémba]
barrier (anti tank ~)	pengesë (f)	[pɛŋésə]
watchtower	kullë vrojtuese (f)	[kúɫə vrojtúɛsɛ]

military hospital	spital ushtarak (m)	[spitál uʃtarák]
to wound (vt)	plagos	[plagós]
wound	plagë (f)	[plágə]
wounded (n)	i plagosur (m)	[i plagósur]
to be wounded	jam i plagosur	[jam i plagósur]
serious (wound)	rëndë	[rə́ndə]

185. War. Military actions. Part 2

captivity	burgosje (f)	[burgósjɛ]
to take captive	zë rob	[zə rob]
to be held captive	mbahem rob	[mbáhɛm rób]
to be taken captive	zihem rob	[zíhɛm rob]

concentration camp	kamp përqendrimi (m)	[kamp pɛrcɛndrími]
prisoner of war	rob lufte (m)	[rob lúftɛ]
to escape (vi)	arratisem	[aratísɛm]

to betray (vt)	tradhtoj	[traðtój]
betrayer	tradhtar (m)	[traðtár]
betrayal	tradhti (f)	[traðtí]

| to execute (by firing squad) | ekzekutoj | [ɛkzɛkutój] |
| execution (by firing squad) | ekzekutim (m) | [ɛkzɛkutím] |

equipment (military gear)	armatim (m)	[armatím]
shoulder board	spaletë (f)	[spalétə]
gas mask	maskë antigaz (f)	[máskə antigáz]

field radio	radiomarrëse (f)	[radiomárəsɛ]
cipher, code	kod sekret (m)	[kód sɛkrét]
secrecy	komplot (m)	[komplót]
password	fjalëkalim (m)	[fjaləkalím]

land mine	minë tokësore (f)	[mínə tokəsórɛ]
to mine (road, etc.)	minoj	[minój]
minefield	fushë e minuar (f)	[fúʃə ɛ minúar]

| air-raid warning | alarm sulmi ajror (m) | [alárm súlmi ajrór] |
| alarm (alert signal) | alarm (m) | [alárm] |

165

| signal | sinjal (m) | [siɲál] |
| signal flare | sinjalizues (m) | [siɲalizúɛs] |

headquarters	selia qendrore (f)	[sɛlía cɛndrórɛ]
reconnaissance	zbulim (m)	[zbulím]
situation	gjendje (f)	[ɟéndjɛ]
report	raport (m)	[rapórt]
ambush	pritë (f)	[prítə]
reinforcement (army)	përforcim (m)	[pərfortsím]

target	shënjestër (f)	[ʃəɲéstər]
training area	poligon (m)	[poligón]
military exercise	manovra ushtarake (f)	[manóvra uʃtarákɛ]

panic	panik (m)	[paník]
devastation	shkatërrim (m)	[ʃkatərím]
destruction, ruins	gërmadha (pl)	[gərmáða]
to destroy (vt)	shkatërroj	[ʃkatərój]

to survive (vi, vt)	mbijetoj	[mbijɛtój]
to disarm (vt)	çarmatos	[tʃarmatós]
to handle (~ a gun)	manovroj	[manovrój]

| Attention! | Gatitu! | [gatitú!] |
| At ease! | Qetësohu! | [cɛtəsóhu!] |

feat, act of courage	akt heroik (m)	[ákt hɛroík]
oath (vow)	betim (m)	[bɛtím]
to swear (an oath)	betohem	[bɛtóhɛm]

decoration (medal, etc.)	dekoratë (f)	[dɛkorátə]
to award (give a medal to)	dekoroj	[dɛkorój]
medal	medalje (f)	[mɛdáljɛ]
order (e.g. ~ of Merit)	urdhër medalje (m)	[úrðər mɛdáljɛ]

victory	fitore (f)	[fitórɛ]
defeat	humbje (f)	[húmbjɛ]
armistice	armëpushim (m)	[arməpuʃím]

standard (battle flag)	flamur beteje (m)	[flamúr bɛtéjɛ]
glory (honour, fame)	famë (f)	[fámə]
parade	paradë (f)	[parádə]
to march (on parade)	marshoj	[marʃój]

186. Weapons

weapons	armë (f)	[ármə]
firearms	armë zjarri (f)	[ármə zjári]
cold weapons (knives, etc.)	armë të ftohta (pl)	[ármə tə ftóhta]

chemical weapons	armë kimike (f)	[ármə kimíkɛ]
nuclear (adj)	nukleare	[nuklɛárɛ]
nuclear weapons	armë nukleare (f)	[ármə nuklɛárɛ]
bomb	bombë (f)	[bómbə]

atomic bomb	bombë atomike (f)	[bómbə atomíkɛ]
pistol (gun)	pistoletë (f)	[pistolétə]
rifle	pushkë (f)	[púʃkə]
submachine gun	mitraloz (m)	[mitralóz]
machine gun	mitraloz (m)	[mitralóz]
muzzle	grykë (f)	[grýkə]
barrel	tytë pushke (f)	[týtə púʃkɛ]
calibre	kalibër (m)	[kalíbər]
trigger	këmbëz (f)	[kémbəz]
sight (aiming device)	shënjestër (f)	[ʃəɲéstər]
magazine	karikator (m)	[karikatór]
butt (shoulder stock)	qytë (f)	[cýtə]
hand grenade	bombë dore (f)	[bómbə dórɛ]
explosive	eksploziv (m)	[ɛksplozív]
bullet	plumb (m)	[plúmb]
cartridge	fishek (m)	[fiʃék]
charge	karikim (m)	[karikím]
ammunition	municion (m)	[munitsión]
bomber (aircraft)	avion bombardues (m)	[avión bombardúɛs]
fighter	avion luftarak (m)	[avión luftarák]
helicopter	helikopter (m)	[hɛlikoptér]
anti-aircraft gun	armë anti-ajrore (f)	[ármə ánti-ajrórɛ]
tank	tank (m)	[tank]
tank gun	top tanku (m)	[top tánku]
artillery	artileri (f)	[artilɛrí]
gun (cannon, howitzer)	top (m)	[top]
to lay (a gun)	vë në shënjestër	[və nə ʃəɲéstər]
shell (projectile)	mortajë (f)	[mortájə]
mortar bomb	bombë mortaje (f)	[bómbə mortájɛ]
mortar	mortajë (f)	[mortájə]
splinter (shell fragment)	copëz mortaje (f)	[tsópəz mortájɛ]
submarine	nëndetëse (f)	[nəndétəsɛ]
torpedo	silurë (f)	[silúrə]
missile	raketë (f)	[rakétə]
to load (gun)	mbush	[mbúʃ]
to shoot (vi)	qëlloj	[cəɬój]
to point at (the cannon)	drejtoj	[drɛjtój]
bayonet	bajonetë (f)	[bajonétə]
rapier	shpatë (f)	[ʃpátə]
sabre (e.g. cavalry ~)	shpatë (f)	[ʃpátə]
spear (weapon)	shtizë (f)	[ʃtízə]
bow	hark (m)	[hárk]
arrow	shigjetë (f)	[ʃiɟétə]
musket	musketë (f)	[muskétə]
crossbow	pushkë-shigjetë (f)	[púʃkə-ʃiɟétə]

187. Ancient people

primitive (prehistoric)	**prehistorik**	[prɛhistorík]
prehistoric (adj)	**prehistorike**	[prɛhistoríkɛ]
ancient (~ civilization)	**i lashtë**	[i láʃtə]
Stone Age	**Epoka e Gurit** (f)	[ɛpóka ɛ gúrit]
Bronze Age	**Epoka e Bronzit** (f)	[ɛpóka ɛ brónzit]
Ice Age	**Epoka e akullit** (f)	[ɛpóka ɛ ákuɫit]
tribe	**klan** (m)	[klan]
cannibal	**kanibal** (m)	[kanibál]
hunter	**gjahtar** (m)	[ɟahtár]
to hunt (vi, vt)	**dal për gjah**	[dál pər ɟáh]
mammoth	**mamut** (m)	[mamút]
cave	**shpellë** (f)	[ʃpétə]
fire	**zjarr** (m)	[zjar]
campfire	**zjarr kampingu** (m)	[zjar kampíŋu]
cave painting	**vizatim në shpella** (m)	[vizatím nə ʃpéta]
tool (e.g. stone axe)	**vegël** (f)	[végəl]
spear	**shtizë** (f)	[ʃtízə]
stone axe	**sëpatë guri** (f)	[səpátə gúri]
to be at war	**në luftë**	[nə lúftə]
to domesticate (vt)	**zbus**	[zbus]
idol	**idhull** (m)	[íðuɫ]
to worship (vt)	**adhuroj**	[aðurój]
superstition	**besëtytni** (f)	[bɛsətytní]
rite	**rit** (m)	[rit]
evolution	**evolucion** (m)	[ɛvolutsión]
development	**zhvillim** (m)	[ʒvitím]
disappearance (extinction)	**zhdukje** (f)	[ʒdúkjɛ]
to adapt oneself	**përshtatem**	[pərʃtátɛm]
archaeology	**arkeologji** (f)	[arkɛoloɟí]
archaeologist	**arkeolog** (m)	[arkɛológ]
archaeological (adj)	**arkeologjike**	[arkɛoloɟíkɛ]
excavation site	**vendi i gërmimeve** (m)	[véndi i gərmímɛvɛ]
excavations	**gërmime** (pl)	[gərmímɛ]
find (object)	**zbulim** (m)	[zbulím]
fragment	**fragment** (m)	[fragmént]

188. Middle Ages

people (ethnic group)	**popull** (f)	[pópuɫ]
peoples	**popuj** (pl)	[pópuj]
tribe	**klan** (m)	[klan]
tribes	**klane** (pl)	[klánɛ]
barbarians	**barbarë** (pl)	[barbárə]

Gauls	Galët (pl)	[gálət]
Goths	Gotët (pl)	[gótət]
Slavs	Sllavët (pl)	[słávət]
Vikings	Vikingët (pl)	[vikíŋət]

| Romans | Romakët (pl) | [romákət] |
| Roman (adj) | romak | [romák] |

Byzantines	Bizantinët (pl)	[bizantínət]
Byzantium	Bizanti (m)	[bizánti]
Byzantine (adj)	bizantine	[bizantínɛ]

emperor	perandor (m)	[pɛrandór]
leader, chief (tribal ~)	prijës (m)	[príjəs]
powerful (~ king)	i fuqishëm	[i fucíʃəm]
king	mbret (m)	[mbrét]
ruler (sovereign)	sundimtar (m)	[sundimtár]

knight	kalorës (m)	[kalórəs]
feudal lord	lord feudal (m)	[lórd fɛudál]
feudal (adj)	feudal	[fɛudál]
vassal	vasal (m)	[vasál]

duke	dukë (f)	[dúkə]
earl	kont (m)	[kont]
baron	baron (m)	[barón]
bishop	peshkop (m)	[pɛʃkóp]

armour	parzmore (f)	[parzmórɛ]
shield	mburojë (f)	[mburójə]
sword	shpatë (f)	[ʃpátə]
visor	ballnik (m)	[bałník]
chainmail	thurak (m)	[θurák]

| Crusade | Kryqëzata (f) | [krycəzáta] |
| crusader | kryqtar (m) | [kryctár] |

territory	territor (m)	[tɛritór]
to attack (invade)	sulmoj	[sulmój]
to conquer (vt)	mposht	[mpóʃt]
to occupy (invade)	pushtoj	[puʃtój]

siege (to be under ~)	nën rrethim (m)	[nən rɛθím]
besieged (adj)	i rrethuar	[i rɛθúar]
to besiege (vt)	rrethoj	[rɛθój]

inquisition	inkuizicion (m)	[inkuizitsión]
inquisitor	inkuizitor (m)	[inkuizitór]
torture	torturë (f)	[tortúrə]
cruel (adj)	mizor	[mizór]
heretic	heretik (m)	[hɛrɛtík]
heresy	herezi (f)	[hɛrɛzí]

seafaring	lundrim (m)	[lundrím]
pirate	pirat (m)	[pirát]
piracy	pirateri (f)	[piratɛrí]

boarding (attack)	sulm me anije (m)	[sulm mɛ aníjɛ]
loot, booty	plaçkë (f)	[plátʃkə]
treasure	thesare (pl)	[θɛsárɛ]

discovery	zbulim (m)	[zbulím]
to discover (new land, etc.)	zbuloj	[zbulój]
expedition	ekspeditë (f)	[ɛkspɛdítə]

musketeer	musketar (m)	[muskɛtár]
cardinal	kardinal (m)	[kardinál]
heraldry	heraldikë (f)	[hɛraldíkə]
heraldic (adj)	heraldik	[hɛraldík]

189. Leader. Chief. Authorities

king	mbret (m)	[mbrét]
queen	mbretëreshë (f)	[mbrɛtəréʃə]
royal (adj)	mbretërore	[mbrɛtərórɛ]
kingdom	mbretëri (f)	[mbrɛtərí]

| prince | princ (m) | [prints] |
| princess | princeshë (f) | [printséʃə] |

president	president (m)	[prɛsidént]
vice-president	zëvendës president (m)	[zəvéndəs prɛsidént]
senator	senator (m)	[sɛnatór]

monarch	monark (m)	[monárk]
ruler (sovereign)	sundimtar (m)	[sundimtár]
dictator	diktator (m)	[diktatór]
tyrant	tiran (m)	[tirán]
magnate	manjat (m)	[maɲát]

director	drejtor (m)	[drɛjtór]
chief	udhëheqës (m)	[uðəhécəs]
manager (director)	drejtor (m)	[drɛjtór]
boss	bos (m)	[bos]
owner	pronar (m)	[pronár]

leader	lider (m)	[lidéɾ]
head (~ of delegation)	kryetar (m)	[kryɛtár]
authorities	autoritetet (pl)	[autoritétɛt]
superiors	eprorët (pl)	[ɛprórət]

governor	guvernator (m)	[guvɛrnatór]
consul	konsull (m)	[kónsuɫ]
diplomat	diplomat (m)	[diplomát]
mayor	kryetar komune (m)	[kryɛtár komúnɛ]
sheriff	sherif (m)	[ʃɛríf]

emperor	perandor (m)	[pɛrandór]
tsar, czar	car (m)	[tsár]
pharaoh	faraon (m)	[faraón]
khan	khan (m)	[khán]

190. Road. Way. Directions

road	rrugë (f)	[rúgə]
way (direction)	drejtim (m)	[drɛjtím]
highway	autostradë (f)	[autostrádə]
motorway	autostradë (f)	[autostrádə]
trunk road	rrugë nacionale (f)	[rúgə natsionálɛ]
main road	rrugë kryesore (f)	[rúgə kryɛsórɛ]
dirt road	rrugë fushe (f)	[rúgə fúʃɛ]
pathway	shteg (m)	[ʃtɛg]
footpath (troddenpath)	shteg (m)	[ʃtɛg]
Where?	Ku?	[ku?]
Where (to)?	Për ku?	[pər ku?]
From where?	Nga ku?	[ŋa ku?]
direction (way)	drejtim (m)	[drɛjtím]
to point (~ the way)	tregoj	[trɛgój]
to the left	në të majtë	[nə tə májtə]
to the right	në të djathtë	[nə tə djáθtə]
straight ahead (adv)	drejt	[dréjt]
back (e.g. to turn ~)	pas	[pas]
bend, curve	kthesë (f)	[kθésə]
to turn (e.g., ~ left)	kthej	[kθɛj]
to make a U-turn	marr kthesë U	[mar kθésə u]
to be visible	të dukshme	[tə dúkʃmɛ]
(mountains, castle, etc.)		
to appear (come into view)	shfaq	[ʃfac]
stop, halt (e.g., during a trip)	ndalesë (f)	[ndalésə]
to rest, to pause (vi)	pushoj	[puʃój]
rest (pause)	pushim (m)	[puʃím]
to lose one's way	humb rrugën	[húmb rúgən]
to lead to ... (ab. road)	të çon	[tə tʃon]
to came out	dal	[dal]
(e.g., on the highway)		
stretch (of the road)	copëz (m)	[tsópəz]
asphalt	asfalt (m)	[asfált]
kerb	bordurë (f)	[bordúrə]
ditch	kanal (m)	[kanál]
manhole	pusetë (f)	[pusétə]
roadside (shoulder)	shpatull rrugore (f)	[ʃpátuɫ rugórɛ]
pit, pothole	gropë (f)	[grópə]
to go (on foot)	ec në këmbë	[ɛts nə kémbə]
to overtake (vt)	tejkaloj	[tɛjkalój]
step (footstep)	hap (m)	[hap]

on foot (adv)	në këmbë	[nə kémbə]
to block (road)	bllokoj	[bɫokój]
boom gate	postbllok (m)	[postbɫók]
dead end	rrugë pa krye (f)	[rúgə pa krýɛ]

191. Breaking the law. Criminals. Part 1

bandit	bandit (m)	[bandít]
crime	krim (m)	[krim]
criminal (person)	kriminel (m)	[kriminél]

thief	hajdut (m)	[hajdút]
to steal (vi, vt)	vjedh	[vjɛð]
stealing, theft	vjedhje (f)	[vjéðjɛ]

to kidnap (vt)	rrëmbej	[rəmbéj]
kidnapping	rrëmbim (m)	[rəmbím]
kidnapper	rrëmbyes (m)	[rəmbýɛs]

| ransom | shpërblesë (f) | [ʃpərblésə] |
| to demand ransom | kërkoj shpërblesë | [kərkój ʃpərblésə] |

to rob (vt)	grabis	[grabís]
robbery	grabitje (f)	[grabítjɛ]
robber	grabitës (m)	[grabítəs]

to extort (vt)	zhvat	[ʒvat]
extortionist	zhvatës (m)	[ʒvátəs]
extortion	zhvatje (f)	[ʒvátjɛ]

to murder, to kill	vras	[vras]
murder	vrasje (f)	[vrásjɛ]
murderer	vrasës (m)	[vrásəs]

gunshot	e shtënë (f)	[ɛ ʃténə]
to fire (~ a shot)	qëlloj	[cəɫój]
to shoot to death	qëlloj për vdekje	[cəɫój pər vdékjɛ]
to shoot (vi)	qëlloj	[cəɫój]
shooting	të shtëna (pl)	[tə ʃténa]

incident (fight, etc.)	incident (m)	[intsidént]
fight, brawl	përleshje (f)	[pərléʃjɛ]
Help!	Ndihmë!	[ndíhmə!]
victim	viktimë (f)	[viktímə]

to damage (vt)	dëmtoj	[dəmtój]
damage	dëm (m)	[dəm]
dead body, corpse	kufomë (f)	[kufómə]
grave (~ crime)	i rëndë	[i réndə]

to attack (vt)	sulmoj	[sulmój]
to beat (to hit)	rrah	[rah]
to beat up	sakatoj	[sakatój]
to take (rob of sth)	rrëmbej	[rəmbéj]

172

to stab to death	ther për vdekje	[θɛr pər vdékjɛ]
to maim (vt)	gjymtoj	[jymtój]
to wound (vt)	plagos	[plagós]
blackmail	shantazh (m)	[ʃantáʒ]
to blackmail (vt)	bëj shantazh	[bəj ʃantáʒ]
blackmailer	shantazhist (m)	[ʃantaʒíst]
protection racket	rrjet mashtrimi (m)	[rjét maʃtrími]
racketeer	mashtrues (m)	[maʃtrúɛs]
gangster	gangster (m)	[gaŋstér]
mafia	mafia (f)	[máfia]
pickpocket	vjedhës xhepash (m)	[vjéðəs dʒépaʃ]
burglar	hajdut (m)	[hajdút]
smuggling	trafikim (m)	[trafikím]
smuggler	trafikues (m)	[trafikúɛs]
forgery	falsifikim (m)	[falsifikím]
to forge (counterfeit)	falsifikoj	[falsifikój]
fake (forged)	fals	[fáls]

192. Breaking the law. Criminals. Part 2

rape	përdhunim (m)	[pərðuním]
to rape (vt)	përdhunoj	[pərðunój]
rapist	përdhunues (m)	[pərðunúɛs]
maniac	maniak (m)	[maniák]
prostitute (fem.)	prostitutë (f)	[prostitútə]
prostitution	prostitucion (m)	[prostitutsión]
pimp	tutor (m)	[tutór]
drug addict	narkoman (m)	[narkomán]
drug dealer	trafikant droge (m)	[trafikánt drógɛ]
to blow up (bomb)	shpërthej	[ʃpərθéj]
explosion	shpërthim (m)	[ʃpərθím]
to set fire	vë flakën	[və flákən]
arsonist	zjarrvënës (m)	[zjarvénəs]
terrorism	terrorizëm (m)	[tɛrorízəm]
terrorist	terrorist (m)	[tɛroríst]
hostage	peng (m)	[pɛŋ]
to swindle (deceive)	mashtroj	[maʃtrój]
swindle, deception	mashtrim (m)	[maʃtrím]
swindler	mashtrues (m)	[maʃtrúɛs]
to bribe (vt)	jap ryshfet	[jap ryʃfét]
bribery	ryshfet (m)	[ryʃfét]
bribe	ryshfet (m)	[ryʃfét]
poison	helm (m)	[hɛlm]
to poison (vt)	helmoj	[hɛlmój]

to poison oneself	helmohem	[hɛlmóhɛm]
suicide (act)	vetëvrasje (f)	[vɛtəvrásjɛ]
suicide (person)	vetëvrasës (m)	[vɛtəvrásəs]

to threaten (vt)	kërcënoj	[kərtsənój]
threat	kërcënim (m)	[kərtsəním]
to make an attempt	tentoj	[tɛntój]
attempt (attack)	atentat (m)	[atɛntát]

| to steal (a car) | vjedh | [vjɛð] |
| to hijack (a plane) | rrëmbej | [rəmbéj] |

| revenge | hakmarrje (f) | [hakmárjɛ] |
| to avenge (get revenge) | hakmerrem | [hakmérɛm] |

to torture (vt)	torturoj	[torturój]
torture	torturë (f)	[tortúrə]
to torment (vt)	torturoj	[torturój]

pirate	pirat (m)	[pirát]
hooligan	huligan (m)	[huligán]
armed (adj)	i armatosur	[i armatósur]
violence	dhunë (f)	[ðúnə]
illegal (unlawful)	ilegal	[ilɛgál]

| spying (espionage) | spiunazh (m) | [spiunáʒ] |
| to spy (vi) | spiunoj | [spiunój] |

193. Police. Law. Part 1

| justice | drejtësi (f) | [drɛjtəsí] |
| court (see you in ~) | gjykatë (f) | [ɟykátə] |

judge	gjykatës (m)	[ɟykátəs]
jurors	anëtar jurie (m)	[anətár juríɛ]
jury trial	gjyq me juri (m)	[ɟýc mɛ jurí]
to judge, to try (vt)	gjykoj	[ɟykój]

lawyer, barrister	avokat (m)	[avokát]
defendant	pandehur (m)	[pandéhur]
dock	bankë e të pandehurit (f)	[bánkə ɛ tə pandéhurit]

| charge | akuzë (f) | [akúzə] |
| accused | i akuzuar (m) | [i akuzúar] |

| sentence | vendim (m) | [vɛndím] |
| to sentence (vt) | dënoj | [dənój] |

guilty (culprit)	fajtor (m)	[fajtór]
to punish (vt)	ndëshkoj	[ndəʃkój]
punishment	ndëshkim (m)	[ndəʃkím]

| fine (penalty) | gjobë (f) | [ɟóbə] |
| life imprisonment | burgim i përjetshëm (m) | [burgím i pərjétʃəm] |

death penalty	dënim me vdekje (m)	[dəním mɛ vdékjɛ]
electric chair	karrige elektrike (f)	[karígɛ ɛlɛktríkɛ]
gallows	varje (f)	[várjɛ]

| to execute (vt) | ekzekutoj | [ɛkzɛkutój] |
| execution | ekzekutim (m) | [ɛkzɛkutím] |

| prison | burg (m) | [búrg] |
| cell | qeli (f) | [cɛlí] |

escort (convoy)	eskortë (f)	[ɛskórtə]
prison officer	gardian burgu (m)	[gardián búrgu]
prisoner	i burgosur (m)	[i burgósur]

| handcuffs | pranga (f) | [práŋa] |
| to handcuff (vt) | vë prangat | [və práŋat] |

prison break	arratisje nga burgu (f)	[aratísjɛ ŋa búrgu]
to break out (vi)	arratisem	[aratísɛm]
to disappear (vi)	zhduk	[ʒduk]
to release (from prison)	dal nga burgu	[dál ŋa búrgu]
amnesty	amnisti (f)	[amnistí]

police	polici (f)	[politsí]
police officer	polic (m)	[políts]
police station	komisariat (m)	[komisariát]
truncheon	shkop gome (m)	[ʃkop gómɛ]
megaphone (loudhailer)	altoparlant (m)	[altoparlánt]

patrol car	makinë patrullimi (f)	[makínə patruɫími]
siren	alarm (m)	[alárm]
to turn on the siren	ndez sirenën	[ndɛz sirénən]
siren call	zhurmë alarmi (f)	[ʒúrmə alármi]

crime scene	skenë krimi (f)	[skénə krími]
witness	dëshmitar (m)	[dəʃmitár]
freedom	liri (f)	[lirí]
accomplice	bashkëpunëtor (m)	[baʃkəpunətór]
to flee (vi)	zhdukem	[ʒdúkɛm]
trace (to leave a ~)	gjurmë (f)	[ɟúrmə]

194. Police. Law. Part 2

search (investigation)	kërkim (m)	[kərkím]
to look for ...	kërkoj ...	[kərkój ...]
suspicion	dyshim (m)	[dyʃím]
suspicious (e.g., ~ vehicle)	i dyshuar	[i dyʃúar]
to stop (cause to halt)	ndaloj	[ndalój]
to detain (keep in custody)	mbaj të ndaluar	[mbáj tə ndalúar]

case (lawsuit)	padi (f)	[padí]
investigation	hetim (m)	[hɛtím]
detective	detektiv (m)	[dɛtɛktív]
investigator	hetues (m)	[hɛtúɛs]

hypothesis	hipotezë (f)	[hipotézə]
motive	motiv (m)	[motív]
interrogation	marrje në pyetje (f)	[márjɛ nə pýɛtjɛ]
to interrogate (vt)	marr në pyetje	[mar nə pýɛtjɛ]
to question	pyes	[pýɛs]
(~ neighbors, etc.)		
check (identity ~)	verifikim (m)	[vɛrifikím]

round-up (raid)	kontroll në grup (m)	[kontróɫ nə grúp]
search (~ warrant)	bastisje (f)	[bastísjɛ]
chase (pursuit)	ndjekje (f)	[ndjékjɛ]
to pursue, to chase	ndjek	[ndjék]
to track (a criminal)	ndjek	[ndjék]

arrest	arrestim (m)	[arɛstím]
to arrest (sb)	arrestoj	[arɛstój]
to catch (thief, etc.)	kap	[kap]
capture	kapje (f)	[kápjɛ]

document	dokument (m)	[dokumént]
proof (evidence)	provë (f)	[próvə]
to prove (vt)	dëshmoj	[dəʃmój]
footprint	gjurmë (f)	[ɟúrmə]
fingerprints	shenja gishtash (pl)	[ʃéɲa gíʃtaʃ]
piece of evidence	provë (f)	[próvə]

alibi	alibi (f)	[alibí]
innocent (not guilty)	i pafajshëm	[i pafájʃəm]
injustice	padrejtësi (f)	[padrɛjtəsí]
unjust, unfair (adj)	i padrejtë	[i padréjtə]

criminal (adj)	kriminale	[kriminálɛ]
to confiscate (vt)	konfiskoj	[konfiskój]
drug (illegal substance)	drogë (f)	[drógə]
weapon, gun	armë (f)	[ármə]
to disarm (vt)	çarmatos	[tʃarmatós]
to order (command)	urdhëroj	[urðərój]
to disappear (vi)	zhduk	[ʒduk]

law	ligj (m)	[liɟ]
legal, lawful (adj)	ligjor	[liɟór]
illegal, illicit (adj)	i paligjshëm	[i palíɟʃəm]

| responsibility (blame) | përgjegjësi (f) | [pərɟɛɟəsí] |
| responsible (adj) | përgjegjës | [pərɟéɟəs] |

NATURE

The Earth. Part 1

space	hapësirë (f)	[hapəsírə]
space (as adj)	hapësinor	[hapəsinór]
outer space	kozmos (m)	[kozmós]
world	botë (f)	[bótə]
universe	univers	[univérs]
galaxy	galaksi (f)	[galaksí]
star	yll (m)	[yɫ]
constellation	yllësi (f)	[yɫəsí]
planet	planet (m)	[planét]
satellite	satelit (m)	[satɛlít]
meteorite	meteor (m)	[mɛtɛór]
comet	kometë (f)	[kométə]
asteroid	asteroid (m)	[astɛroíd]
orbit	orbitë (f)	[orbítə]
to revolve	rrotullohet	[rotuɫóhɛt]
(~ around the Earth)		
atmosphere	atmosferë (f)	[atmosférə]
the Sun	Dielli (m)	[diéɫi]
solar system	sistemi diellor (m)	[sistémi diɛɫór]
solar eclipse	eklips diellor (m)	[ɛklíps diɛɫór]
the Earth	Toka (f)	[tóka]
the Moon	Hëna (f)	[hə́na]
Mars	Marsi (m)	[mársi]
Venus	Venera (f)	[vɛnéra]
Jupiter	Jupiteri (m)	[jupitéri]
Saturn	Saturni (m)	[satúrni]
Mercury	Merkuri (m)	[mɛrkúri]
Uranus	Urani (m)	[uráni]
Neptune	Neptuni (m)	[nɛptúni]
Pluto	Pluto (f)	[plúto]
Milky Way	Rruga e Qumështit (f)	[rúga ɛ cúməʃtit]
Great Bear (Ursa Major)	Arusha e Madhe (f)	[arúʃa ɛ máðɛ]
North Star	ylli i Veriut (m)	[ýɫi i vériut]
Martian	Marsian (m)	[marsián]

extraterrestrial (n)	jashtëtokësor (m)	[jaʃtətokəsór]
alien	alien (m)	[alién]
flying saucer	disk fluturues (m)	[dísk fluturúɛs]

spaceship	anije kozmike (f)	[aníjɛ kozmíkɛ]
space station	stacion kozmik (m)	[statsión kozmík]
blast-off	ngritje (f)	[ŋrítjɛ]

engine	motor (m)	[motór]
nozzle	dizë (f)	[dízə]
fuel	karburant (m)	[karburánt]

cockpit, flight deck	kabinë pilotimi (f)	[kabínə pilotími]
aerial	antenë (f)	[anténə]
porthole	dritare anësore (f)	[dritárɛ anəsórɛ]
solar panel	panel solar (m)	[panél solár]
spacesuit	veshje astronauti (f)	[véʃjɛ astronáuti]

| weightlessness | mungesë graviteti (f) | [muŋésə gravitéti] |
| oxygen | oksigjen (m) | [oksiɟén] |

| docking (in space) | ndërlidhje në hapësirë (f) | [ndərlíðjɛ nə hapəsírə] |
| to dock (vi, vt) | stacionohem | [statsionóhɛm] |

observatory	observator (m)	[obsɛrvatór]
telescope	teleskop (m)	[tɛlɛskóp]
to observe (vt)	vëzhgoj	[vəʒgój]
to explore (vt)	eksploroj	[ɛksplorój]

196. The Earth

the Earth	Toka (f)	[tóka]
the globe (the Earth)	globi (f)	[glóbi]
planet	planet (m)	[planét]

atmosphere	atmosferë (f)	[atmosférə]
geography	gjeografi (f)	[ɟɛografí]
nature	natyrë (f)	[natýrə]

globe (table ~)	glob (m)	[glob]
map	hartë (f)	[hártə]
atlas	atlas (m)	[atlás]

Europe	Evropa (f)	[ɛvrópa]
Asia	Azia (f)	[azía]
Africa	Afrika (f)	[afríka]
Australia	Australia (f)	[australía]

America	Amerika (f)	[amɛríka]
North America	Amerika Veriore (f)	[amɛríka vɛriórɛ]
South America	Amerika Jugore (f)	[amɛríka jugórɛ]

| Antarctica | Antarktika (f) | [antarktíka] |
| the Arctic | Arktiku (m) | [arktíku] |

197. Cardinal directions

north	veri (m)	[vɛrí]
to the north	drejt veriut	[dréjt vériut]
in the north	në veri	[nə vɛrí]
northern (adj)	verior	[vɛriór]

south	jug (m)	[jug]
to the south	drejt jugut	[dréjt júgut]
in the south	në jug	[nə jug]
southern (adj)	jugor	[jugór]

west	perëndim (m)	[pɛrəndím]
to the west	drejt perëndimit	[dréjt pɛrəndímit]
in the west	në perëndim	[nə pɛrəndím]
western (adj)	perëndimor	[pɛrəndimór]

east	lindje (f)	[líndjɛ]
to the east	drejt lindjes	[dréjt líndjɛs]
in the east	në lindje	[nə líndjɛ]
eastern (adj)	lindor	[lindór]

198. Sea. Ocean

sea	det (m)	[dét]
ocean	oqean (m)	[ocɛán]
gulf (bay)	gji (m)	[ji]
straits	ngushticë (f)	[ŋuʃtítsə]

| land (solid ground) | tokë (f) | [tókə] |
| continent (mainland) | kontinent (m) | [kontinént] |

island	ishull (m)	[íʃuɫ]
peninsula	gadishull (m)	[gadíʃuɫ]
archipelago	arkipelag (m)	[arkipɛlág]

bay, cove	gji (m)	[ji]
harbour	port (m)	[port]
lagoon	lagunë (f)	[lagúnə]
cape	kep (m)	[kɛp]

atoll	atol (m)	[atól]
reef	shkëmb nënujor (m)	[ʃkəmb nənujór]
coral	koral (m)	[korál]
coral reef	korale nënujorë (f)	[korálɛ nənujórə]

deep (adj)	i thellë	[i θéɫə]
depth (deep water)	thellësi (f)	[θɛɫəsí]
abyss	humnerë (f)	[humnérə]
trench (e.g. Mariana ~)	hendek (m)	[hɛndék]

| current (Ocean ~) | rrymë (f) | [rýmə] |
| to surround (bathe) | rrethohet | [rɛθóhɛt] |

179

| shore | breg (m) | [brɛg] |
| coast | bregdet (m) | [brɛgdét] |

flow (flood tide)	batica (f)	[batítsa]
ebb (ebb tide)	zbaticë (f)	[zbatítsə]
shoal	cekëtinë (f)	[tsɛkətínə]
bottom (~ of the sea)	fund i detit (m)	[fúnd i détit]

wave	dallgë (f)	[dáɫgə]
crest (~ of a wave)	kreshtë (f)	[kréʃtə]
spume (sea foam)	shkumë (f)	[ʃkúmə]

storm (sea storm)	stuhi (f)	[stuhí]
hurricane	uragan (m)	[uragán]
tsunami	cunam (m)	[tsunám]
calm (dead ~)	qetësi (f)	[cɛtəsí]
quiet, calm (adj)	i qetë	[i cétə]

| pole | pol (m) | [pol] |
| polar (adj) | polar | [polár] |

latitude	gjerësi (f)	[ɟɛrəsí]
longitude	gjatësi (f)	[ɟatəsí]
parallel	paralele (f)	[paralélɛ]
equator	ekuator (m)	[ɛkuatór]

sky	qiell (m)	[cíɛɫ]
horizon	horizont (m)	[horizónt]
air	ajër (m)	[ájər]

lighthouse	fanar (m)	[fanár]
to dive (vi)	zhytem	[ʒýtɛm]
to sink (ab. boat)	fundosje	[fundósjɛ]
treasure	thesare (pl)	[θɛsárɛ]

199. Seas & Oceans names

Atlantic Ocean	Oqeani Atlantik (m)	[ocɛáni atlantík]
Indian Ocean	Oqeani Indian (m)	[ocɛáni indián]
Pacific Ocean	Oqeani Paqësor (m)	[ocɛáni pacəsór]
Arctic Ocean	Oqeani Arktik (m)	[ocɛáni arktík]

Black Sea	Deti i Zi (m)	[déti i zí]
Red Sea	Deti i Kuq (m)	[déti i kúc]
Yellow Sea	Deti i Verdhë (m)	[déti i vérðə]
White Sea	Deti i Bardhë (m)	[déti i bárðə]

Caspian Sea	Deti Kaspik (m)	[déti kaspík]
Dead Sea	Deti i Vdekur (m)	[déti i vdékur]
Mediterranean Sea	Deti Mesdhe (m)	[déti mɛsðé]

Aegean Sea	Deti Egje (m)	[déti ɛɟé]
Adriatic Sea	Deti Adriatik (m)	[déti adriatík]
Arabian Sea	Deti Arab (m)	[déti aráb]

Sea of Japan	Deti i Japonisë (m)	[déti i japonísə]
Bering Sea	Deti Bering (m)	[déti bériŋ]
South China Sea	Deti i Kinës Jugore (m)	[déti i kínəs jugórɛ]
Coral Sea	Deti Koral (m)	[déti korál]
Tasman Sea	Deti Tasman (m)	[déti tasmán]
Caribbean Sea	Deti i Karaibeve (m)	[déti i karaíbɛvɛ]
Barents Sea	Deti Barents (m)	[déti barénts]
Kara Sea	Deti Kara (m)	[déti kára]
North Sea	Deti i Veriut (m)	[déti i vériut]
Baltic Sea	Deti Baltik (m)	[déti baltík]
Norwegian Sea	Deti Norvegjez (m)	[déti norvɛɟéz]

200. Mountains

mountain	mal (m)	[mal]
mountain range	vargmal (m)	[vargmál]
mountain ridge	kresht malor (m)	[kréʃt malór]
summit, top	majë (f)	[májə]
peak	maja më e lartë (f)	[mája mə ɛ lártə]
foot (~ of the mountain)	rrëza e malit (f)	[rəza ɛ málit]
slope (mountainside)	shpat (m)	[ʃpat]
volcano	vullkan (m)	[vuɫkán]
active volcano	vullkan aktiv (m)	[vuɫkán aktív]
dormant volcano	vullkan i fjetur (m)	[vuɫkán i fjétur]
eruption	shpërthim (m)	[ʃpərθím]
crater	krater (m)	[kratér]
magma	magmë (f)	[mágmə]
lava	llavë (f)	[ɫávə]
molten (~ lava)	i shkrirë	[i ʃkrírə]
canyon	kanion (m)	[kanión]
gorge	grykë (f)	[grýkə]
crevice	çarje (f)	[tʃárjɛ]
abyss (chasm)	humnerë (f)	[humnérə]
pass, col	kalim (m)	[kalím]
plateau	pllajë (f)	[pɫájə]
cliff	shkëmb (m)	[ʃkəmb]
hill	kodër (f)	[kódər]
glacier	akullnajë (f)	[akuɫnájə]
waterfall	ujëvarë (f)	[ujəvárə]
geyser	gejzer (m)	[gɛjzér]
lake	liqen (m)	[licén]
plain	fushë (f)	[fúʃə]
landscape	peizazh (m)	[pɛizáʒ]
echo	jehonë (f)	[jɛhónə]

alpinist	alpinist (m)	[alpiníst]
rock climber	alpinist shkëmbßinjsh (m)	[alpiníst ʃkəmbiɲʃ]
to conquer (in climbing)	pushtoj majën	[puʃtój májən]
climb (an easy ~)	ngjitje (f)	[ɲʝítjɛ]

201. Mountains names

The Alps	Alpet (pl)	[alpét]
Mont Blanc	Montblanc (m)	[montblánk]
The Pyrenees	Pirenejet (pl)	[pirɛnéjɛt]
The Carpathians	Karpatet (m)	[karpátɛt]
The Ural Mountains	Malet Urale (pl)	[málɛt urálɛ]
The Caucasus Mountains	Malet Kaukaze (pl)	[málɛt kaukázɛ]
Mount Elbrus	Mali Elbrus (m)	[máli ɛlbrús]
The Altai Mountains	Malet Altai (pl)	[málɛt altái]
The Tian Shan	Tian Shani (m)	[tían ʃáni]
The Pamirs	Malet e Pamirit (m)	[málɛt ɛ pamírit]
The Himalayas	Himalajet (pl)	[himalájɛt]
Mount Everest	Mali Everest (m)	[máli ɛvɛrést]
The Andes	andet (pl)	[ándɛt]
Mount Kilimanjaro	Mali Kilimanxharo (m)	[máli kilimandʒáro]

202. Rivers

river	lum (m)	[lum]
spring (natural source)	burim (m)	[burím]
riverbed (river channel)	shtrat lumi (m)	[ʃtrat lúmi]
basin (river valley)	basen (m)	[basén]
to flow into ...	rrjedh ...	[rjéð ...]
tributary	derdhje (f)	[dérðjɛ]
bank (river ~)	breg (m)	[brɛg]
current (stream)	rrymë (f)	[rýmə]
downstream (adv)	rrjedhje e poshtme	[rjéðjɛ ɛ póʃtmɛ]
upstream (adv)	rrjedhje e sipërme	[rjéðjɛ ɛ sípərmɛ]
inundation	vërshim (m)	[vərʃím]
flooding	përmbytje (f)	[pərmbýtjɛ]
to overflow (vi)	vërshon	[vərʃón]
to flood (vt)	përmbytet	[pərmbýtɛt]
shallow (shoal)	cekëtinë (f)	[tsɛkətínə]
rapids	rrjedhë (f)	[rjéðə]
dam	digë (f)	[dígə]
canal	kanal (m)	[kanál]
reservoir (artificial lake)	rezervuar (m)	[rɛzɛrvuár]
sluice, lock	pendë ujore (f)	[péndə ujórɛ]

water body (pond, etc.)	plan hidrik (m)	[plan hidrík]
swamp (marshland)	kënetë (f)	[kənétə]
bog, marsh	moçal (m)	[motʃ ál]
whirlpool	vorbull (f)	[vórbuɫ]

stream (brook)	përrua (f)	[pərúa]
drinking (ab. water)	i pijshëm	[i píjʃəm]
fresh (~ water)	i freskët	[i frésket]

ice	akull (m)	[ákuɫ]
to freeze over (ab. river, etc.)	ngrihet	[ŋríhɛt]

203. Rivers names

Seine	Sena (f)	[séna]
Loire	Loire (f)	[luar]

Thames	Temza (f)	[témza]
Rhine	Rajnë (m)	[rájnə]
Danube	Danubi (m)	[danúbi]

Volga	Volga (f)	[vólga]
Don	Doni (m)	[dóni]
Lena	Lena (f)	[léna]

Yellow River	Lumi i Verdhë (m)	[lúmi i vérðə]
Yangtze	Jangce (f)	[jaŋtsé]
Mekong	Mekong (m)	[mɛkóŋ]
Ganges	Gang (m)	[gaŋ]

Nile River	Lumi Nil (m)	[lúmi nil]
Congo River	Lumi Kongo (m)	[lúmi kóŋo]
Okavango River	Lumi Okavango (m)	[lúmi okaváŋo]
Zambezi River	Lumi Zambezi (m)	[lúmi zambézi]
Limpopo River	Lumi Limpopo (m)	[lúmi limpópo]
Mississippi River	Lumi Misisipi (m)	[lúmi misisípi]

204. Forest

forest, wood	pyll (m)	[pyɫ]
forest (as adj)	pyjor	[pyjór]

thick forest	pyll i ngjeshur (m)	[pyɫ i nɉéʃur]
grove	zabel (m)	[zabél]
forest clearing	lëndinë (f)	[ləndínə]

thicket	pyllëz (m)	[pýɫəz]
scrubland	shkurre (f)	[ʃkúrɛ]

footpath (troddenpath)	shteg (m)	[ʃtɛg]
gully	hon (m)	[hon]
tree	pemë (f)	[pémə]

| leaf | gjeth (m) | [ɟɛθ] |
| leaves (foliage) | gjethe (pl) | [ɟéθɛ] |

fall of leaves	rënie e gjetheve (f)	[rəníɛ ɛ ɟéθɛvɛ]
to fall (ab. leaves)	bien	[bíɛn]
top (of the tree)	maje (f)	[májɛ]

branch	degë (f)	[dégə]
bough	degë (f)	[dégə]
bud (on shrub, tree)	syth (m)	[syθ]
needle (of the pine tree)	shtiza pishe (f)	[ʃtíza píʃɛ]
fir cone	lule pishe (f)	[lúlɛ píʃɛ]

tree hollow	zgavër (f)	[zgávər]
nest	fole (f)	[folé]
burrow (animal hole)	strofull (f)	[strófuɬ]

trunk	trung (m)	[truŋ]
root	rrënjë (f)	[réɲə]
bark	lëvore (f)	[ləvórɛ]
moss	myshk (m)	[myʃk]

to uproot (remove trees or tree stumps)	shkul	[ʃkul]
to chop down	pres	[prɛs]
to deforest (vt)	shpyllëzoj	[ʃpyɬəzój]
tree stump	cung (m)	[tsúŋ]

campfire	zjarr kampingu (m)	[zjar kampíŋu]
forest fire	zjarr në pyll (m)	[zjar nə pyɬ]
to extinguish (vt)	shuaj	[ʃúaj]

forest ranger	roje pyjore (f)	[rójɛ pyjórɛ]
protection	mbrojtje (f)	[mbrójtjɛ]
to protect (~ nature)	mbroj	[mbrój]
poacher	gjahtar i jashtëligjshëm (m)	[ɟahtár i jaʃtəlíɟʃəm]
steel trap	grackë (f)	[grátskə]

| to gather, to pick (vt) | mbledh | [mbléð] |
| to lose one's way | humb rrugën | [húmb rúgən] |

205. Natural resources

natural resources	burime natyrore (pl)	[burímɛ natyrórɛ]
minerals	minerale (pl)	[minɛrálɛ]
deposits	depozita (pl)	[dɛpozíta]
field (e.g. oilfield)	fushë (f)	[fúʃə]

to mine (extract)	nxjerr	[ndzjér]
mining (extraction)	nxjerrje mineralesh (f)	[ndzjérjɛ minɛrálɛʃ]
ore	xehe (f)	[dzéhɛ]
mine (e.g. for coal)	minierë (f)	[miniérə]
shaft (mine ~)	nivel (m)	[nivél]
miner	minator (m)	[minatór]

gas (natural ~)	**gaz** (m)	[gaz]
gas pipeline	**gazsjellës** (m)	[gazsjéɫəs]
oil (petroleum)	**naftë** (f)	[náftə]
oil pipeline	**naftësjellës** (f)	[naftəsjéɫəs]
oil well	**pus nafte** (m)	[pus náftɛ]
derrick (tower)	**burim nafte** (m)	[burím náftɛ]
tanker	**anije-cisternë** (f)	[aníjɛ-tsistérnə]
sand	**rërë** (f)	[rérə]
limestone	**gur gëlqeror** (m)	[gur gəlcɛrór]
gravel	**zhavorr** (m)	[ʒavór]
peat	**torfë** (f)	[tórfə]
clay	**argjilë** (f)	[aɲílə]
coal	**qymyr** (m)	[cymýr]
iron (ore)	**hekur** (m)	[hékur]
gold	**ar** (m)	[áɾ]
silver	**argjend** (m)	[aɲénd]
nickel	**nikel** (m)	[nikél]
copper	**bakër** (m)	[bákər]
zinc	**zink** (m)	[zink]
manganese	**mangan** (m)	[maɲán]
mercury	**merkur** (m)	[mɛrkúr]
lead	**plumb** (m)	[plúmb]
mineral	**mineral** (m)	[minɛrál]
crystal	**kristal** (m)	[kristál]
marble	**mermer** (m)	[mɛrmér]
uranium	**uranium** (m)	[uraniúm]

The Earth. Part 2

206. Weather

weather	moti (m)	[móti]
weather forecast	parashikimi i motit (m)	[paraʃikími i mótit]
temperature	temperaturë (f)	[tɛmpɛratúrə]
thermometer	termometër (m)	[tɛrmométər]
barometer	barometër (m)	[barométər]
humid (adj)	i lagësht	[i lágəʃt]
humidity	lagështi (f)	[lagəʃtí]
heat (extreme ~)	vapë (f)	[vápə]
hot (torrid)	shumë nxehtë	[ʃúmə ndzéhtə]
it's hot	është nxehtë	[éʃtə ndzéhtə]
it's warm	është ngrohtë	[éʃtə ŋróhtə]
warm (moderately hot)	ngrohtë	[ŋróhtə]
it's cold	bën ftohtë	[bən ftóhtə]
cold (adj)	i ftohtë	[i ftóhtə]
sun	diell (m)	[díɛɫ]
to shine (vi)	ndriçon	[ndritʃón]
sunny (day)	me diell	[mɛ díɛɫ]
to come up (vi)	agon	[agón]
to set (vi)	perëndon	[pɛrəndón]
cloud	re (f)	[rɛ]
cloudy (adj)	vranët	[vránət]
rain cloud	re shiu (f)	[rɛ ʃiu]
somber (gloomy)	vranët	[vránət]
rain	shi (m)	[ʃi]
it's raining	bie shi	[bíɛ ʃi]
rainy (~ day, weather)	me shi	[mɛ ʃi]
to drizzle (vi)	shi i imët	[ʃi i ímət]
pouring rain	shi litar (m)	[ʃi litár]
downpour	stuhi shiu (f)	[stuhí ʃiu]
heavy (e.g. ~ rain)	i fortë	[i fórtə]
puddle	brakë (f)	[brákə]
to get wet (in rain)	lagem	[lágɛm]
fog (mist)	mjegull (f)	[mjéguɫ]
foggy	e mjegullt	[ɛ mjéguɫt]
snow	borë (f)	[bórə]
it's snowing	bie borë	[bíɛ bórə]

207. Severe weather. Natural disasters

thunderstorm	stuhi (f)	[stuhĭ]
lightning (~ strike)	vetëtimë (f)	[vɛtətímə]
to flash (vi)	vetëton	[vɛtətón]
thunder	bubullimë (f)	[bubułímə]
to thunder (vi)	bubullon	[bubułón]
it's thundering	bubullon	[bubułón]
hail	breshër (m)	[bréʃər]
it's hailing	po bie breshër	[po biɛ bréʃər]
to flood (vt)	përmbytet	[pərmbýtɛt]
flood, inundation	përmbytje (f)	[pərmbýtjɛ]
earthquake	tërmet (m)	[tərmét]
tremor, shoke	lëkundje (f)	[ləkúndjɛ]
epicentre	epiqendër (f)	[ɛpicéndər]
eruption	shpërthim (m)	[ʃpərθím]
lava	llavë (f)	[łávə]
twister	vorbull (f)	[vórbuł]
tornado	tornado (f)	[tornádo]
typhoon	tajfun (m)	[tajfún]
hurricane	uragan (m)	[uragán]
storm	stuhi (f)	[stuhĭ]
tsunami	cunam (m)	[tsunám]
cyclone	ciklon (m)	[tsiklón]
bad weather	mot i keq (m)	[mot i kɛc]
fire (accident)	zjarr (m)	[zjar]
disaster	fatkeqësi (f)	[fatkɛcəsĭ]
meteorite	meteor (m)	[mɛtɛór]
avalanche	ortek (m)	[orték]
snowslide	rrëshqitje bore (f)	[rəʃcítjɛ bórɛ]
blizzard	stuhi bore (f)	[stuhĭ bórɛ]
snowstorm	stuhi bore (f)	[stuhĭ bórɛ]

208. Noises. Sounds

silence (quiet)	qetësi (f)	[cɛtəsĭ]
sound	tingull (m)	[tíɲuł]
noise	zhurmë (f)	[ʒúrmə]
to make noise	bëj zhurmë	[bəj ʒúrmə]
noisy (adj)	i zhurmshëm	[i ʒúrmʃəm]
loudly (to speak, etc.)	me zë të lartë	[mɛ zə tə lártə]
loud (voice, etc.)	i lartë	[i lártə]
constant (e.g., ~ noise)	e përhershme	[ɛ pərhérʃmɛ]

187

cry, shout (n)	**britmë** (f)	[brítmə]
to cry, to shout (vi)	**bërtas**	[bərtás]
whisper	**pëshpërimë** (f)	[pəʃpərímə]
to whisper (vi, vt)	**pëshpëris**	[pəʃpərís]

barking (dog's ~)	**lehje** (f)	[léhjɛ]
to bark (vi)	**leh**	[lɛh]

groan (of pain, etc.)	**rënkim** (m)	[rənkím]
to groan (vi)	**rënkoj**	[rənkój]
cough	**kollë** (f)	[kóɫə]
to cough (vi)	**kollitem**	[koɫítɛm]

whistle	**fishkëllimë** (f)	[fiʃkəɫímə]
to whistle (vi)	**fishkëlloj**	[fiʃkəɫój]
knock (at the door)	**trokitje** (f)	[trokítjɛ]
to knock (on the door)	**trokas**	[trokás]

to crack (vi)	**çahet**	[tʃáhɛt]
crack (cracking sound)	**krisje** (f)	[krísjɛ]

siren	**alarm** (m)	[alárm]
whistle (factory ~, etc.)	**fishkëllimë** (f) '	[fiʃkəɫímə]
to whistle (ab. train)	**fishkëllen**	[fiʃkəɫén]
honk (car horn sound)	**bori** (f)	[boríʃ]
to honk (vi)	**i bie borisë**	[i bíɛ borísə]

209. Winter

winter (n)	**dimër** (m)	[dímər]
winter (as adj)	**dimëror**	[dimərór]
in winter	**në dimër**	[nə dímər]

snow	**borë** (f)	[bórə]
it's snowing	**bie borë**	[bíɛ bórə]
snowfall	**reshje bore** (f)	[réʃjɛ bórɛ]
snowdrift	**mal dëbore** (m)	[mal dəbórɛ]

snowflake	**flok bore** (m)	[flók bórɛ]
snowball	**top bore** (m)	[top bórɛ]
snowman	**dordolec** (m)	[dordoléts]
icicle	**akull** (m)	[ákuɫ]

December	**Dhjetor** (m)	[ðjɛtór]
January	**Janar** (m)	[janár]
February	**Shkurt** (m)	[ʃkurt]

frost (severe ~, freezing cold)	**ngricë** (f)	[ŋrítsə]
frosty (weather, air)	**me ngrica**	[mɛ ŋrítsa]

below zero (adv)	**nën zero**	[nən zéro]
first frost	**ngrica e parë** (f)	[ŋrítsa ɛ párə]
hoarfrost	**brymë** (f)	[brýmə]
cold (cold weather)	**ftohtë** (f)	[ftóhtə]

it's cold	bën ftohtë	[bən ftóhtə]
fur coat	gëzof (m)	[gəzóf]
mittens	doreza (f)	[doréza]

to fall ill	sëmurem	[səmúrɛm]
cold (illness)	ftohje (f)	[ftóhjɛ]
to catch a cold	ftohem	[ftóhɛm]

ice	akull (m)	[ákuɫ]
black ice	akull transparent (m)	[ákuɫ transparént]
to freeze over (ab. river, etc.)	ngrihet	[ŋríhɛt]
ice floe	bllok akulli (m)	[bɫók ákuɫi]

skis	ski (pl)	[ski]
skier	skiator (m)	[skiatór]
to ski (vi)	bëj ski	[bəj skí]
to skate (vi)	bëj patinazh	[bəj patináʒ]

Fauna

210. Mammals. Predators

predator	grabitqar (m)	[grabitcár]
tiger	tigër (m)	[tígər]
lion	luan (m)	[luán]
wolf	ujk (m)	[ujk]
fox	dhelpër (f)	[ðélpər]

jaguar	jaguar (m)	[jaguár]
leopard	leopard (m)	[lɛopárd]
cheetah	gepard (m)	[gɛpárd]

black panther	panterë e zezë (f)	[pantérə ɛ zézə]
puma	puma (f)	[púma]
snow leopard	leopard i borës (m)	[lɛopárd i bórəs]
lynx	rrëqebull (m)	[rəcébuɫ]

coyote	kojotë (f)	[kojótə]
jackal	çakall (m)	[tʃakáɫ]
hyena	hienë (f)	[hiénə]

211. Wild animals

| animal | kafshë (f) | [káfʃə] |
| beast (animal) | bishë (f) | [bíʃə] |

squirrel	ketër (m)	[kétər]
hedgehog	iriq (m)	[iríc]
hare	lepur i egër (m)	[lépur i égər]
rabbit	lepur (m)	[lépur]

badger	vjedull (f)	[vjéduɫ]
raccoon	rakun (m)	[rakún]
hamster	hamster (m)	[hamstér]
marmot	marmot (m)	[marmót]

mole	urith (m)	[uríθ]
mouse	mi (m)	[mi]
rat	mi (m)	[mi]
bat	lakuriq (m)	[lakuríc]

ermine	herminë (f)	[hɛrmínə]
sable	kunadhe (f)	[kunáðɛ]
marten	shqarth (m)	[ʃcarθ]
weasel	nuselalë (f)	[nusɛlálə]
mink	vizon (m)	[vizón]

| beaver | kastor (m) | [kastór] |
| otter | vidër (f) | [vídər] |

horse	kali (m)	[káli]
moose	dre brilopatë (m)	[drɛ brilopátə]
deer	dre (f)	[drɛ]
camel	deve (f)	[dévɛ]

bison	bizon (m)	[bizón]
wisent	bizon evropian (m)	[bizón ɛvropián]
buffalo	buall (m)	[búaɫ]

zebra	zebër (f)	[zébər]
antelope	antilopë (f)	[antilópə]
roe deer	dre (f)	[drɛ]
fallow deer	dre ugar (m)	[drɛ ugár]
chamois	kamosh (m)	[kamóʃ]
wild boar	derr i egër (m)	[dér i égər]

whale	balenë (f)	[balénə]
seal	fokë (f)	[fókə]
walrus	lopë deti (f)	[lópə déti]
fur seal	fokë (f)	[fókə]
dolphin	delfin (m)	[dɛlfín]

bear	ari (m)	[arí]
polar bear	ari polar (m)	[arí polár]
panda	panda (f)	[pánda]

monkey	majmun (m)	[majmún]
chimpanzee	shimpanze (f)	[ʃimpánzɛ]
orangutan	orangutan (m)	[oraŋután]
gorilla	gorillë (f)	[goríɫə]
macaque	majmun makao (m)	[majmún makáo]
gibbon	gibon (m)	[gibón]

elephant	elefant (m)	[ɛlɛfánt]
rhinoceros	rinoqeront (m)	[rinocɛrónt]
giraffe	gjirafë (f)	[ɟiráfə]
hippopotamus	hipopotam (m)	[hipopotám]

| kangaroo | kangur (m) | [kaŋúr] |
| koala (bear) | koala (f) | [koála] |

mongoose	mangustë (f)	[maŋústə]
chinchilla	çinçila (f)	[tʃintʃíla]
skunk	qelbës (m)	[célbəs]
porcupine	ferrëgjatë (m)	[fɛrəɟátə]

212. Domestic animals

cat	mace (f)	[mátsɛ]
tomcat	maçok (m)	[matʃók]
dog	qen (m)	[cɛn]

horse	kali (m)	[káli]
stallion (male horse)	hamshor (m)	[hamʃór]
mare	pelë (f)	[pélə]

cow	lopë (f)	[lópə]
bull	dem (m)	[dém]
ox	ka (m)	[ka]

sheep (ewe)	dele (f)	[délɛ]
ram	dash (m)	[daʃ]
goat	dhi (f)	[ði]
billy goat, he-goat	cjap (m)	[tsjáp]

donkey	gomar (m)	[gomár]
mule	mushkë (f)	[múʃkə]

pig	derr (m)	[dɛr]
piglet	derrkuc (m)	[dɛrkúts]
rabbit	lepur (m)	[lépur]

hen (chicken)	pulë (f)	[púlə]
cock	gjel (m)	[ɟél]

duck	rosë (f)	[rósə]
drake	rosak (m)	[rosák]
goose	patë (f)	[pátə]

tom turkey, gobbler	gjel deti i egër (m)	[ɟél déti i égər]
turkey (hen)	gjel deti (m)	[ɟél déti]

domestic animals	kafshë shtëpiake (f)	[káfʃə ʃtəpiákɛ]
tame (e.g. ~ hamster)	i zbutur	[i zbútur]
to tame (vt)	zbus	[zbus]
to breed (vt)	rrit	[rit]

farm	fermë (f)	[férmə]
poultry	pulari (f)	[pularí]
cattle	bagëti (f)	[bagətí]
herd (cattle)	kope (f)	[kopé]

stable	stallë (f)	[stáɫə]
pigsty	stallë e derrave (f)	[stáɫə ɛ déravɛ]
cowshed	stallë e lopëve (f)	[stáɫə ɛ lópəvɛ]
rabbit hutch	kolibe lepujsh (f)	[kolíbɛ lépujʃ]
hen house	kotec (m)	[kotéts]

213. Dogs. Dog breeds

dog	qen (m)	[cɛn]
sheepdog	qen dhensh (m)	[cɛn ðɛnʃ]
German shepherd	pastor gjerman (m)	[pastór ɟɛrmán]
poodle	pudël (f)	[púdəl]
dachshund	dakshund (m)	[dákshund]
bulldog	bulldog (m)	[buɫdóg]

boxer	bokser (m)	[boksér]
mastiff	mastif (m)	[mastíf]
Rottweiler	rotvailer (m)	[rotvailér]
Doberman	doberman (m)	[dobɛrmán]

basset	baset (m)	[basét]
bobtail	bishtshkurtër (m)	[biʃtʃkúrtər]
Dalmatian	dalmat (m)	[dalmát]
cocker spaniel	koker spaniel (m)	[kokér spaniél]

Newfoundland	terranova (f)	[tɛranóva]
Saint Bernard	Seint-Bernard (m)	[séint-bɛrnárd]

husky	haski (m)	[háski]
Chow Chow	çau çau (m)	[tʃáu tʃáu]
spitz	dhelpërush (m)	[ðɛlpərúʃ]
pug	karlino (m)	[karlíno]

214. Sounds made by animals

barking (n)	lehje (f)	[léhjɛ]
to bark (vi)	leh	[lɛh]
to miaow (vi)	mjaullin	[mjauɫín]
to purr (vi)	gërhimë	[gərhímə]

to moo (vi)	bën mu	[bən mú]
to bellow (bull)	pëllet	[pəɫét]
to growl (vi)	hungërin	[huŋərín]

howl (n)	hungërimë (f)	[huŋərímə]
to howl (vi)	hungëroj	[huŋərój]
to whine (vi)	angullin	[aŋuɫín]

to bleat (sheep)	blegërin	[blɛgərín]
to oink, to grunt (pig)	hungërin	[huŋərín]
to squeal (vi)	klith	[kliθ]

to croak (vi)	bën kuak	[bən kuák]
to buzz (insect)	zukat	[zukát]
to chirp	gumëzhin	[guməʒín]
(crickets, grasshopper)		

215. Young animals

cub	këlysh (m)	[kəlýʃ]
kitten	kotele (f)	[kotélɛ]
baby mouse	miush (m)	[miúʃ]
puppy	këlysh qeni (m)	[kəlýʃ céni]

leveret	lepurush (m)	[lɛpurúʃ]
baby rabbit	lepurush i butë (m)	[lɛpurúʃ i bútə]
wolf cub	këlysh ujku (m)	[kəlýʃ újku]

| fox cub | këlysh dhelpre (m) | [kəlýʃ ðélprɛ] |
| bear cub | këlysh ariu (m) | [kəlýʃ aríu] |

lion cub	këlysh luani (m)	[kəlýʃ luáni]
tiger cub	këlysh tigri (m)	[kəlýʃ tígri]
elephant calf	këlysh elefanti (m)	[kəlýʃ ɛlɛfánti]

piglet	derrkuc (m)	[dɛrkúts]
calf (young cow, bull)	viç (m)	[vitʃ]
kid (young goat)	kec (m)	[kéts]
lamb	qengj (m)	[cɛnɟ]
fawn (young deer)	kaproll (m)	[kaprółt]
young camel	këlysh deveje (m)	[kəlýʃ dɛvéjɛ]

| snakelet (baby snake) | gjarpër i vogël (m) | [ɟárpər i vógəl] |
| froglet (baby frog) | këlysh bretkose (m) | [kəlýʃ brɛtkósɛ] |

baby bird	zog i vogël (m)	[zog i vógəl]
chick (of chicken)	zog pule (m)	[zog púlɛ]
duckling	zog rose (m)	[zog rósɛ]

216. Birds

bird	zog (m)	[zog]
pigeon	pëllumb (m)	[pəɫúmb]
sparrow	harabel (m)	[harabél]
tit (great tit)	xhixhimës (m)	[dʒidʒimə́s]
magpie	laraskë (f)	[laráskə]

raven	korb (m)	[korb]
crow	sorrë (f)	[sórə]
jackdaw	galë (f)	[gálə]
rook	sorrë (f)	[sórə]

duck	rosë (f)	[rósə]
goose	patë (f)	[pátə]
pheasant	fazan (m)	[fazán]

eagle	shqiponjë (f)	[ʃcipóɲə]
hawk	gjeraqinë (f)	[ɟɛracínə]
falcon	fajkua (f)	[fajkúa]
vulture	hutë (f)	[hútə]
condor (Andean ~)	kondor (m)	[kondór]

swan	mjellmë (f)	[mjéɫmə]
crane	lejlek (m)	[lɛjlék]
stork	lejlek (m)	[lɛjlék]

parrot	papagall (m)	[papagáɫ]
hummingbird	kolibri (m)	[kolíbri]
peacock	pallua (m)	[paɫúa]

| ostrich | struc (m) | [struts] |
| heron | çafkë (f) | [tʃáfkə] |

| flamingo | flamingo (m) | [flamíŋo] |
| pelican | pelikan (m) | [pɛlikán] |

| nightingale | bilbil (m) | [bilbíl] |
| swallow | dallëndyshe (f) | [dałəndýʃɛ] |

thrush	mëllenjë (f)	[məténə]
song thrush	grifsha (f)	[grífʃa]
blackbird	mëllenjë (f)	[məténə]

swift	dallëndyshe (f)	[dałəndýʃɛ]
lark	thëllëzë (f)	[θətézə]
quail	trumcak (m)	[trumtsák]

woodpecker	qukapik (m)	[cukapík]
cuckoo	kukuvajkë (f)	[kukuvájkə]
owl	buf (m)	[buf]
eagle owl	buf mbretëror (m)	[buf mbrɛtərór]
wood grouse	fazan i pyllit (m)	[fazán i pýłit]
black grouse	fazan i zi (m)	[fazán i zí]
partridge	thëllëzë (f)	[θətézə]

starling	gargull (m)	[gárguł]
canary	kanarinë (f)	[kanarínə]
hazel grouse	fazan mali (m)	[fazán máli]
chaffinch	trishtil (m)	[triʃtíl]
bullfinch	trishtil dimri (m)	[triʃtíl dímri]

seagull	pulëbardhë (f)	[puləbárðə]
albatross	albatros (m)	[albatrós]
penguin	penguin (m)	[pɛŋuín]

217. Birds. Singing and sounds

to sing (vi)	këndoj	[kəndój]
to call (animal, bird)	thërras	[θərás]
to crow (cock)	kakaris	[kakarís]
cock-a-doodle-doo	kikiriku	[kikiríku]

to cluck (hen)	kakaris	[kakarís]
to caw (crow call)	krokas	[krokás]
to quack (duck call)	bën kuak kuak	[bən kuák kuák]
to cheep (vi)	pisket	[piskét]
to chirp, to twitter	cicëroj	[tsitsərój]

218. Fish. Marine animals

bream	krapuliq (m)	[krapulíc]
carp	krap (m)	[krap]
perch	perç (m)	[pɛrtʃ]
catfish	mustak (m)	[musták]
pike	mlysh (m)	[mlýʃ]

salmon	salmon (m)	[salmón]
sturgeon	bli (m)	[blí]

herring	harengë (f)	[haréŋə]
Atlantic salmon	salmon Atlantiku (m)	[salmón atlantíku]
mackerel	skumbri (m)	[skúmbri]
flatfish	shojzë (f)	[ʃójzə]

zander, pike perch	troftë (f)	[tróftə]
cod	merluc (m)	[mɛrlúts]
tuna	tunë (f)	[túnə]
trout	troftë (f)	[tróftə]

eel	ngjalë (f)	[nɟálə]
electric ray	peshk elektrik (m)	[pɛʃk ɛlɛktrík]
moray eel	ngjalë morel (f)	[nɟálə morél]
piranha	piranja (f)	[piráɲa]

shark	peshkaqen (m)	[pɛʃkacén]
dolphin	delfin (m)	[dɛlfín]
whale	balenë (f)	[balénə]

crab	gaforre (f)	[gafórɛ]
jellyfish	kandil deti (m)	[kandíl déti]
octopus	oktapod (m)	[oktapód]

starfish	yll deti (m)	[yɫ déti]
sea urchin	iriq deti (m)	[iríc déti]
seahorse	kalë deti (m)	[kálə déti]

oyster	midhje (f)	[míðjɛ]
prawn	karkalec (m)	[karkaléts]
lobster	karavidhe (f)	[karavíðɛ]
spiny lobster	karavidhe (f)	[karavíðɛ]

219. Amphibians. Reptiles

snake	gjarpër (m)	[ɟárpər]
venomous (snake)	helmues	[hɛlmúɛs]

viper	nepërka (f)	[nɛpérka]
cobra	kobra (f)	[kóbra]
python	piton (m)	[pitón]
boa	boa (f)	[bóa]

grass snake	kular (m)	[kulár]
rattle snake	gjarpër me zile (m)	[ɟárpər mɛ zílɛ]
anaconda	anakonda (f)	[anakónda]

lizard	hardhucë (f)	[harðútsə]
iguana	iguana (f)	[iguána]
monitor lizard	varan (m)	[varán]
salamander	salamandër (f)	[salamándər]
chameleon	kameleon (m)	[kamɛlɛón]

scorpion	akrep (m)	[akrép]
turtle	breshkë (f)	[bréʃkə]
frog	bretkosë (f)	[brɛtkósə]
toad	zhabë (f)	[ʒábə]
crocodile	krokodil (m)	[krokodíl]

220. Insects

insect	insekt (m)	[insékt]
butterfly	flutur (f)	[flútur]
ant	milingonë (f)	[miliŋónə]
fly	mizë (f)	[mízə]
mosquito	mushkonjë (f)	[muʃkóɲə]
beetle	brumbull (m)	[brúmbuɫ]

wasp	grerëz (f)	[grérəz]
bee	bletë (f)	[blétə]
bumblebee	greth (m)	[grɛθ]
gadfly (botfly)	zekth (m)	[zɛkθ]

spider	merimangë (f)	[mɛrimáɲə]
spider's web	rrjetë merimange (f)	[rjétə mɛrimáɲɛ]

dragonfly	pilivesë (f)	[pilivésə]
grasshopper	karkalec (m)	[karkaléts]
moth (night butterfly)	molë (f)	[mólə]

cockroach	kacabu (f)	[katsabú]
tick	rriqër (m)	[ríɕər]
flea	plesht (m)	[plɛʃt]
midge	mushicë (f)	[muʃítsə]

locust	gjinkallë (f)	[ɟinkáɫə]
snail	kërmill (m)	[kərmíɫ]
cricket	bulkth (m)	[búlkθ]
firefly	xixëllonjë (f)	[dzidzəɫóɲə]
ladybird	mollëkuqe (f)	[moɫəkúcɛ]
cockchafer	vizhë (f)	[víʒə]

leech	shushunjë (f)	[ʃuʃúɲə]
caterpillar	vemje (f)	[vémjɛ]
earthworm	krimb toke (m)	[krímb tókɛ]
larva	larvë (f)	[lárvə]

221. Animals. Body parts

beak	sqep (m)	[scɛp]
wings	flatra (pl)	[flátra]
foot (of the bird)	këmbë (f)	[kémbə]
feathers (plumage)	pupla (pl)	[púpla]
feather	pupël (f)	[púpəl]
crest	kreshtë (f)	[kréʃtə]

gills	velëz (f)	[véləz]
spawn	vezë peshku (f)	[vézə péʃku]
larva	larvë (f)	[lárvə]
fin	krah (m)	[krah]
scales (of fish, reptile)	luspë (f)	[lúspə]

fang (canine)	dhëmb prerës (m)	[ðəmb prérəs]
paw (e.g. cat's ~)	shputë (f)	[ʃpútə]
muzzle (snout)	turi (m)	[turí]
mouth (cat's ~)	gojë (f)	[gójə]
tail	bisht (m)	[biʃt]
whiskers	mustaqe (f)	[mustácɛ]

hoof	thundër (f)	[θúndər]
horn	bri (m)	[brí]

carapace	karapaks (m)	[karapáks]
shell (mollusk ~)	guaskë (f)	[guáskə]
eggshell	lëvozhgë veze (f)	[ləvóʒgə vézɛ]

animal's hair (pelage)	qime (f)	[címɛ]
pelt (hide)	lëkurë kafshe (f)	[ləkúrə káfʃɛ]

222. Actions of animals

to fly (vi)	fluturoj	[fluturój]
to fly in circles	fluturoj përreth	[fluturój pəréθ]
to fly away	fluturoj tutje	[fluturój tútjɛ]
to flap (~ the wings)	rrah	[rah]

to peck (vi)	qukas	[cukás]
to sit on eggs	ngroh vezët	[ŋróh vézət]
to hatch out (vi)	çelin vezët	[tʃélin vézət]
to build a nest	ngre fole	[ŋré folé]

to slither, to crawl	gjarpëroj	[ɟarpərój]
to sting, to bite (insect)	pickoj	[pitskój]
to bite (ab. animal)	kafshoj	[kafʃój]

to sniff (vt)	nuhas	[nuhás]
to bark (vi)	leh	[lɛh]
to hiss (snake)	fërshëllej	[fərʃətéj]

to scare (vt)	tremb	[trɛmb]
to attack (vt)	sulmoj	[sulmój]

to gnaw (bone, etc.)	brej	[brɛj]
to scratch (with claws)	gërvisht	[gərvíʃt]
to hide (vi)	fsheh	[fʃéh]

to play (kittens, etc.)	luaj	[lúaj]
to hunt (vi, vt)	dal për gjah	[dál pər ɟáh]
to hibernate (vi)	fle gjumë letargjik	[flɛ ɟúmə lɛtaɟík]
to go extinct	zhdukem	[ʒdúkɛm]

223. Animals. Habitats

habitat	banesë (f)	[banésə]
migration	migrim (m)	[migrím]
mountain	mal (m)	[mal]
reef	shkëmb nënujor (m)	[ʃkəmb nənujór]
cliff	shkëmb (m)	[ʃkəmb]
forest	pyll (m)	[pyɬ]
jungle	xhungël (f)	[dʒúŋəl]
savanna	savana (f)	[savána]
tundra	tundra (f)	[túndra]
steppe	stepa (f)	[stépa]
desert	shkretëtirë (f)	[ʃkrɛtətírə]
oasis	oazë (f)	[oázə]
sea	det (m)	[dét]
lake	liqen (m)	[licén]
ocean	oqean (m)	[ocɛán]
swamp (marshland)	kënetë (f)	[kənétə]
freshwater (adj)	ujëra të ëmbla	[újəra tə əmbla]
pond	pellg (m)	[pɛɬg]
river	lum (m)	[lum]
den (bear's ~)	strofull (f)	[strófuɬ]
nest	fole (f)	[folé]
tree hollow	zgavër (f)	[zgávər]
burrow (animal hole)	strofull (f)	[strófuɬ]
anthill	mal milingonash (m)	[mal miliŋónaʃ]

224. Animal care

zoo	kopsht zoologjik (m)	[kópʃt zooloɟík]
nature reserve	rezervat natyror (m)	[rɛzɛrvát natyrór]
breeder (cattery, kennel, etc.)	mbarështues (m)	[mbarəʃtúɛs]
open-air cage	kafaz i hapur (m)	[kafáz i hápur]
cage	kafaz (m)	[kafáz]
kennel	kolibe qeni (f)	[kolíbɛ céni]
dovecot	kafaz pëllumbash (m)	[kafáz pəɬúmbaʃ]
aquarium (fish tank)	akuarium (m)	[akuariúm]
dolphinarium	akuarium për delfinë (m)	[akuariúm pər dɛlfínə]
to breed (animals)	mbarështoj	[mbarəʃtój]
brood, litter	këlysh (m)	[kəlýʃ]
to tame (vt)	zbus	[zbus]
to train (animals)	stërvit	[stərvít]
feed (fodder, etc.)	ushqim (m)	[uʃcím]
to feed (vt)	ushqej	[uʃcéj]

pet shop	dyqan kafshësh (m)	[dycán káfʃəʃ]
muzzle (for dog)	maskë turíri (f)	[máskə turíri]
collar (e.g., dog ~)	kollare (f)	[koɫárɛ]
name (of an animal)	emri (m)	[émri]
pedigree (dog's ~)	raca (f)	[rátsa]

225. Animals. Miscellaneous

pack (wolves)	tufë (f)	[túfə]
flock (birds)	tufë (f)	[túfə]
shoal, school (fish)	grup (m)	[grup]
herd (horses)	tufë (f)	[túfə]

| male (n) | mashkull (m) | [máʃkuɫ] |
| female (n) | femër (f) | [fémər] |

hungry (adj)	i uritur	[i urítur]
wild (adj)	i egër	[i égər]
dangerous (adj)	i rrezikshëm	[i rɛzíkʃəm]

226. Horses

| horse | kali (m) | [káli] |
| breed (race) | raca (f) | [rátsa] |

| foal | mëzi (m) | [mézi] |
| mare | pelë (f) | [pélə] |

mustang	kalë mustang (m)	[kálə mustáŋ]
pony	poni (m)	[póni]
draught horse	kalë pune (f)	[kálə púnɛ]

| mane | kreshtë (f) | [kréʃtə] |
| tail | bisht (m) | [biʃt] |

hoof	thundër (f)	[θúndər]
horseshoe	patkua (f)	[patkúa]
to shoe (vt)	mbath	[mbáθ]
blacksmith	farkëtar (m)	[farkətár]

saddle	shalë (f)	[ʃálə]
stirrup	yzengji (f)	[yzɛɲʝí]
bridle	gojëz (f)	[gójəz]
reins	frenat (pl)	[frénat]
whip (for riding)	kamxhik (m)	[kamdʒík]

rider	kalorës (m)	[kalórəs]
to saddle up (vt)	shaloj	[ʃalój]
to mount a horse	hip në kalë	[hip nə kálə]

| gallop | galop (m) | [galóp] |
| to gallop (vi) | ec me galop | [ɛts mɛ galóp] |

trot (n)	trok (m)	[trok]
at a trot (adv)	me trok	[mɛ trók]
to go at a trot	ec me trok	[ɛts mɛ trók]

| racehorse | kalë garash (m) | [kálə gáraʃ] |
| horse racing | garë kuajsh (f) | [gárə kúajʃ] |

stable	stallë (f)	[státə]
to feed (vt)	ushqej	[uʃcéj]
hay	kashtë (f)	[káʃtə]
to water (animals)	i jap ujë	[i jap újə]
to wash (horse)	laj	[laj]

horse-drawn cart	karrocë me kalë (f)	[karótsə mɛ kálə]
to graze (vi)	kullos	[kułós]
to neigh (vi)	hingëlloj	[hiŋətój]
to kick (to buck)	gjuaj me shkelma	[ɟúaj mɛ ʃkélma]

Flora

tree	pemë (f)	[pémə]
deciduous (adj)	gjethor	[ɟɛθór]
coniferous (adj)	halor	[halór]
evergreen (adj)	përherë të gjelbra	[pərhérə tə ɟélbra]

apple tree	pemë molle (f)	[pémə móɫɛ]
pear tree	pemë dardhe (f)	[pémə dárðɛ]
sweet cherry tree	pemë qershie (f)	[pémə cɛrʃíɛ]
sour cherry tree	pemë qershi vishnje (f)	[pémə cɛrʃí víʃɲɛ]
plum tree	pemë kumbulle (f)	[pémə kúmbuɫɛ]

birch	mështekna (f)	[məʃtékna]
oak	lis (m)	[lis]
linden tree	bli (m)	[blí]
aspen	plep i egër (m)	[plɛp i égər]
maple	panjë (f)	[páɲə]
spruce	bredh (m)	[brɛð]
pine	pishë (f)	[píʃə]
larch	larsh (m)	[lárʃ]
fir tree	bredh i bardhë (m)	[brɛð i bárðə]
cedar	kedër (m)	[kédər]

poplar	plep (m)	[plɛp]
rowan	vadhë (f)	[váðə]
willow	shelg (m)	[ʃɛlg]
alder	verr (m)	[vɛr]
beech	ah (m)	[ah]
elm	elm (m)	[élm]
ash (tree)	shelg (m)	[ʃɛlg]
chestnut	gështenjë (f)	[gəʃtéɲə]

magnolia	manjolia (f)	[maɲólia]
palm tree	palma (f)	[pálma]
cypress	qiparis (m)	[ciparís]

mangrove	rizoforë (f)	[rizofórə]
baobab	baobab (m)	[baobáb]
eucalyptus	eukalipt (m)	[ɛukalípt]
sequoia	sekuojë (f)	[sɛkuójə]

bush	shkurre (f)	[ʃkúrɛ]
shrub	kaçube (f)	[katʃúbɛ]

| grapevine | hardhi (f) | [harðí] |
| vineyard | vreshtë (f) | [vréʃtə] |

raspberry bush	mjedër (f)	[mjédər]
blackcurrant bush	kaliboba e zezë (f)	[kalibóba ɛ zézə]
redcurrant bush	kaliboba e kuqe (f)	[kalibóba ɛ kúcɛ]
gooseberry bush	shkurre kulumbrie (f)	[ʃkúrɛ kulumbríɛ]

acacia	akacie (f)	[akátsiɛ]
barberry	krespinë (f)	[krɛspínə]
jasmine	jasemin (m)	[jasɛmín]

juniper	dëllinjë (f)	[dəɬínjə]
rosebush	trëndafil (m)	[trəndafíl]
dog rose	trëndafil i egër (m)	[trəndafíl i égər]

229. Mushrooms

mushroom	kërpudhë (f)	[kərpúðə]
edible mushroom	kërpudhë ushqyese (f)	[kərpúðə uʃcýɛsɛ]
poisonous mushroom	kërpudhë helmuese (f)	[kərpúðə hɛlmúɛsɛ]
cap	koka e kërpudhës (f)	[kóka ɛ kərpúðəs]
stipe	bishti i kërpudhës (m)	[bíʃti i kərpúðəs]

cep, penny bun	porcini (m)	[portsíni]
orange-cap boletus	kërpudhë kapuç-verdhë (f)	[kərpúðə kapútʃ-vérðə]
birch bolete	porcinela (f)	[portsinéla]
chanterelle	shanterele (f)	[ʃantɛrélɛ]
russula	rusula (f)	[rúsula]

morel	morele (f)	[morélɛ]
fly agaric	kësulkuqe (f)	[kəsulkúcɛ]
death cap	kërpudha e vdekjes (f)	[kərpúðа ɛ vdékjɛs]

230. Fruits. Berries

| fruit | frut (m) | [frut] |
| fruits | fruta (pl) | [frúta] |

apple	mollë (f)	[móɬə]
pear	dardhë (f)	[dárðə]
plum	kumbull (f)	[kúmbuɬ]

strawberry (garden ~)	luleshtrydhe (f)	[lulɛʃtrýðɛ]
sour cherry	qershi vishnje (f)	[cɛrʃí víʃnɛ]
sweet cherry	qershi (f)	[cɛrʃí]
grape	rrush (m)	[ruʃ]

raspberry	mjedër (f)	[mjédər]
blackcurrant	kaliboba e zezë (f)	[kalibóba ɛ zézə]
redcurrant	kaliboba e kuqe (f)	[kalibóba ɛ kúcɛ]
gooseberry	kulumbri (f)	[kulumbrí]

cranberry	boronica (f)	[boronítsa]
orange	portokall (m)	[portokáł]
tangerine	mandarinë (f)	[mandarínə]
pineapple	ananas (m)	[ananás]
banana	banane (f)	[banánɛ]
date	hurmë (f)	[húrmə]

lemon	limon (m)	[limón]
apricot	kajsi (f)	[kajsí]
peach	pjeshkë (f)	[pjéʃkə]
kiwi	kivi (m)	[kívi]
grapefruit	grejpfrut (m)	[grɛjpfrút]

berry	manë (f)	[mánə]
berries	mana (f)	[mána]
cowberry	boronicë mirtile (f)	[boronítsə mirtílɛ]
wild strawberry	luleshtrydhe e egër (f)	[lulɛʃtrýðɛ ɛ égər]
bilberry	boronicë (f)	[boronítsə]

231. Flowers. Plants

| flower | lule (f) | [lúlɛ] |
| bouquet (of flowers) | buqetë (f) | [bucétə] |

rose (flower)	trëndafil (m)	[trəndafíl]
tulip	tulipan (m)	[tulipán]
carnation	karafil (m)	[karafíl]
gladiolus	gladiolë (f)	[gladiólə]

cornflower	lule misri (f)	[lúlɛ mísri]
harebell	lule këmborë (f)	[lúlɛ kəmbórə]
dandelion	luleradhiqe (f)	[lulɛraðícɛ]
camomile	kamomil (m)	[kamomíl]

aloe	aloe (f)	[alóɛ]
cactus	kaktus (m)	[kaktús]
rubber plant, ficus	fikus (m)	[fíkus]

lily	zambak (m)	[zambák]
geranium	barbarozë (f)	[barbarózə]
hyacinth	zymbyl (m)	[zymbýl]

mimosa	mimoza (f)	[mimóza]
narcissus	narcis (m)	[nartsís]
nasturtium	lule këmbore (f)	[lúlɛ kəmbórɛ]

orchid	orkide (f)	[orkidé]
peony	bozhure (f)	[boʒúrɛ]
violet	vjollcë (f)	[vjółtsə]

pansy	lule vjollca (f)	[lúlɛ vjółtsa]
forget-me-not	mosmëharro (f)	[mosməharó]
daisy	margaritë (f)	[margarítə]
poppy	lulëkuqe (f)	[luləkúcɛ]

hemp	kërp (m)	[kérp]
mint	mendër (f)	[méndər]

lily of the valley	zambak i fushës (m)	[zambák i fúʃəs]
snowdrop	luleborë (f)	[lulɛbórə]

nettle	hithra (f)	[híθra]
sorrel	lëpjeta (f)	[ləpjéta]
water lily	zambak uji (m)	[zambák úji]
fern	fier (m)	[fíɛr]
lichen	likene (f)	[likénɛ]

conservatory (greenhouse)	serrë (f)	[sérə]
lawn	lëndinë (f)	[ləndínə]
flowerbed	kënd lulishteje (m)	[kənd lulíʃtɛjɛ]

plant	bimë (f)	[bímə]
grass	bar (m)	[bar]
blade of grass	fije bari (f)	[fíjɛ bári]

leaf	gjeth (m)	[ɟɛθ]
petal	petale (f)	[pɛtálɛ]
stem	bisht (m)	[biʃt]
tuber	zhardhok (m)	[ʒarðók]

young plant (shoot)	filiz (m)	[filíz]
thorn	gjemb (m)	[ɟémb]

to blossom (vi)	lulëzoj	[luləzój]
to fade, to wither	vyshket	[výʃkɛt]
smell (odour)	aromë (f)	[arómə]
to cut (flowers)	pres lulet	[prɛs lúlɛt]
to pick (a flower)	mbledh lule	[mbléð lúlɛ]

232. Cereals, grains

grain	drithë (m)	[dríθə]
cereal crops	drithëra (pl)	[díθera]
ear (of barley, etc.)	kaush (m)	[kaúʃ]

wheat	grurë (f)	[grúrə]
rye	thekër (f)	[θékər]
oats	tërshërë (f)	[tərʃérə]
millet	mel (m)	[mɛl]
barley	elb (m)	[ɛlb]
maize	misër (m)	[mísər]
rice	oriz (m)	[oríz]
buckwheat	hikërr (m)	[híkər]

pea plant	bizele (f)	[bizélɛ]
kidney bean	groshë (f)	[gróʃə]
soya	sojë (f)	[sójə]
lentil	thjerrëz (f)	[θjérəz]
beans (pulse crops)	fasule (f)	[fasúlɛ]

233. Vegetables. Greens

vegetables	perime (pl)	[pɛrímɛ]
greens	zarzavate (pl)	[zarzavátɛ]
tomato	domate (f)	[domátɛ]
cucumber	kastravec (m)	[kastravéts]
carrot	karotë (f)	[karótə]
potato	patate (f)	[patátɛ]
onion	qepë (f)	[cépə]
garlic	hudhër (f)	[húðər]
cabbage	lakër (f)	[lákər]
cauliflower	lulelakër (f)	[lulɛlákər]
Brussels sprouts	lakër Brukseli (f)	[lákər brukséli]
broccoli	brokoli (m)	[brókoli]
beetroot	panxhar (m)	[pandʒár]
aubergine	patëllxhan (m)	[patəɫdʒán]
marrow	kungulleshë (m)	[kuŋuɫéʃə]
pumpkin	kungull (m)	[kúŋuɫ]
turnip	rrepë (f)	[répə]
parsley	majdanoz (m)	[majdanóz]
dill	kopër (f)	[kópər]
lettuce	sallatë jeshile (f)	[saɫátə jɛʃílɛ]
celery	selino (f)	[sɛlíno]
asparagus	asparagus (m)	[asparágus]
spinach	spinaq (m)	[spinác]
pea	bizele (f)	[bizélɛ]
beans	fasule (f)	[fasúlɛ]
maize	misër (m)	[mísər]
kidney bean	groshë (f)	[gróʃə]
pepper	spec (m)	[spɛts]
radish	rrepkë (f)	[répkə]
artichoke	angjinare (f)	[aɲinárɛ]

REGIONAL GEOGRAPHY

234. Western Europe

Europe	Evropa (f)	[ɛvrópa]
European Union	Bashkimi Evropian (m)	[baʃkími ɛvropián]
European (n)	Evropian (m)	[ɛvropián]
European (adj)	evropian	[ɛvropián]
Austria	Austri (f)	[austrí]
Austrian (masc.)	Austriak (m)	[austriák]
Austrian (fem.)	Austriake (f)	[austriákɛ]
Austrian (adj)	austriak	[austriák]
Great Britain	Britani e Madhe (f)	[brítani ɛ máðɛ]
England	Angli (f)	[aŋlí]
British (masc.)	Britanik (m)	[britaník]
British (fem.)	Britanike (f)	[britaníkɛ]
English, British (adj)	anglez	[aŋléz]
Belgium	Belgjikë (f)	[bɛlʝíkə]
Belgian (masc.)	Belg (m)	[bɛlg]
Belgian (fem.)	Belge (f)	[bélgɛ]
Belgian (adj)	belg	[bɛlg]
Germany	Gjermani (f)	[ʝɛrmaní]
German (masc.)	Gjerman (m)	[ʝɛrmán]
German (fem.)	Gjermane (f)	[ʝɛrmánɛ]
German (adj)	gjerman	[ʝɛrmán]
Netherlands	Holandë (f)	[holándə]
Holland	Holandë (f)	[holándə]
Dutch (masc.)	Holandez (m)	[holandéz]
Dutch (fem.)	Holandeze (f)	[holandézɛ]
Dutch (adj)	holandez	[holandéz]
Greece	Greqi (f)	[grɛcí]
Greek (masc.)	Grek (m)	[grɛk]
Greek (fem.)	Greke (f)	[grékɛ]
Greek (adj)	grek	[grɛk]
Denmark	Danimarkë (f)	[danimárkə]
Dane (masc.)	Danez (m)	[danéz]
Dane (fem.)	Daneze (f)	[danézɛ]
Danish (adj)	danez	[danéz]
Ireland	Irlandë (f)	[irlándə]
Irish (masc.)	Irlandez (m)	[irlandéz]
Irish (fem.)	Irlandeze (f)	[irlandézɛ]
Irish (adj)	irlandez	[irlandéz]

Iceland	Islandë (f)	[islándə]
Icelander (masc.)	Islandez (m)	[islandéz]
Icelander (fem.)	Islandeze (f)	[islandézɛ]
Icelandic (adj)	islandez	[islandéz]

Spain	Spanjë (f)	[spáɲə]
Spaniard (masc.)	Spanjoll (m)	[spaɲóɬ]
Spaniard (fem.)	Spanjolle (f)	[spaɲóɬɛ]
Spanish (adj)	spanjoll	[spaɲóɬ]

Italy	Itali (f)	[italí]
Italian (masc.)	Italian (m)	[italián]
Italian (fem.)	Italiane (f)	[italiánɛ]
Italian (adj)	italian	[italián]

Cyprus	Qipro (f)	[cípro]
Cypriot (masc.)	Qipriot (m)	[cipriót]
Cypriot (fem.)	Qipriote (f)	[cipriótɛ]
Cypriot (adj)	qipriot	[cipriót]

Malta	Maltë (f)	[máltə]
Maltese (masc.)	Maltez (m)	[maltéz]
Maltese (fem.)	Malteze (f)	[maltézɛ]
Maltese (adj)	maltez	[maltéz]

Norway	Norvegji (f)	[norvɛɟí]
Norwegian (masc.)	Norvegjez (m)	[norvɛɟéz]
Norwegian (fem.)	Norvegjeze (f)	[norvɛɟézɛ]
Norwegian (adj)	norvegjez	[norvɛɟéz]

Portugal	Portugali (f)	[portugalí]
Portuguese (masc.)	Portugez (m)	[portugéz]
Portuguese (fem.)	Portugeze (f)	[portugézɛ]
Portuguese (adj)	portugez	[portugéz]

Finland	Finlandë (f)	[finlándə]
Finn (masc.)	Finlandez (m)	[finlandéz]
Finn (fem.)	Finlandeze (f)	[finlandézɛ]
Finnish (adj)	finlandez	[finlandéz]

France	Francë (f)	[frántsə]
French (masc.)	Francez (m)	[frantséz]
French (fem.)	Franceze (f)	[frantsézɛ]
French (adj)	francez	[frantséz]

Sweden	Suedi (f)	[suɛdí]
Swede (masc.)	Suedez (m)	[suɛdéz]
Swede (fem.)	Suedeze (f)	[suɛdézɛ]
Swedish (adj)	suedez	[suɛdéz]

Switzerland	Zvicër (f)	[zvítsər]
Swiss (masc.)	Zviceran (m)	[zvitsɛrán]
Swiss (fem.)	Zvicerane (f)	[zvitsɛránɛ]
Swiss (adj)	zviceran	[zvitsɛrán]
Scotland	Skoci (f)	[skotsí]
Scottish (masc.)	Skocez (m)	[skotséz]

| Scottish (fem.) | Skoceze (f) | [skotsézɛ] |
| Scottish (adj) | skocez | [skotséz] |

Vatican City	Vatikan (m)	[vatikán]
Liechtenstein	Lichtenstein (m)	[litshtɛnstéin]
Luxembourg	Luksemburg (m)	[luksɛmbúrg]
Monaco	Monako (f)	[monáko]

235. Central and Eastern Europe

Albania	Shqipëri (f)	[ʃcipərí]
Albanian (masc.)	Shqiptar (m)	[ʃciptár]
Albanian (fem.)	Shqiptare (f)	[ʃciptárɛ]
Albanian (adj)	shqiptar	[ʃciptár]

Bulgaria	Bullgari (f)	[buɫgarí]
Bulgarian (masc.)	Bullgar (m)	[buɫgár]
Bulgarian (fem.)	Bullgare (f)	[buɫgárɛ]
Bulgarian (adj)	bullgar	[buɫgár]

Hungary	Hungari (f)	[huŋarí]
Hungarian (masc.)	Hungarez (m)	[huŋaréz]
Hungarian (fem.)	Hungareze (f)	[huŋarézɛ]
Hungarian (adj)	hungarez	[huŋaréz]

Latvia	Letoni (f)	[lɛtoní]
Latvian (masc.)	Letonez (m)	[lɛtonéz]
Latvian (fem.)	Letoneze (f)	[lɛtonézɛ]
Latvian (adj)	letonez	[lɛtonéz]

Lithuania	Lituani (f)	[lituaní]
Lithuanian (masc.)	Lituanez (m)	[lituanéz]
Lithuanian (fem.)	Lituaneze (f)	[lituanézɛ]
Lithuanian (adj)	lituanez	[lituanéz]

Poland	Poloni (f)	[polorní]
Pole (masc.)	Polak (m)	[polák]
Pole (fem.)	Polake (f)	[polákɛ]
Polish (adj)	polak	[polák]

Romania	Rumani (f)	[rumaní]
Romanian (masc.)	Rumun (m)	[rumún]
Romanian (fem.)	Rumune (f)	[rumúnɛ]
Romanian (adj)	rumun	[rumún]

Serbia	Serbi (f)	[sɛrbí]
Serbian (masc.)	Serb (m)	[sɛrb]
Serbian (fem.)	Serbe (f)	[sérbɛ]
Serbian (adj)	serb	[sɛrb]

Slovakia	Sllovaki (f)	[sɫovakí]
Slovak (masc.)	Sllovak (m)	[sɫovák]
Slovak (fem.)	Sllovake (f)	[sɫovákɛ]
Slovak (adj)	sllovak	[sɫovák]

Croatia	Kroaci (f)	[kroatsí]
Croatian (masc.)	Kroat (m)	[kroát]
Croatian (fem.)	Kroate (f)	[kroátɛ]
Croatian (adj)	kroat	[kroát]

Czech Republic	Republika Çeke (f)	[rɛpublíka tʃékɛ]
Czech (masc.)	Çek (m)	[tʃɛk]
Czech (fem.)	Çeke (f)	[tʃékɛ]
Czech (adj)	çek	[tʃɛk]

Estonia	Estoni (f)	[ɛstoní]
Estonian (masc.)	Estonez (m)	[ɛstonéz]
Estonian (fem.)	Estoneze (f)	[ɛstonézɛ]
Estonian (adj)	estonez	[ɛstonéz]

Bosnia and Herzegovina	Bosnje Herzegovina (f)	[bósɲɛ hɛrzɛgovína]
North Macedonia	Maqedonia (f)	[macɛdonía]
Slovenia	Sllovenia (f)	[słovɛnía]
Montenegro	Mali i Zi (m)	[máli i zí]

236. Former USSR countries

Azerbaijan	Azerbajxhan (m)	[azɛrbajdʒán]
Azerbaijani (masc.)	Azerbajxhanas (m)	[azɛrbajdʒánas]
Azerbaijani (fem.)	Azerbajxhanase (f)	[azɛrbajdʒánasɛ]
Azerbaijani, Azeri (adj)	azerbajxhanas	[azɛrbajdʒánas]

Armenia	Armeni (f)	[armɛní]
Armenian (masc.)	Armen (m)	[armén]
Armenian (fem.)	Armene (f)	[arménɛ]
Armenian (adj)	armen	[armén]

Belarus	Bjellorusi (f)	[bjɛłorusí]
Belarusian (masc.)	Bjellorus (m)	[bjɛłorús]
Belarusian (fem.)	Bjelloruse (f)	[bjɛłorúsɛ]
Belarusian (adj)	bjellorus	[bjɛłorús]

Georgia	Gjeorgji (f)	[ɟɛorɟí]
Georgian (masc.)	Gjeorgjian (m)	[ɟɛorɟián]
Georgian (fem.)	Gjeorgjiane (f)	[ɟɛorɟiánɛ]
Georgian (adj)	gjeorgjian	[ɟɛorɟián]

Kazakhstan	Kazakistan (m)	[kazakistán]
Kazakh (masc.)	Kazakistanez (m)	[kazakistanéz]
Kazakh (fem.)	Kazakistaneze (f)	[kazakistanézɛ]
Kazakh (adj)	kazakistanez	[kazakistanéz]

Kirghizia	Kirgistan (m)	[kirgistán]
Kirghiz (masc.)	Kirgistanez (m)	[kirgistanéz]
Kirghiz (fem.)	Kirgistaneze (f)	[kirgistanézɛ]
Kirghiz (adj)	kirgistanez	[kirgistanéz]

| Moldova, Moldavia | Moldavi (f) | [moldaví] |
| Moldavian (masc.) | Moldav (m) | [moldáv] |

| Moldavian (fem.) | Moldave (f) | [moldávɛ] |
| Moldavian (adj) | moldav | [moldáv] |

Russia	Rusi (f)	[rusí]
Russian (masc.)	Rus (m)	[rus]
Russian (fem.)	Ruse (f)	[rúsɛ]
Russian (adj)	rus	[rus]

Tajikistan	Taxhikistan (m)	[tadʒikistán]
Tajik (masc.)	Taxhikistanez (m)	[tadʒikistanéz]
Tajik (fem.)	Taxhikistaneze (f)	[tadʒikistanézɛ]
Tajik (adj)	taxhikistanez	[tadʒikistanéz]

Turkmenistan	Turkmenistan (m)	[turkmɛnistán]
Turkmen (masc.)	Turkmen (m)	[turkmén]
Turkmen (fem.)	Turkmene (f)	[turkménɛ]
Turkmenian (adj)	Turkmen	[turkmén]

Uzbekistan	Uzbekistan (m)	[uzbɛkistán]
Uzbek (masc.)	Uzbek (m)	[uzbék]
Uzbek (fem.)	Uzbeke (f)	[uzbékɛ]
Uzbek (adj)	uzbek	[uzbék]

Ukraine	Ukrainë (f)	[ukraínə]
Ukrainian (masc.)	Ukrainas (m)	[ukraínas]
Ukrainian (fem.)	Ukrainase (f)	[ukraínasɛ]
Ukrainian (adj)	ukrainas	[ukraínas]

237. Asia

| Asia | Azia (f) | [azía] |
| Asian (adj) | Aziatik | [aziatík] |

Vietnam	Vietnam (m)	[viɛtnám]
Vietnamese (masc.)	Vietnamez (m)	[viɛtnaméz]
Vietnamese (fem.)	Vietnameze (f)	[viɛtnamézɛ]
Vietnamese (adj)	vietnamez	[viɛtnaméz]

India	Indi (f)	[indí]
Indian (masc.)	Indian (m)	[indián]
Indian (fem.)	Indiane (f)	[indiánɛ]
Indian (adj)	indian	[indián]

Israel	Izrael (m)	[izraél]
Israeli (masc.)	Izaelit (m)	[izaɛlít]
Israeli (fem.)	Izraelite (f)	[izraɛlítɛ]
Israeli (adj)	izraelit	[izraɛlít]

Jew (n)	hebre (m)	[hɛbré]
Jewess (n)	hebre (f)	[hɛbré]
Jewish (adj)	hebraike	[hɛbraíkɛ]

| China | Kinë (f) | [kínə] |
| Chinese (masc.) | Kinez (m) | [kinéz] |

| Chinese (fem.) | Kineze (f) | [kinézɛ] |
| Chinese (adj) | kinez | [kinéz] |

Korean (masc.)	Korean (m)	[korɛán]
Korean (fem.)	Koreane (f)	[korɛánɛ]
Korean (adj)	korean	[korɛán]

Lebanon	Liban (m)	[libán]
Lebanese (masc.)	Libanez (m)	[libanéz]
Lebanese (fem.)	Libaneze (f)	[libanézɛ]
Lebanese (adj)	libanez	[libanéz]

Mongolia	Mongoli (f)	[moŋolí]
Mongolian (masc.)	Mongol (m)	[moŋól]
Mongolian (fem.)	Mongole (f)	[moŋólɛ]
Mongolian (adj)	mongol	[moŋól]

Malaysia	Malajzi (f)	[malajzí]
Malaysian (masc.)	Malajzian (m)	[malajzián]
Malaysian (fem.)	Malajziane (f)	[malajziánɛ]
Malaysian (adj)	malajzian	[malajzián]

Pakistan	Pakistan (m)	[pakistán]
Pakistani (masc.)	Pakistanez (m)	[pakistanéz]
Pakistani (fem.)	Pakistaneze (f)	[pakistanézɛ]
Pakistani (adj)	pakistanez	[pakistanéz]

Saudi Arabia	Arabia Saudite (f)	[arabía saudítɛ]
Arab (masc.)	Arab (m)	[aráb]
Arab (fem.)	Arabe (f)	[arábɛ]
Arabic, Arabian (adj)	arabik	[arabík]

Thailand	Tajlandë (f)	[tajlándə]
Thai (masc.)	Tajlandez (m)	[tajlandéz]
Thai (fem.)	Tajlandeze (f)	[tajlandézɛ]
Thai (adj)	tajlandez	[tajlandéz]

Taiwan	Tajvan (m)	[tajván]
Taiwanese (masc.)	Tajvanez (m)	[tajvanéz]
Taiwanese (fem.)	Tajvaneze (f)	[tajvanézɛ]
Taiwanese (adj)	tajvanez	[tajvanéz]

Turkey	Turqi (f)	[turcí]
Turk (masc.)	Turk (m)	[turk]
Turk (fem.)	Turke (f)	[túrkɛ]
Turkish (adj)	turk	[turk]

Japan	Japoni (f)	[japoní]
Japanese (masc.)	Japonez (m)	[japonéz]
Japanese (fem.)	Japoneze (f)	[japonézɛ]
Japanese (adj)	japonez	[japonéz]

Afghanistan	Afganistan (m)	[afganistán]
Bangladesh	Bangladesh (m)	[baŋladéʃ]
Indonesia	Indonezi (f)	[indonɛzí]
Jordan	Jordani (f)	[jordaní]

Iraq	Irak (m)	[irak]
Iran	Iran (m)	[irán]
Cambodia	Kamboxhia (f)	[kambódʒia]
Kuwait	Kuvajt (m)	[kuvájt]

Laos	Laos (m)	[láos]
Myanmar	Mianmar (m)	[mianmár]
Nepal	Nepal (m)	[nɛpál]
United Arab Emirates	Emiratet e Bashkuara Arabe (pl)	[ɛmirátɛt ɛ baʃkúara arábɛ]

Syria	Siri (f)	[sirí]
Palestine	Palestinë (f)	[palɛstínə]
South Korea	Korea e Jugut (f)	[koréa ɛ júgut]
North Korea	Korea e Veriut (f)	[koréa ɛ vériut]

238. North America

United States of America	Shtetet e Bashkuara të Amerikës	[ʃtétɛt ɛ baʃkúara tə amɛríkəs]
American (masc.)	Amerikan (m)	[amɛrikán]
American (fem.)	Amerikane (f)	[amɛrikánɛ]
American (adj)	amerikan	[amɛrikán]

Canada	Kanada (f)	[kanadá]
Canadian (masc.)	Kanadez (m)	[kanadéz]
Canadian (fem.)	Kanadeze (f)	[kanadézɛ]
Canadian (adj)	kanadez	[kanadéz]

Mexico	Meksikë (f)	[mɛksíkə]
Mexican (masc.)	Meksikan (m)	[mɛksikán]
Mexican (fem.)	Meksikane (f)	[mɛksikánɛ]
Mexican (adj)	meksikan	[mɛksikán]

239. Central and South America

Argentina	Argjentinë (f)	[arɟɛntínə]
Argentinian (masc.)	Argjentinas (m)	[arɟɛntínas]
Argentinian (fem.)	Argjentinase (f)	[arɟɛntínasɛ]
Argentinian (adj)	argjentinas	[arɟɛntínas]

Brazil	Brazil (m)	[brazíl]
Brazilian (masc.)	Brazilian (m)	[brazilián]
Brazilian (fem.)	Braziliane (f)	[braziliánɛ]
Brazilian (adj)	brazilian	[brazilián]

Colombia	Kolumbi (f)	[kolumbí]
Colombian (masc.)	Kolumbian (m)	[kolumbián]
Colombian (fem.)	Kolumbiane (f)	[kolumbiánɛ]
Colombian (adj)	kolumbian	[kolumbián]
Cuba	Kuba (f)	[kúba]
Cuban (masc.)	Kuban (m)	[kubán]

Cuban (fem.)	**Kubane** (f)	[kubánɛ]
Cuban (adj)	**kuban**	[kubán]

Chile	**Kili** (m)	[kíli]
Chilean (masc.)	**Kilian** (m)	[kilián]
Chilean (fem.)	**Kiliane** (f)	[kiliánɛ]
Chilean (adj)	**kilian**	[kilián]

Bolivia	**Bolivi** (f)	[bolivĺ]
Venezuela	**Venezuelë** (f)	[vɛnɛzuélə]
Paraguay	**Paraguai** (m)	[paraguái]
Peru	**Peru** (f)	[pɛrú]

Suriname	**Surinam** (m)	[surinám]
Uruguay	**Uruguai** (m)	[uruguái]
Ecuador	**Ekuador** (m)	[ɛkuadór]

The Bahamas	**Bahamas** (m)	[bahámas]
Haiti	**Haiti** (m)	[haíti]
Dominican Republic	**Republika Dominikane** (f)	[rɛpublíka dominikánɛ]
Panama	**Panama** (f)	[panamá]
Jamaica	**Xhamajka** (f)	[dʒamájka]

240. Africa

Egypt	**Egjipt** (m)	[ɛɟípt]
Egyptian (masc.)	**Egjiptian** (m)	[ɛɟiptián]
Egyptian (fem.)	**Egjiptiane** (f)	[ɛɟiptiánɛ]
Egyptian (adj)	**egjiptian**	[ɛɟiptián]

Morocco	**Marok** (m)	[marók]
Moroccan (masc.)	**Maroken** (m)	[marokén]
Moroccan (fem.)	**Marokene** (f)	[marokénɛ]
Moroccan (adj)	**maroken**	[marokén]

Tunisia	**Tunizi** (f)	[tunizĺ]
Tunisian (masc.)	**Tunizian** (m)	[tunizián]
Tunisian (fem.)	**Tuniziane** (f)	[tuniziánɛ]
Tunisian (adj)	**tunizian**	[tunizián]

Ghana	**Gana** (f)	[gána]
Zanzibar	**Zanzibar** (m)	[zanzibár]
Kenya	**Kenia** (f)	[kénia]
Libya	**Libia** (f)	[libía]
Madagascar	**Madagaskar** (m)	[madagaskár]

Namibia	**Namibia** (f)	[namíbia]
Senegal	**Senegal** (m)	[sɛnɛgál]
Tanzania	**Tanzani** (f)	[tanzaní]
South Africa	**Afrika e Jugut** (f)	[afríka ɛ júgut]

African (masc.)	**Afrikan** (m)	[afrikán]
African (fem.)	**Afrikane** (f)	[afrikánɛ]
African (adj)	**Afrikan**	[afrikán]

241. Australia. Oceania

Australia	Australia (f)	[australía]
Australian (masc.)	Australian (m)	[australián]
Australian (fem.)	Australiane (f)	[australiánɛ]
Australian (adj)	australian	[australián]

New Zealand	Zelandë e Re (f)	[zɛlándə ɛ ré]
New Zealander (masc.)	Zelandez (m)	[zɛlandéz]
New Zealander (fem.)	Zelandeze (f)	[zɛlandézɛ]
New Zealand (as adj)	zelandez	[zɛlandéz]

| Tasmania | Tasmani (f) | [tasmaní] |
| French Polynesia | Polinezia Franceze (f) | [polinɛzía frantsézɛ] |

242. Cities

Amsterdam	Amsterdam (m)	[amstɛrdám]
Ankara	Ankara (f)	[ankará]
Athens	Athinë (f)	[aθínə]
Baghdad	Bagdad (m)	[bagdád]
Bangkok	Bangkok (m)	[baŋkók]
Barcelona	Barcelonë (f)	[bartsɛlónə]

Beijing	Pekin (m)	[pɛkín]
Beirut	Bejrut (m)	[bɛjrút]
Berlin	Berlin (m)	[bɛrlín]
Mumbai (Bombay)	Mumbai (m)	[mumbái]
Bonn	Bon (m)	[bon]

Bordeaux	Bordo (f)	[bordó]
Bratislava	Bratislavë (f)	[bratislávə]
Brussels	Bruksel (m)	[bruksél]
Bucharest	Bukuresht (m)	[bukuréʃt]
Budapest	Budapest (m)	[budapést]

Cairo	Kajro (f)	[kájro]
Kolkata (Calcutta)	Kalkutë (f)	[kalkútə]
Chicago	Çikago (f)	[tʃikágo]
Copenhagen	Kopenhagen (m)	[kopɛnhágɛn]

Dar-es-Salaam	Dar es Salam (m)	[dar ɛs salám]
Delhi	Delhi (f)	[délhi]
Dubai	Dubai (m)	[dubái]
Dublin	Dublin (m)	[dúblin]
Düsseldorf	Dyseldorf (m)	[dysɛldórf]

Florence	Firence (f)	[firéntsɛ]
Frankfurt	Frankfurt (m)	[frankfúrt]
Geneva	Gjenevë (f)	[ɟenévə]

| The Hague | Hagë (f) | [hágə] |
| Hamburg | Hamburg (m) | [hambúrg] |

Hanoi	Hanoi (m)	[hanói]
Havana	Havana (f)	[havána]
Helsinki	Helsinki (m)	[hɛlsínki]
Hiroshima	Hiroshimë (f)	[hiroʃímə]
Hong Kong	Hong Kong (m)	[hoŋ kóŋ]

Istanbul	Stamboll (m)	[stambóɫ]
Jerusalem	Jerusalem (m)	[jɛrusalém]
Kyiv	Kiev (m)	[kíɛv]
Kuala Lumpur	Kuala Lumpur (m)	[kuála lumpúr]
Lisbon	Lisbonë (f)	[lisbónə]
London	Londër (f)	[lóndər]
Los Angeles	Los Anxhelos (m)	[lós andʒɛlós]
Lyons	Lion (m)	[lión]

Madrid	Madrid (m)	[madríd]
Marseille	Marsejë (f)	[marséjə]
Mexico City	Meksiko Siti (m)	[méksiko síti]
Miami	Majami (m)	[majámi]
Montreal	Montreal (m)	[montrɛál]
Moscow	Moskë (f)	[móskə]
Munich	Munih (m)	[muníh]

Nairobi	Najrobi (m)	[najróbi]
Naples	Napoli (m)	[nápoli]
New York	Nju Jork (m)	[ɲu jork]
Nice	Nisë (m)	[nísə]
Oslo	oslo (f)	[óslo]
Ottawa	Otava (f)	[otáva]

Paris	Paris (m)	[parís]
Prague	Pragë (f)	[prágə]
Rio de Janeiro	Rio de Zhaneiro (m)	[río dɛ ʒanéiro]
Rome	Romë (f)	[rómə]

Saint Petersburg	Shën Petersburg (m)	[ʃən pɛtɛrsbúrg]
Seoul	Seul (m)	[sɛúl]
Shanghai	Shangai (m)	[ʃaŋái]
Singapore	Singapor (m)	[siŋapór]
Stockholm	Stokholm (m)	[stokhólm]
Sydney	Sidney (m)	[sidnéy]

Taipei	Taipei (m)	[taipéi]
Tokyo	Tokio (f)	[tókio]
Toronto	Toronto (f)	[torónto]
Venice	Venecia (f)	[vɛnétsia]
Vienna	Vjenë (f)	[vjénə]
Warsaw	Varshavë (f)	[varʃávə]
Washington	Uashington (m)	[vaʃiŋtón]

243. Politics. Government. Part 1

| politics | politikë (f) | [politíkə] |
| political (adj) | politike | [politíkɛ] |

politician	politikan (m)	[politikán]
state (country)	shtet (m)	[ʃtɛt]
citizen	nënshtetas (m)	[nənʃtétas]
citizenship	nënshtetësi (f)	[nənʃtɛtəsí]

national emblem	simbol kombëtar (m)	[simból kombətár]
national anthem	himni kombëtar (m)	[hímni kombətár]

government	qeveri (f)	[cɛvɛrí]
head of state	kreu i shtetit (m)	[kréu i ʃtétit]
parliament	parlament (m)	[parlamént]
party	parti (f)	[partí]

capitalism	kapitalizëm (m)	[kapitalízəm]
capitalist (adj)	kapitalist	[kapitalíst]

socialism	socializëm (m)	[sotsialízəm]
socialist (adj)	socialist	[sotsialíst]

communism	komunizëm (m)	[komunízəm]
communist (adj)	komunist	[komuníst]
communist (n)	komunist (m)	[komuníst]

democracy	demokraci (f)	[dɛmokratsí]
democrat	demokrat (m)	[dɛmokrát]
democratic (adj)	demokratik	[dɛmokratík]
Democratic party	parti demokratike (f)	[partí dɛmokratíkɛ]

liberal (n)	liberal (m)	[libɛrál]
Liberal (adj)	liberal	[libɛrál]

conservative (n)	konservativ (m)	[konsɛrvatív]
conservative (adj)	konservativ	[konsɛrvatív]

republic (n)	republikë (f)	[rɛpublíkə]
republican (n)	republikan (m)	[rɛpublikán]
Republican party	parti republikane (f)	[partí rɛpublikánɛ]

elections	zgjedhje (f)	[zɟéðjɛ]
to elect (vt)	zgjedh	[zɟɛð]
elector, voter	zgjedhës (m)	[zɟéðəs]
election campaign	fushatë zgjedhore (f)	[fuʃátə zɟɛðórɛ]

voting (n)	votim (m)	[votím]
to vote (vi)	votoj	[votój]
suffrage, right to vote	e drejta e votës (f)	[ɛ dréjta ɛ vótəs]

candidate	kandidat (m)	[kandidát]
to run for (~ President)	jam kandidat	[jam kandidát]
campaign	fushatë (f)	[fuʃátə]

opposition (as adj)	opozitar	[opozitár]
opposition (n)	opozitë (f)	[opozítə]

visit	vizitë (f)	[vizítə]
official visit	vizitë zyrtare (f)	[vizítə zyrtárɛ]

international (adj)	ndërkombëtar	[ndərkombətár]
negotiations	negociata (f)	[nɛgotsiáta]
to negotiate (vi)	negocioj	[nɛgotsiój]

244. Politics. Government. Part 2

society	shoqëri (f)	[ʃocərí]
constitution	kushtetutë (f)	[kuʃtɛtútə]
power (political control)	pushtet (m)	[puʃtét]
corruption	korrupsion (m)	[korupsión]

| law (justice) | ligj (m) | [liʝ] |
| legal (legitimate) | ligjor | [liʝór] |

| justice (fairness) | drejtësi (f) | [drɛjtəsí] |
| just (fair) | e drejtë | [ɛ dréjtə] |

committee	komitet (m)	[komitét]
bill (draft law)	projektligj (m)	[projɛktlíʝ]
budget	buxhet (m)	[budʒét]
policy	politikë (f)	[politíkə]
reform	reformë (f)	[rɛfórmə]
radical (adj)	radikal	[radikál]

power (strength, force)	fuqi (f)	[fucí]
powerful (adj)	i fuqishëm	[i fucíʃəm]
supporter	mbështetës (m)	[mbəʃtétəs]
influence	ndikim (m)	[ndikím]

regime (e.g. military ~)	regjim (m)	[rɛʝím]
conflict	konflikt (m)	[konflíkt]
conspiracy (plot)	komplot (m)	[komplót]
provocation	provokim (m)	[provokím]

to overthrow (regime, etc.)	rrëzoj	[rəzój]
overthrow (of a government)	rrëzim (m)	[rəzím]
revolution	revolucion (m)	[rɛvolutsión]

| coup d'état | grusht shteti (m) | [grúʃt ʃtéti] |
| military coup | puç ushtarak (m) | [putʃ uʃtarák] |

crisis	krizë (f)	[krízə]
economic recession	recesion ekonomik (m)	[rɛtsɛsión ɛkonomík]
demonstrator (protester)	protestues (m)	[protɛstúɛs]
demonstration	protestë (f)	[protéstə]
martial law	ligj ushtarak (m)	[liʝ uʃtarák]
military base	bazë ushtarake (f)	[bázə uʃtarákɛ]

| stability | stabilitet (m) | [stabilitét] |
| stable (adj) | stabil | [stabíl] |

exploitation	shfrytëzim (m)	[ʃfrytəzím]
to exploit (workers)	shfrytëzoj	[ʃfrytəzój]
racism	racizëm (m)	[ratsízəm]

racist	racist (m)	[ratsíst]
fascism	fashizëm (m)	[faʃízəm]
fascist	fashist (m)	[faʃíst]

245. Countries. Miscellaneous

foreigner	i huaj (m)	[i húaj]
foreign (adj)	huaj	[húaj]
abroad (in a foreign country)	jashtë shteti	[jáʃtə ʃtéti]

emigrant	emigrant (m)	[ɛmigránt]
emigration	emigracion (m)	[ɛmigratsión]
to emigrate (vi)	emigroj	[ɛmigrój]

the West	Perëndimi (m)	[pɛrəndími]
the East	Lindja (f)	[líndja]
the Far East	Lindja e Largët (f)	[líndja ɛ lárgət]
civilization	civilizim (m)	[tsivilizím]
humanity (mankind)	njerëzia (f)	[ɲɛrəzía]
the world (earth)	bota (f)	[bóta]
peace	paqe (f)	[pácɛ]
worldwide (adj)	botëror	[botərór]

homeland	atdhe (f)	[atðé]
people (population)	njerëz (m)	[ɲérəz]
population	popullsi (f)	[popuɫsí]
people (a lot of ~)	njerëz (m)	[ɲérəz]
nation (people)	komb (m)	[komb]
generation	brez (m)	[brɛz]
territory (area)	zonë (f)	[zónə]
region	rajon (m)	[rajón]
state (part of a country)	shtet (m)	[ʃtɛt]

tradition	traditë (f)	[tradítə]
custom (tradition)	zakon (m)	[zakón]
ecology	ekologjia (f)	[ɛkoloɟia]

Indian (Native American)	Indian të Amerikës (m)	[indián tə amɛríkəs]
Gypsy (masc.)	jevg (m)	[jɛvg]
Gypsy (fem.)	jevge (f)	[jévgɛ]
Gypsy (adj)	jevg	[jɛvg]

empire	perandori (f)	[pɛrandorí]
colony	koloni (f)	[kolainí]
slavery	skllevëri (m)	[skɫɛvərí]
invasion	pushtim (m)	[puʃtím]
famine	uria (f)	[uría]

246. Major religious groups. Confessions

religion	religjion (m)	[rɛliɟión]
religious (adj)	religjioz	[rɛliɟióz]

faith, belief	fe, besim (m)	[fé], [bɛsím]
to believe (in God)	besoj	[bɛsój]
believer	besimtar (m)	[bɛsimtár]

| atheism | ateizëm (m) | [atɛízəm] |
| atheist | ateist (m) | [atɛíst] |

Christianity	Krishterimi (m)	[kriʃtɛrími]
Christian (n)	i krishterë (m)	[i kriʃtérə]
Christian (adj)	krishterë	[kriʃtérə]

Catholicism	Katolicizëm (m)	[katolitsízəm]
Catholic (n)	Katolik (m)	[katolík]
Catholic (adj)	katolik	[katolík]

Protestantism	Protestantizëm (m)	[protɛstantízəm]
Protestant Church	Kishë Protestante (f)	[kíʃə protɛstántɛ]
Protestant (n)	Protestant (m)	[protɛstánt]

Orthodoxy	Ortodoksia (f)	[ortodoksía]
Orthodox Church	Kishë Ortodokse (f)	[kíʃə ortodóksɛ]
Orthodox (n)	Ortodoks (m)	[ortodóks]

Presbyterianism	Presbiterian (m)	[prɛsbitɛrián]
Presbyterian Church	Kishë Presbiteriane (f)	[kíʃə prɛsbitɛriánɛ]
Presbyterian (n)	Presbiterian (m)	[prɛsbitɛrián]

| Lutheranism | Luterianizëm (m) | [lutɛrianízəm] |
| Lutheran (n) | Luterian (m) | [lutɛrián] |

| Baptist Church | Kishë Baptiste (f) | [kíʃə baptístɛ] |
| Baptist (n) | Baptist (m) | [baptíst] |

| Anglican Church | Kishë Anglikane (f) | [kíʃə aŋlikánɛ] |
| Anglican (n) | Anglikan (m) | [aŋlikán] |

| Mormonism | Mormonizëm (m) | [mormonízəm] |
| Mormon (n) | Mormon (m) | [mormón] |

| Judaism | Judaizëm (m) | [judaízəm] |
| Jew (n) | çifut (m) | [tʃifút] |

| Buddhism | Budizëm (m) | [budízəm] |
| Buddhist (n) | Budist (m) | [budíst] |

| Hinduism | Hinduizëm (m) | [hinduízəm] |
| Hindu (n) | Hindu (m) | [híndu] |

Islam	Islam (m)	[islám]
Muslim (n)	Mysliman (m)	[myslimán]
Muslim (adj)	Mysliman	[myslimán]

Shiah Islam	Islami Shia (m)	[islámi ʃía]
Shiite (n)	Shiitë (f)	[ʃíítə]
Sunni Islam	Islami Suni (m)	[islámi súni]
Sunnite (n)	Sunit (m)	[sunít]

247. Religions. Priests

| priest | prift (m) | [prift] |
| the Pope | Papa (f) | [pápa] |

monk, friar	murg, frat (m)	[murg], [frat]
nun	murgeshë (f)	[murgéʃə]
pastor	pastor (m)	[pastór]

abbot	abat (m)	[abát]
vicar (parish priest)	famullitar (m)	[famuɫitár]
bishop	peshkop (m)	[pɛʃkóp]
cardinal	kardinal (m)	[kardinál]

preacher	predikues (m)	[prɛdikúɛs]
preaching	predikim (m)	[prɛdikím]
parishioners	faullistë (f)	[fauɫístə]

| believer | besimtar (m) | [bɛsimtár] |
| atheist | ateist (m) | [atɛíst] |

248. Faith. Christianity. Islam

| Adam | Adam (m) | [adám] |
| Eve | eva (f) | [éva] |

God	Zot (m)	[zot]
the Lord	Zoti (m)	[zóti]
the Almighty	i Plotfuqishmi (m)	[i plotfucíʃmi]

sin	mëkat (m)	[məkát]
to sin (vi)	mëkatoj	[məkatój]
sinner (masc.)	mëkatar (m)	[məkatár]
sinner (fem.)	mëkatare (f)	[məkatárɛ]

| hell | ferr (m) | [fɛr] |
| paradise | parajsë (f) | [parájsə] |

| Jesus | Jezus (m) | [jézus] |
| Jesus Christ | Jezu Krishti (m) | [jézu kríʃti] |

the Holy Spirit	Shpirti i Shenjtë (m)	[ʃpírti i ʃéɲtə]
the Saviour	Shpëtimtar (m)	[ʃpətimtár]
the Virgin Mary	e Virgjëra Meri (f)	[ɛ vírɉera méri]

the Devil	Djalli (m)	[djáɫi]
devil's (adj)	i djallit	[i djáɫit]
Satan	Satani (m)	[satáni]
satanic (adj)	satanik	[sataník]

angel	engjëll (m)	[éɲɉəɫ]
guardian angel	engjëlli mbrojtës (m)	[éɲɉəɫi mbrójtəs]
angelic (adj)	engjëllor	[ɛɲɉəɫór]

apostle	apostull (m)	[apóstuɫ]
archangel	kryeengjëll (m)	[kryɛéɲjəɫ]
the Antichrist	Antikrishti (m)	[antikríʃti]
Church	Kishë (f)	[kíʃə]
Bible	Bibla (f)	[bíbla]
biblical (adj)	biblik	[biblík]
Old Testament	Dhiata e Vjetër (f)	[ðiáta ɛ vjétər]
New Testament	Dhiata e Re (f)	[ðiáta ɛ ré]
Gospel	ungjill (m)	[uɲjíɫ]
Holy Scripture	Libri i Shenjtë (m)	[líbri i ʃéɲtə]
Heaven	parajsa (f)	[parájsa]
Commandment	urdhëresë (f)	[urðərésə]
prophet	profet (m)	[profét]
prophecy	profeci (f)	[profɛtsí]
Allah	Allah (m)	[aɫáh]
Mohammed	Muhamed (m)	[muhaméd]
the Koran	Kurani (m)	[kuráni]
mosque	xhami (f)	[dʒamí]
mullah	hoxhë (m)	[hódʒə]
prayer	lutje (f)	[lútjɛ]
to pray (vi, vt)	lutem	[lútɛm]
pilgrimage	pelegrinazh (m)	[pɛlɛgrináʒ]
pilgrim	pelegrin (m)	[pɛlɛgrín]
Mecca	Mekë (f)	[mékə]
church	kishë (f)	[kíʃə]
temple	tempull (m)	[témpuɫ]
cathedral	katedrale (f)	[katɛdrálɛ]
Gothic (adj)	Gotik	[gotík]
synagogue	sinagogë (f)	[sinagógə]
mosque	xhami (f)	[dʒamí]
chapel	kishëz (m)	[kíʃəz]
abbey	abaci (f)	[ábatsi]
monastery	manastir (m)	[manastír]
bell (church ~s)	kambanë (f)	[kambánə]
bell tower	kulla e kambanës (f)	[kúɫa ɛ kambánəs]
to ring (ab. bells)	bien	[bíɛn]
cross	kryq (m)	[kryc]
cupola (roof)	kupola (f)	[kupóla]
icon	ikona (f)	[ikóna]
soul	shpirt (m)	[ʃpirt]
fate (destiny)	fat (m)	[fat]
evil (n)	e keqe (f)	[ɛ kécɛ]
good (n)	e mirë (f)	[ɛ mírə]
vampire	vampir (m)	[vampír]
witch (evil ~)	shtrigë (f)	[ʃtrígə]

| demon | djall (m) | [djáɫ] |
| spirit | shpirt (m) | [ʃpirt] |

| redemption (giving us ~) | shëlbim (m) | [ʃəlbím] |
| to redeem (vt) | shëlbej | [ʃəlbéj] |

church service	meshë (f)	[méʃə]
to say mass	lus meshë	[lús méʃə]
confession	rrëfim (m)	[rəfím]
to confess (vi)	rrëfej	[rəféj]

saint (n)	shenjt (m)	[ʃɛɲt]
sacred (holy)	i shenjtë	[i ʃéɲtə]
holy water	ujë i bekuar (m)	[újə i bɛkúar]

ritual (n)	ritual (m)	[rituál]
ritual (adj)	ritual	[rituál]
sacrifice	sakrificë (f)	[sakrifítsə]

superstition	besëtytni (f)	[bɛsətytní]
superstitious (adj)	supersticioz	[supɛrstitsióz]
afterlife	jeta e përtejme (f)	[jéta ɛ pərtéjmɛ]
eternal life	përjetësia (f)	[pərjɛtəsía]

MISCELLANEOUS

249. Various useful words

background (green ~)	sfond (m)	[sfónd]
balance (of the situation)	ekuilibër (m)	[ɛkuilíbər]
barrier (obstacle)	pengesë (f)	[pɛŋésə]
base (basis)	bazë (f)	[bázə]
beginning	fillim (m)	[fiɫím]
category	kategori (f)	[katɛgorí]
cause (reason)	shkak (m)	[ʃkak]
choice	zgjedhje (f)	[zɟéðjɛ]
coincidence	rastësi (f)	[rastəsí]
comfortable (~ chair)	i rehatshëm	[i rɛhátʃəm]
comparison	krahasim (m)	[krahasím]
compensation	shpërblim (m)	[ʃpərblím]
degree (extent, amount)	nivel (m)	[nivél]
development	zhvillim (m)	[ʒviɫím]
difference	ndryshim (m)	[ndryʃím]
effect (e.g. of drugs)	efekt (m)	[ɛfékt]
effort (exertion)	përpjekje (f)	[pərpjékjɛ]
element	element (m)	[ɛlɛmént]
end (finish)	fund (m)	[fund]
example (illustration)	shembull (m)	[ʃémbuɫ]
fact	fakt (m)	[fakt]
frequent (adj)	i shpeshtë	[i ʃpéʃtə]
growth (development)	rritje (f)	[rítjɛ]
help	ndihmë (f)	[ndíhmə]
ideal	ideal (m)	[idɛál]
kind (sort, type)	lloj (m)	[ɫoj]
labyrinth	labirint (m)	[labirínt]
mistake, error	gabim (m)	[gabím]
moment	moment (m)	[momént]
object (thing)	objekt (m)	[objékt]
obstacle	pengesë (f)	[pɛŋésə]
original (original copy)	origjinal (m)	[oriɟinál]
part (~ of sth)	pjesë (f)	[pjésə]
particle, small part	grimcë (f)	[grímtsə]
pause (break)	pushim (m)	[puʃím]
position	pozicion (m)	[pozitsión]
principle	parim (m)	[parím]
problem	problem (m)	[problém]
process	proces (m)	[protsés]

progress	ecje përpara (f)	[étsjɛ pərpára]
property (quality)	cilësi (f)	[tsiləsí]
reaction	reagim (m)	[rɛagím]
risk	rrezik (m)	[rɛzík]

secret	sekret (m)	[sɛkrét]
series	seri (f)	[sɛrí]
shape (outer form)	formë (f)	[fórmə]
situation	situatë (f)	[situátə]
solution	zgjidhje (f)	[zɟíðjɛ]

standard (adj)	standard	[standárd]
standard (level of quality)	standard (m)	[standárd]
stop (pause)	pauzë (f)	[paúzə]
style	stil (m)	[stil]

system	sistem (m)	[sistém]
table (chart)	tabelë (f)	[tabélə]
tempo, rate	ritëm (m)	[rítəm]
term (word, expression)	term (m)	[tɛrm]
thing (object, item)	gjë (f)	[ɟə]

truth (e.g. moment of ~)	e vërtetë (f)	[ɛ vərtétə]
turn (please wait your ~)	kthesë (f)	[kθésə]
type (sort, kind)	tip (m)	[tip]
urgent (adj)	urgjent	[urɟént]
urgently	urgjentisht	[urɟentíʃt]

utility (usefulness)	vegël (f)	[végəl]
variant (alternative)	variant (m)	[variánt]
way (means, method)	rrugëzgjidhje (f)	[rugəzɟíðjɛ]
zone	zonë (f)	[zónə]

250. Modifiers. Adjectives. Part 1

additional (adj)	shtesë	[ʃtésə]
ancient (~ civilization)	i lashtë	[i láʃtə]
artificial (adj)	artificial	[artifitsiál]
back, rear (adj)	i pasmë	[i pásmə]
bad (adj)	i keq	[i kéc]

beautiful (~ palace)	i bukur	[i búkur]
beautiful (person)	i bukur	[i búkur]
big (in size)	i madh	[i máð]
bitter (taste)	i hidhur	[i híður]
blind (sightless)	i verbër	[i vérbər]

calm, quiet (adj)	i qetë	[i cétə]
careless (negligent)	i pakujdesshëm	[i pakujdésʃəm]
caring (~ father)	i dashur	[i dáʃur]
central (adj)	qendror	[cɛndrór]

| cheap (low-priced) | i lirë | [i lírə] |
| cheerful (adj) | i gëzuar | [i gəzúar] |

children's (adj)	i fëmijëve	[i fəmíjəvɛ]
civil (~ law)	civil	[tsivíl]
clandestine (secret)	klandestin	[klandɛstín]

clean (free from dirt)	i pastër	[i pástər]
clear (explanation, etc.)	i qartë	[i cártə]
clever (intelligent)	i zgjuar	[i zɟúar]
close (near in space)	i afërt	[i áfərt]
closed (adj)	i mbyllur	[i mbýɫur]

cloudless (sky)	pa re	[pa rɛ]
cold (drink, weather)	i ftohtë	[i ftóhtə]
compatible (adj)	i përshtatshëm	[i pərʃtátʃəm]
contented (satisfied)	i kënaqur	[i kənácur]
continuous (uninterrupted)	i vazhdueshëm	[i vaʒdúɛʃəm]

cool (weather)	i ftohtë	[i ftóhtə]
dangerous (adj)	i rrezikshëm	[i rɛzíkʃəm]
dark (room)	i errët	[i érət]
dead (not alive)	i vdekur	[i vdékur]
dense (fog, smoke)	i dendur	[i déndur]

destitute (extremely poor)	i mjerë	[i mjérə]
different (not the same)	i ndryshëm	[i ndrýʃəm]
difficult (decision)	i vështirë	[i vəʃtírə]
difficult (problem, task)	i vështirë	[i vəʃtírə]
dim, faint (light)	i zbehtë	[i zbéhtə]

dirty (not clean)	i pistë	[i pístə]
distant (in space)	i largët	[i lárgət]
dry (clothes, etc.)	i thatë	[i θátə]
easy (not difficult)	i lehtë	[i léhtə]

empty (glass, room)	zbrazët	[zbrázət]
even (e.g. ~ surface)	i barabartë	[i barabártə]
exact (amount)	i saktë	[i sáktə]
excellent (adj)	i shkëlqyer	[i ʃkəlcýɛr]
excessive (adj)	i tepërt	[i tépərt]

expensive (adj)	i shtrenjtë	[i ʃtréɲtə]
exterior (adj)	i jashtëm	[i jáʃtəm]
far (the ~ East)	larg	[larg]
fast (quick)	i shpejtë	[i ʃpéjtə]
fatty (food)	i yndyrshëm	[i yndýrʃəm]

fertile (land, soil)	pjellore	[pjɛɫórɛ]
flat (~ panel display)	i sheshtë	[i ʃéʃtə]
foreign (adj)	huaj	[húaj]
fragile (china, glass)	delikat	[dɛlikát]

free (at no cost)	falas	[fálas]
free (unrestricted)	i lirë	[i lírə]
fresh (~ water)	i freskët	[i fréskət]
fresh (e.g. ~ bread)	i freskët	[i fréskət]
frozen (food)	i ngrirë	[i ŋrírə]
full (completely filled)	i mbushur	[i mbúʃur]

gloomy (house, forecast)	i vrazhdë	[i vráʒdə]
good (book, etc.)	i mirë	[i mírə]
good, kind (kindhearted)	i mirë	[i mírə]
grateful (adj)	mirënjohës	[mirəɲóhəs]

happy (adj)	i lumtur	[i lúmtur]
hard (not soft)	i fortë	[i fórtə]
heavy (in weight)	i rëndë	[i rə́ndə]
hostile (adj)	armiqësor	[armicəsór]
hot (adj)	i nxehtë	[i ndzéhtə]

huge (adj)	i madh	[i máð]
humid (adj)	i lagësht	[i lágəʃt]
hungry (adj)	i uritur	[i urítur]
ill (sick, unwell)	i sëmurë	[i səmúrə]
immobile (adj)	i palëvizshëm	[i paləvízʃəm]

important (adj)	i rëndësishëm	[i rəndəsíʃəm]
impossible (adj)	i pamundur	[i pamúndur]
incomprehensible	i pakuptueshëm	[i pakuptúɛʃəm]
indispensable (adj)	i pazëvendësueshëm	[i pazəvɛndəsúɛʃəm]
inexperienced (adj)	i papërvojë	[i papərvójə]

insignificant (adj)	i parëndësishëm	[i parəndəsíʃəm]
interior (adj)	i brendshëm	[i bréndʃəm]
joint (~ decision)	i përbashkët	[i pərbáʃkət]
last (e.g. ~ week)	i fundit	[i fúndit]

last (final)	i fundit	[i fúndit]
left (e.g. ~ side)	majtë	[májtə]
legal (legitimate)	ligjor	[liɟór]
light (in weight)	i lehtë	[i léhtə]
light (pale color)	i çelët	[i tʃélət]

limited (adj)	i kufizuar	[i kufizúar]
liquid (fluid)	i lëngët	[i lə́ŋət]
long (e.g. ~ hair)	i gjatë	[i ɟátə]
loud (voice, etc.)	i lartë	[i lártə]
low (voice)	i ulët	[i úlət]

251. Modifiers. Adjectives. Part 2

main (principal)	kryesor	[kryɛsór]
matt, matte	mat	[mat]
meticulous (job)	i hollësishëm	[i hotəsíʃəm]
mysterious (adj)	misterioz	[mistɛrióz]
narrow (street, etc.)	i ngushtë	[i ŋúʃtə]

native (~ country)	autokton	[autoktón]
nearby (adj)	pranë	[pránə]
needed (necessary)	i nevojshëm	[i nɛvójʃəm]
negative (~ response)	negativ	[nɛgatív]
neighbouring (adj)	fqinj	[fcíɲ]
nervous (adj)	nervoz	[nɛrvóz]

new (adj)	i ri	[i rí]
next (e.g. ~ week)	tjetër	[tjétər]
nice (agreeable)	i mirë	[i mírə]

pleasant (voice)	i bukur	[i búkur]
normal (adj)	normal	[normál]
not big (adj)	jo i madh	[jo i máð]
not difficult (adj)	jo i vështirë	[jo i vəʃtírə]

obligatory (adj)	i detyrueshëm	[i dɛtyrúɛʃəm]
old (house)	i vjetër	[i vjétər]
open (adj)	i hapur	[i hápur]
opposite (adj)	i kundërt	[i kúndərt]
ordinary (usual)	i zakonshëm	[i zakónʃəm]

original (unusual)	origjinal	[oriɟinál]
past (recent)	kaluar	[kalúar]
permanent (adj)	i përhershëm	[i pərhérʃəm]
personal (adj)	personal	[pɛrsonál]
polite (adj)	i sjellshëm	[i sjéɫʃəm]

poor (not rich)	i varfër	[i várfər]
possible (adj)	i mundur	[i múndur]
present (current)	i pranishëm	[i praníʃəm]
previous (adj)	i mëparshëm	[i məpárʃəm]
principal (main)	kryesor	[kryɛsór]

private (~ jet)	privat	[prívat]
probable (adj)	i mundshëm	[i múndʃəm]
prolonged (e.g. ~ applause)	i zgjatur	[i zɟátur]
public (open to all)	publik	[publík]

punctual (person)	i përpiktë	[i pərpíktə]
quiet (tranquil)	i qetë	[i cétə]
rare (adj)	i rrallë	[i ráɫə]
raw (uncooked)	i gjallë	[i ɟáɫə]

right (not left)	djathtë	[djáθtə]
right, correct (adj)	i saktë	[i sáktə]
ripe (fruit)	i pjekur	[i pjékur]
risky (adj)	i rrezikshëm	[i rɛzíkʃəm]
sad (~ look)	i mërzitur	[i mərzítur]

sad (depressing)	i mërzitur	[i mərzítur]
safe (not dangerous)	i sigurt	[i sígurt]
salty (food)	kripur	[krípur]
satisfied (customer)	i kënaqur	[i kənácur]

second hand (adj)	i përdorur	[i pərdórur]
shallow (water)	i cekët	[i tsékət]
sharp (blade, etc.)	i mprehtë	[i mpréhtə]
short (in length)	i shkurtër	[i ʃkúrtər]

short, short-lived (adj)	jetëshkurtër	[jɛtəʃkúrtər]
short-sighted (adj)	miop	[mióp]
significant (notable)	i rëndësishëm	[i rəndəsíʃəm]

| similar (adj) | i ngjashëm | [i ɲʝáʃəm] |
| simple (easy) | i thjeshtë | [i θjéʃtə] |

skinny	i hollë	[i hółə]
small (in size)	i vogël	[i vógəl]
smooth (surface)	i lëmuar	[i ləmúar]
soft (~ toys)	i butë	[i bútə]
solid (~ wall)	i ngjeshur	[i ɲʝéʃur]

sour (flavour, taste)	i hidhur	[i híður]
spacious (house, etc.)	i bollshëm	[i bółʃəm]
special (adj)	i veçantë	[i vɛtʃántə]
straight (line, road)	i drejtë	[i dréjtə]
strong (person)	i fortë	[i fórtə]

stupid (foolish)	budalla	[budałá]
suitable (e.g. ~ for drinking)	i përshtatshëm	[i pərʃtátʃəm]
sunny (day)	me diell	[mɛ díɛł]
superb, perfect (adj)	i përsosur	[i pərsósur]
swarthy (dark-skinned)	zeshkan	[zɛʃkán]

sweet (sugary)	i ëmbël	[i ə́mbəl]
tanned (adj)	i nxirë	[i ndzírə]
tasty (delicious)	i shijshëm	[i ʃíjʃəm]
tender (affectionate)	i ndjeshëm	[i ndjéʃəm]

the highest (adj)	më i larti	[mə i lárti]
the most important	më i rëndësishmi	[mə i rəndəsíʃmi]
the nearest	më i afërti	[mə i áfərti]
the same, equal (adj)	i njëjtë	[i ɲéjtə]

thick (e.g. ~ fog)	i trashë	[i tráʃə]
thick (wall, slice)	i trashë	[i tráʃə]
thin (person)	i dobët	[i dóbət]
tight (~ shoes)	ngushtë	[ɲúʃtə]
tired (exhausted)	i lodhur	[i lóður]

tiring (adj)	i mundimshëm	[i mundímʃəm]
transparent (adj)	i tejdukshëm	[i tɛjdúkʃəm]
unclear (adj)	i paqartë	[i pacártə]
unique (exceptional)	unik	[uník]
various (adj)	i ndryshëm	[i ndrýʃəm]

warm (moderately hot)	ngrohtë	[ɲróhtə]
wet (e.g. ~ clothes)	i lagur	[i lágur]
whole (entire, complete)	i plotë	[i plótə]
wide (e.g. ~ road)	i gjerë	[i ʝérə]
young (adj)	i ri	[i rí]

MAIN 500 VERBS

252. Verbs A-C

to accompany (vt)	shoqëroj	[ʃocərój]
to accuse (vt)	akuzoj	[akuzój]
to acknowledge (admit)	pranoj	[pranój]
to act (take action)	veproj	[vɛprój]

to add (supplement)	shtoj	[ʃtoj]
to address (speak to)	i drejtohem	[i drɛjtóhɛm]
to admire (vi)	admiroj	[admirój]
to advertise (vt)	reklamoj	[rɛklamój]

to advise (vt)	këshilloj	[kəʃiɬój]
to affirm (assert)	pohoj	[pohój]
to agree (say yes)	bie dakord	[bíɛ dakórd]
to aim (to point a weapon)	vë në shënjestër	[və nə ʃɲéstər]

to allow (sb to do sth)	lejoj	[lɛjój]
to amputate (vt)	amputoj	[amputój]
to answer (vi, vt)	përgjigjem	[pərɟíɟɛm]
to apologize (vi)	kërkoj falje	[kərkój fáljɛ]

to appear (come into view)	shfaq	[ʃfac]
to applaud (vi, vt)	duartrokas	[duartrokás]
to appoint (assign)	caktoj	[tsaktój]
to approach (come closer)	afrohem	[afróhɛm]

to arrive (ab. train)	arrij	[aríj]
to ask (~ sb to do sth)	pyes	[pýɛs]
to aspire to ...	synoj ...	[synój ...]
to assist (help)	ndihmoj	[ndihmój]

to attack (mil.)	sulmoj	[sulmój]
to attain (objectives)	arrij	[aríj]
to avenge (get revenge)	hakmerrem	[hakmérɛm]
to avoid (danger, task)	shmang	[ʃmaŋ]

| to award (give a medal to) | dekoroj | [dɛkorój] |
| to battle (vi) | luftoj | [luftój] |

to be (vi)	jam	[jam]
to be a cause of ...	shkaktoj ...	[ʃkaktój ...]
to be afraid	kam frikë	[kam fríkə]
to be angry (with ...)	revoltohem	[rɛvoltóhɛm]

to be at war	në luftë	[nə lúftə]
to be based (on ...)	bazuar	[bazúar]
to be bored	mërzitem	[mərzítɛm]

to be convinced	bindem	[bíndɛm]
to be enough	mjafton	[mjaftón]
to be envious	xhelozoj	[dʒɛlozój]
to be indignant	zemërohem	[zɛməróhɛm]
to be interested in ...	interesohem ...	[intɛrɛsóhɛm ...]

to be lost in thought	humbas në mendime	[humbás nə mɛndímɛ]
to be lying (~ on the table)	shtrihem	[ʃtríhɛm]
to be needed	nevojitet	[nɛvojítɛt]
to be perplexed (puzzled)	jam në mëdyshje	[jam nə mədýʃjɛ]

to be preserved	ruhem	[rúhɛm]
to be required	kërkohet	[kərkóhɛt]
to be surprised	çuditem	[tʃudítɛm]
to be worried	shqetësohem	[ʃcɛtəsóhɛm]

to beat (to hit)	rrah	[rah]
to become (e.g. ~ old)	bëhem	[béhɛm]
to behave (vi)	sillem	[sítɛm]
to believe (think)	besoj	[bɛsój]

to belong to ...	përkas ...	[pərkás ...]
to berth (moor)	ankoroj	[ankorój]
to blind (other drivers)	zë rrugën	[zə rúgən]
to blow (wind)	fryn	[fryn]

to blush (vi)	skuqem	[skúcɛm]
to boast (vi)	mburrem	[mbúrɛm]
to borrow (money)	marr borxh	[mar bórdʒ]
to break (branch, toy, etc.)	thyej	[θýɛj]

to breathe (vi)	marr frymë	[mar frýmə]
to bring (sth)	sjell	[sjɛł]
to burn (paper, logs)	djeg	[djég]
to buy (purchase)	blej	[blɛj]

to call (~ for help)	thërras	[θərás]
to call (yell for sb)	thërras	[θərás]
to calm down (vt)	qetësoj	[cɛtəsój]
can (v aux)	mund	[mund]

to cancel (call off)	anuloj	[anulój]
to cast off (of a boat or ship)	hedh poshtë	[hɛð póʃtə]
to catch (e.g. ~ a ball)	kap	[kap]
to change (~ one's opinion)	ndryshoj	[ndryʃój]
to change (exchange)	shkëmbej	[ʃkəmbéj]

to charm (vt)	tërheq	[tərhéc]
to choose (select)	zgjedh	[zɟɛð]
to chop off (with an axe)	këpus	[kəpús]
to clean (e.g. kettle from scale)	pastroj	[pastrój]

to clean (shoes, etc.)	pastroj	[pastrój]
to clean up (tidy)	rregulloj	[rɛgułój]
to close (vt)	mbyll	[mbył]

to comb one's hair	kreh flokët	[kréh flókət]
to come down (the stairs)	zbres	[zbrɛs]
to come out (book)	del	[dɛl]
to compare (vt)	krahasoj	[krahasój]
to compensate (vt)	kompensoj	[kompɛnsój]

to compete (vi)	konkurroj	[konkurój]
to compile (~ a list)	përgatis	[pərgatís]
to complain (vi, vt)	ankohem	[ankóhɛm]
to complicate (vt)	komplikoj	[komplikój]

to compose (music, etc.)	kompozoj	[kompozój]
to compromise (reputation)	komprometoj	[kompromɛtój]
to concentrate (vi)	përqendrohem	[pərcɛndróhɛm]
to confess (criminal)	rrëfehem	[rəféhɛm]

to confuse (mix up)	ngatërroj	[ŋatərój]
to congratulate (vt)	përgëzoj	[pərgəzój]
to consult (doctor, expert)	konsultohem	[konsultóhɛm]
to continue (~ to do sth)	vazhdoj	[vaʒdój]

to control (vt)	kontrolloj	[kontroɫój]
to convince (vt)	bind	[bínd]
to cooperate (vi)	bashkëpunoj	[baʃkəpunój]
to coordinate (vt)	koordinoj	[koordinój]

to correct (an error)	korrigjoj	[koriɟój]
to cost (vt)	kushton	[kuʃtón]
to count (money, etc.)	numëroj	[numərój]
to count on ...	mbështetem ...	[mbəʃtétɛm ...]

to crack (ceiling, wall)	plasarit	[plasarít]
to create (vt)	krijoj	[krijój]
to crush, to squash (~ a bug)	shtyp	[ʃtyp]
to cry (weep)	qaj	[caj]
to cut off (with a knife)	pres	[prɛs]

253. Verbs D-G

to dare (~ to do sth)	guxoj	[gudzój]
to date from ...	daton ...	[datón ...]
to deceive (vi, vt)	mashtroj	[maʃtrój]
to decide (~ to do sth)	vendos	[vɛndós]

to decorate (tree, street)	zbukuroj	[zbukurój]
to dedicate (book, etc.)	dedikoj	[dɛdikój]
to defend (a country, etc.)	mbroj	[mbrój]
to defend oneself	mbrohem	[mbróhɛm]

to demand (request firmly)	kërkoj	[kərkój]
to denounce (vt)	denoncoj	[dɛnontsój]
to deny (vt)	mohoj	[mohój]
to depend on ...	varem nga ...	[várɛm ŋa ...]
to deprive (vt)	heq	[hɛc]

to deserve (vt)	meritoj	[mɛritój]
to design (machine, etc.)	projektoj	[projɛktój]
to desire (want, wish)	dëshiroj	[dəʃirój]
to despise (vt)	përbuz	[pərbúz]
to destroy (documents, etc.)	shkatërroj	[ʃkatərój]
to differ (from sth)	ndryshoj	[ndryʃój]
to dig (tunnel, etc.)	gërmoj	[gərmój]
to direct (point the way)	drejtoj	[drɛjtój]
to disappear (vi)	zhduk	[ʒduk]
to discover (new land, etc.)	zbuloj	[zbulój]
to discuss (vt)	diskutoj	[diskutój]
to distribute (leaflets, etc.)	shpërndaj	[ʃpərndáj]
to disturb (vt)	shqetësoj	[ʃcɛtəsój]
to dive (vi)	zhytem	[ʒýtɛm]
to divide (math)	pjesëtoj	[pjɛsətój]
to do (vt)	bëj	[bəj]
to do the laundry	laj rroba	[laj róba]
to double (increase)	dyfishoj	[dyfiʃój]
to doubt (have doubts)	dyshoj	[dyʃój]
to draw a conclusion	nxjerr konkluzion	[ndzjér konkluzión]
to dream (daydream)	ëndërroj	[əndərój]
to dream (in sleep)	ëndërroj	[əndərój]
to drink (vi, vt)	pi	[pi]
to drive a car	ngas makinën	[ŋas makínən]
to drive away (scare away)	largoj	[largój]
to drop (let fall)	lëshoj	[ləʃój]
to drown (ab. person)	mbytem	[mbýtɛm]
to dry (clothes, hair)	thaj	[θaj]
to eat (vi, vt)	ha	[ha]
to eavesdrop (vi)	dëgjoj fshehurazi	[dəɟój fʃéhurazi]
to emit (diffuse - odor, etc.)	emetoj	[ɛmɛtój]
to enjoy oneself	kënaqem	[kənácɛm]
to enter (on the list)	përfshij	[pərfʃíj]
to enter (room, house, etc.)	hyj	[hyj]
to entertain (amuse)	argëtoj	[argətój]
to equip (fit out)	pajis	[pajís]
to examine (proposal)	ekzaminoj	[ɛkzaminój]
to exchange (sth)	shkëmbej	[ʃkəmbéj]
to excuse (forgive)	fal	[fal]
to exist (vi)	ekzistoj	[ɛkzistój]
to expect (anticipate)	pres	[prɛs]
to expect (foresee)	parashikoj	[paraʃikój]
to expel (from school, etc.)	përjashtohem	[pərjaʃtóhɛm]
to explain (vt)	shpjegoj	[ʃpjɛgój]
to express (vt)	shpreh	[ʃprɛh]
to extinguish (a fire)	shuaj	[ʃúaj]

to fall in love (with ...)	bie në dashuri	[bíɛ nə daʃurí]
to fancy (vt)	pëlqej	[pəlcéj]
to feed (provide food)	ushqej	[uʃcéj]
to fight (against the enemy)	luftoj	[luftój]
to fight (vi)	luftoj	[luftój]
to fill (glass, bottle)	mbush	[mbúʃ]
to find (~ lost items)	gjej	[ɟéj]
to finish (vt)	përfundoj	[pərfundój]
to fish (angle)	peshkoj	[pɛʃkój]
to fit (ab. dress, etc.)	më rri mirë	[mə ri mírə]
to flatter (vt)	lajkatoj	[lajkatój]
to fly (bird, plane)	fluturoj	[fluturój]
to follow ... (come after)	ndjek ...	[ndjék ...]
to forbid (vt)	ndaloj	[ndalój]
to force (compel)	detyroj	[dɛtyrój]
to forget (vi, vt)	harroj	[harój]
to forgive (pardon)	fal	[fal]
to form (constitute)	formoj	[formój]
to get dirty (vi)	bëhem pis	[bə́hɛm pis]
to get infected (with ...)	infektohem ...	[infɛktóhɛm ...]
to get irritated	acarohem	[atsaróhɛm]
to get married	martohem	[martóhɛm]
to get rid of ...	heq qafe ...	[hɛc cáfɛ ...]
to get tired	lodhem	[lóðɛm]
to get up (arise from bed)	ngrihem	[ŋríhɛm]
to give (vt)	jap	[jap]
to give a bath (to bath)	lahem	[láhɛm]
to give a hug, to hug (vt)	përqafoj	[pərcafój]
to give in (yield to)	tërhiqem	[tərhícɛm]
to glimpse (vt)	hedh një sy	[hɛð ɲə sý]
to go (by car, etc.)	shkoj	[ʃkoj]
to go (on foot)	ec në këmbë	[ɛts nə kémbə]
to go for a swim	notoj	[notój]
to go out (for dinner, etc.)	dal	[dal]
to go to bed (go to sleep)	shtrihem	[ʃtríhɛm]
to greet (vt)	përshëndes	[pərʃəndés]
to grow (plants)	rris	[ris]
to guarantee (vt)	garantoj	[garantój]
to guess (the answer)	hamendësoj	[hamɛndəsój]

254. Verbs H-M

to hand out (distribute)	shpërndaj	[ʃpərndáj]
to hang (curtains, etc.)	var	[var]
to have (vt)	kam	[kam]

| to have a bath | lahem | [láhɛm] |
| to have a try | përpiqem | [pərpícɛm] |

to have breakfast	ha mëngjes	[ha mənɟés]
to have dinner	ha darkë	[ha dárkə]
to have lunch	ha drekë	[ha drékə]
to head (group, etc.)	drejtoj	[drɛjtój]
to hear (vt)	dëgjoj	[dəɟój]

to heat (vt)	ngroh	[ŋróh]
to help (vt)	ndihmoj	[ndihmój]
to hide (vt)	fsheh	[fʃéh]
to hire (e.g. ~ a boat)	marr me qira	[mar mɛ cirá]
to hire (staff)	punësoj	[punəsój]

to hope (vi, vt)	shpresoj	[ʃprɛsój]
to hunt (for food, sport)	dal për gjah	[dál pər ɟáh]
to hurry (vi)	nxitoj	[ndzitój]
to imagine (to picture)	imagjinoj	[imaɟinój]
to imitate (vt)	imitoj	[imitój]

to implore (vt)	përgjërohem	[pərɟəróhɛm]
to import (vt)	importoj	[importój]
to increase (vi)	shtoj	[ʃtoj]
to increase (vt)	rritem	[rítɛm]
to infect (vt)	ndot	[ndot]

to influence (vt)	ndikoj	[ndikój]
to inform (e.g. ~ the police about ...)	njoftoj	[ɲoftój]
to inform (vt)	informoj	[informój]
to inherit (vt)	trashëgoj	[traʃəgój]
to inquire (about ...)	pyes për	[pýɛs pər]

to insert (put in)	fus	[fus]
to insinuate (imply)	nënkuptoj	[nənkuptój]
to insist (vi, vt)	këmbëngul	[kəmbəŋúl]
to inspire (vt)	frymëzoj	[fryməzój]
to instruct (teach)	udhëzoj	[uðəzój]

to insult (offend)	fyej	[fýɛj]
to interest (vt)	interesohem	[intɛrɛsóhɛm]
to intervene (vi)	ndërhyj	[ndərhýj]
to introduce (sb to sb)	prezantoj	[prɛzantój]

to invent (machine, etc.)	shpik	[ʃpik]
to invite (vt)	ftoj	[ftoj]
to iron (clothes)	hekuros	[hɛkurós]
to irritate (annoy)	acaroj	[atsarój]
to isolate (vt)	izoloj	[izolój]

to join (political party, etc.)	i bashkohem	[i baʃkóhɛm]
to joke (be kidding)	bëj shaka	[bəj ʃaká]
to keep (old letters, etc.)	mbaj	[mbáj]
to keep silent, to hush	hesht	[hɛʃt]
to kill (vt)	vras	[vras]

to knock (on the door)	trokas	[trokás]
to know (sb)	njoh	[ɲóh]
to know (sth)	di	[di]
to laugh (vi)	qesh	[cɛʃ]
to launch (start up)	nis	[nis]

to leave (~ for Mexico)	largohem	[largóhɛm]
to leave (forget sth)	harroj	[harój]
to leave (spouse)	lë	[lə]
to liberate (city, etc.)	çliroj	[tʃlirój]
to lie (~ on the floor)	shtrihem	[ʃtríhɛm]

to lie (tell untruth)	gënjej	[gəɲéj]
to light (campfire, etc.)	ndez	[ndɛz]
to light up (illuminate)	ndriçoj	[ndritʃój]
to limit (vt)	kufizoj	[kufizój]

to listen (vi)	dëgjoj	[dəɟój]
to live (~ in France)	jetoj	[jɛtój]
to live (exist)	jetoj	[jɛtój]
to load (gun)	mbush	[mbúʃ]
to load (vehicle, etc.)	ngarkoj	[ŋarkój]

to look (I'm just ~ing)	shikoj	[ʃikój]
to look for ... (search)	kërkoj ...	[kərkój ...]
to look like (resemble)	ngjasoj	[nɟasój]

to lose (umbrella, etc.)	humb	[húmb]
to love (e.g. ~ dancing)	më pëlqen	[mə pəlcén]

to love (sb)	dashuroj	[daʃurój]
to lower (blind, head)	ul	[ul]
to make (~ dinner)	përgatis	[pərgatís]

to make a mistake	gaboj	[gabój]
to make angry	zemëroj	[zɛmərój]

to make easier	lehtësoj	[lɛhtəsój]
to make multiple copies	shumëfishoj	[ʃuməfiʃój]
to make the acquaintance	njihem me	[ɲíhɛm mɛ]

to make use (of ...)	përdor	[pərdór]
to manage, to run	drejtoj	[drɛjtój]

to mark (make a mark)	shënjoj	[ʃəɲój]
to mean (signify)	nënkuptoj	[nənkuptój]
to memorize (vt)	mbaj mend	[mbáj ménd]

to mention (talk about)	përmend	[pərménd]
to miss (school, etc.)	humbas	[humbás]

to mix (combine, blend)	përziej	[pərzíɛj]
to mock (make fun of)	tallem	[táɫɛm]
to move (to shift)	lëviz	[ləvíz]
to multiply (math)	shumëzoj	[ʃuməzój]
must (v aux)	duhet	[dúhɛt]

255. Verbs N-R

to name, to call (vt)	emërtoj	[ɛmərtój]
to negotiate (vi)	negocioj	[nɛgotsiój]
to note (write down)	shënoj	[ʃənój]
to notice (see)	vërej	[vəréj]

to obey (vi, vt)	bindem	[bíndɛm]
to object (vi, vt)	kundërshtoj	[kundərʃtój]
to observe (see)	vëzhgoj	[vəʒgój]
to offend (vt)	ofendoj	[ofɛndój]

to omit (word, phrase)	heq	[hɛc]
to open (vt)	hap	[hap]
to order (in restaurant)	porosis	[porosís]
to order (mil.)	urdhëroj	[urðərój]
to organize (concert, party)	organizoj	[organizój]

to overestimate (vt)	mbivlerësoj	[mbivlɛrəsój]
to own (possess)	zotëroj	[zotərój]
to participate (vi)	marr pjesë	[mar pjésə]
to pass through (by car, etc.)	kaloj	[kalój]
to pay (vi, vt)	paguaj	[pagúaj]

to peep, to spy on	spiunoj	[spiunój]
to penetrate (vt)	depërtoj	[dɛpərtój]
to permit (vt)	lejoj	[lɛjój]
to pick (flowers)	këpus	[kəpús]
to place (put, set)	vendos	[vɛndós]

to plan (~ to do sth)	planifikoj	[planifikój]
to play (actor)	luaj	[lúaj]
to play (children)	luaj	[lúaj]
to point (~ the way)	tregoj	[trɛgój]

to pour (liquid)	derdh	[dérð]
to pray (vi, vt)	lutem	[lútɛm]
to prefer (vt)	preferoj	[prɛfɛrój]
to prepare (~ a plan)	përgatis	[pərgatís]

to present (sb to sb)	prezantoj	[prɛzantój]
to preserve (peace, life)	ruaj	[rúaj]
to prevail (vt)	mbizotëroj	[mbizotərój]
to progress (move forward)	ec përpara	[ɛts pərpára]

to promise (vt)	premtoj	[prɛmtój]
to pronounce (vt)	shqiptoj	[ʃciptój]
to propose (vt)	propozoj	[propozój]
to protect (e.g. ~ nature)	mbroj	[mbrój]

to protest (vi)	protestoj	[protɛstój]
to prove (vt)	dëshmoj	[dəʃmój]
to provoke (vt)	provokoj	[provokój]
to pull (~ the rope)	tërheq	[tərhéc]
to punish (vt)	ndëshkoj	[ndəʃkój]

to push (~ the door)	shtyj	[ʃtyj]
to put away (vt)	largoj	[largój]
to put in order	rregulloj	[rɛguɫój]
to put, to place	vendos	[vɛndós]

to quote (cite)	citoj	[tsitój]
to reach (arrive at)	arrij	[aríj]
to read (vi, vt)	lexoj	[lɛdzój]
to realize (a dream)	përmbush	[pərmbúʃ]
to recognize (identify sb)	njoh	[ɲóh]

to recommend (vt)	rekomandoj	[rɛkomandój]
to recover (~ from flu)	shërohem	[ʃəróhɛm]
to redo (do again)	ribëj	[ribéj]
to reduce (speed, etc.)	ul	[ul]

to refuse (~ sb)	refuzoj	[rɛfuzój]
to regret (be sorry)	pendohem	[pɛndóhɛm]
to reinforce (vt)	përforcoj	[pərfortsój]
to remember (Do you ~ me?)	kujtoj	[kujtój]

to remember (I can't ~ her name)	kujtohem	[kujtóhɛm]
to remind of ...	më kujton ...	[mə kujtón ...]
to remove (~ a stain)	heq	[hɛc]
to remove (~ an obstacle)	largoj	[largój]

to rent (sth from sb)	marr me qira	[mar mɛ cirá]
to repair (mend)	riparoj	[riparój]
to repeat (say again)	përsëris	[pərsərís]
to report (make a report)	raportoj	[raportój]

to reproach (vt)	qortoj	[cortój]
to reserve, to book	rezervoj	[rɛzɛrvój]
to restrain (hold back)	ruhem	[rúhɛm]
to return (come back)	kthehem	[kθéhɛm]

to risk, to take a risk	rrezikoj	[rɛzikój]
to rub out (erase)	fshij	[fʃíj]
to run (move fast)	vrapoj	[vrapój]
to rush (hurry sb)	nxitoj	[ndzitój]

256. Verbs S-W

to satisfy (please)	kënaq	[kənác]
to save (rescue)	shpëtoj	[ʃpətój]
to say (~ thank you)	them	[θɛm]
to scold (vt)	qortoj	[cortój]

to scratch (with claws)	gërvisht	[gərvíʃt]
to select (to pick)	zgjedh	[zɟɛð]
to sell (goods)	shes	[ʃɛs]
to send (a letter)	dërgoj	[dərgój]
to send back (vt)	kthej mbrapsht	[kθej mbrápʃt]

to sense (~ danger)	**parandiej**	[parandíɛj]
to sentence (vt)	**dënoj**	[dənój]
to serve (in restaurant)	**shërbej**	[ʃərbéj]

to settle (a conflict)	**zgjidh**	[zɟið]
to shake (vt)	**tund**	[tund]
to shave (vi)	**rruhem**	[rúhɛm]
to shine (gleam)	**shkëlqej**	[ʃkəlcéj]

to shiver (with cold)	**dridhem**	[dríðɛm]
to shoot (vi)	**qëlloj**	[cəɫój]
to shout (vi)	**bërtas**	[bərtás]
to show (to display)	**tregoj**	[trɛgój]

to shudder (vi)	**rrëqethem**	[rəcéθɛm]
to sigh (vi)	**psherëtij**	[pʃɛrətíj]
to sign (document)	**nënshkruaj**	[nənʃkrúaj]
to signify (mean)	**nënkuptoj**	[nənkuptój]

to simplify (vt)	**thjeshtoj**	[θjɛʃtój]
to sin (vi)	**mëkatoj**	[məkatój]
to sit (be sitting)	**ulem**	[úlɛm]
to sit down (vi)	**ulem**	[úlɛm]

to smell (emit an odor)	**mban erë**	[mbán érə]
to smell (inhale the odor)	**nuhas**	[nuhás]
to smile (vi)	**buzëqesh**	[buzəcéʃ]
to snap (vi, ab. rope)	**këpus**	[kəpús]

to solve (problem)	**zgjidh**	[zɟið]
to sow (seed, crop)	**mbjell**	[mbjéɫ]
to spill (liquid)	**derdh**	[dérð]
to spill out, scatter (flour, etc.)	**derdh**	[dérð]

to spit (vi)	**pështyj**	[pəʃtýj]
to stand (toothache, cold)	**duroj**	[durój]
to start (begin)	**filloj**	[fiɫój]
to steal (money, etc.)	**vjedh**	[vjɛð]

to stop (for pause, etc.)	**ndaloj**	[ndalój]
to stop (please ~ calling me)	**ndaloj**	[ndalój]
to stop talking	**ndaloj së foluri**	[ndalój sə fóluri]
to stroke (caress)	**përkëdhel**	[pərkəðél]

to study (vt)	**studioj**	[studiój]
to suffer (feel pain)	**vuaj**	[vúaj]
to support (cause, idea)	**mbështes**	[mbəʃtés]
to suppose (assume)	**supozoj**	[supozój]

to surface (ab. submarine)	**dal në sipërfaqe**	[dál nə sipərfácɛ]
to surprise (amaze)	**befasoj**	[bɛfasój]
to suspect (vt)	**dyshoj**	[dyʃój]
to swim (vi)	**notoj**	[notój]

to take (get hold of)	**marr**	[mar]
to take a rest	**pushoj**	[puʃój]

to take away (e.g. about waiter)	heq	[hɛc]
to take off (aeroplane)	nisem	[nísɛm]
to take off (painting, curtains, etc.)	heq	[hɛc]
to take pictures	bëj foto	[bəj fóto]
to talk to ...	bisedoj ...	[bisɛdój ...]
to teach (give lessons)	mësoj	[məsój]
to tear off, to rip off (vt)	gris	[gris]
to tell (story, joke)	tregoj	[trɛgój]
to thank (vt)	falënderoj	[faləndɛrój]
to think (believe)	besoj	[bɛsój]
to think (vi, vt)	mendoj	[mɛndój]
to threaten (vt)	kërcënoj	[kərtsənój]
to throw (stone, etc.)	hedh	[hɛð]
to tie to ...	lidh ...	[lið ...]
to tie up (prisoner)	prangos	[praŋós]
to tire (make tired)	lodh	[loð]
to touch (one's arm, etc.)	prek	[prɛk]
to tower (over ...)	ngrihem mbi	[ŋríhɛm mbi]
to train (animals)	stërvit	[stərvít]
to train (sb)	stërvit	[stərvít]
to train (vi)	stërvitem	[stərvítɛm]
to transform (vt)	shndërrohem	[ʃndəróhɛm]
to translate (vt)	përkthej	[pərkθéj]
to treat (illness)	kuroj	[kurój]
to trust (vt)	besoj	[bɛsój]
to try (attempt)	përpiqem	[pərpícɛm]
to turn (e.g., ~ left)	kthej	[kθɛj]
to turn away (vi)	largohem	[largóhɛm]
to turn off (the light)	fik	[fik]
to turn on (computer, etc.)	ndez	[ndɛz]
to turn over (stone, etc.)	kthej	[kθɛj]
to underestimate (vt)	nënvlerësoj	[nənvlɛrəsój]
to underline (vt)	nënvijëzoj	[nənvijəzój]
to understand (vt)	kuptoj	[kuptój]
to undertake (vt)	ndërmarr	[ndərmár]
to unite (vt)	bashkoj	[baʃkój]
to untie (vt)	zgjidh	[zɟið]
to use (phrase, word)	përdor	[pərdór]
to vaccinate (vt)	vaksinoj	[vaksinój]
to vote (vi)	votoj	[votój]
to wait (vt)	pres	[prɛs]
to wake (sb)	zgjoj	[zɟoj]
to want (wish, desire)	dëshiroj	[dəʃirój]
to warn (of a danger)	paralajmëroj	[paralajmərój]

to wash (clean)	laj	[laj]
to water (plants)	ujis	[ujís]
to wave (the hand)	bëj me dorë	[bəj mɛ dórə]

to weigh (have weight)	peshoj	[pɛʃój]
to work (vi)	punoj	[punój]
to worry (make anxious)	preokupoj	[prɛokupój]
to worry (vi)	shqetësohem	[ʃcɛtəsóhɛm]

to wrap (parcel, etc.)	mbështjell	[mbəʃtjéɫ]
to wrestle (sport)	ndeshem	[ndéʃɛm]
to write (vt)	shkruaj	[ʃkrúaj]
to write down	mbaj shënim	[mbáj ʃəním]

www.ingramcontent.com/pod-product-compliance
Lightning Source LLC
Chambersburg PA
CBHW071330090426
42738CB00012B/2848